T0006383

CONFÍA EN
DIOS
en todo momento

© 2023 por Grupo Nelson
Publicado en Nashville, Tennessee, Estados Unidos de América.
Grupo Nelson es una marca registrada de Thomas Nelson.
www.gruponelson.com

Este título también está disponible en formato electrónico.

Título en inglés: *Trusting God with Today*
© 2023 por Charles F. Stanley
Publicado por Thomas Nelson
Thomas Nelson es una marca registrada de HarperCollins Christian Publishing, Inc.

Todos los derechos reservados. Ninguna porción de este libro podrá ser reproducida, almacenada en ningún sistema de recuperación, o transmitida en cualquier forma o por cualquier medio —mecánicos, fotocopias, grabación u otro—, excepto por citas breves en revistas impresas, sin la autorización previa por escrito de la editorial.

A menos que se indique lo contrario, todas las citas bíblicas han sido tomadas de la Santa Biblia, Nueva Biblia de las Américas™ NBLA™ Copyright © 2005 por The Lockman Foundation, La Habra, California 90631, Sociedad no comercial Derechos Reservados www.NuevaBiblia.com (Español) www.lockman.org (English).

Las citas bíblicas marcadas «NTV» son de la Nueva Traducción Viviente, © Tyndale House Foundation, 2010. Usada con permiso de Tyndale House Publishers, Inc., 351 Executive Dr., Carol Stream, IL 60188, Estados Unidos de América. Todos los derechos reservados.

Las citas marcadas «RVR1960» han sido tomadas de la Santa Biblia, Versión Reina-Valera 1960 © 1960 por Sociedades Bíblicas en América Latina, © renovada 1988 por Sociedades Bíblicas Unidas. Usada con permiso. Reina-Valera 1960® es una marca registrada de la American Bible Society y puede ser usada solamente bajo licencia.

Las citas bíblicas marcadas «DHH» son de la Biblia Dios Habla Hoy®, Tercera edición © Sociedades Bíblicas Unidas, 1966, 1970, 1979, 1983, 1996. Usada con permiso.

Las citas bíblicas marcadas «RVC» son de la Santa Biblia, Reina-Valera Contemporánea® © Sociedades Bíblicas Unidas, 2009, 2011. Usada con permiso.

Las citas bíblicas marcadas «RVA» corresponden a la Santa Biblia versión Reina Valera Antigua. Dominio Público.

Traducción: *Marina Lorenzin*
Adaptación del diseño al español: *Deditorial*

ISBN: 978-1-40034-208-2
eBook: 978-1-40034-209-9

Número de control de la Biblioteca del Congreso: 2023943378

Impreso en Estados Unidos de América
23 24 25 26 27 LBC 5 4 3 2 1

CONFÍA EN DIOS

en todo momento

— 365 DEVOCIONALES —

CHARLES F.
STANLEY

GRUPO NELSON

Desde 1798

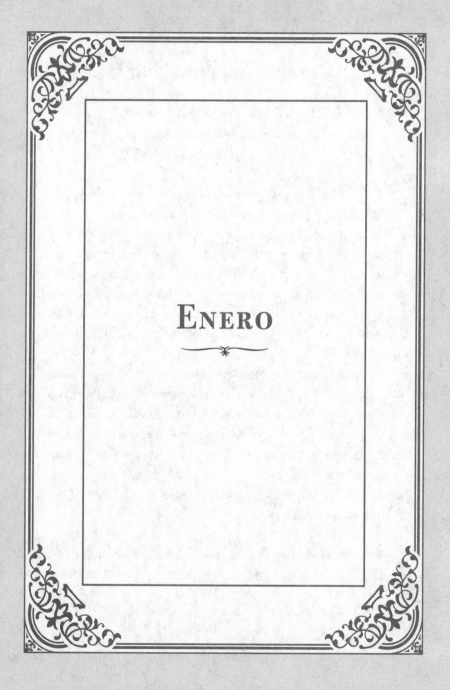

Enero

Sin destino conocido

Por la fe Abraham, al ser llamado, obedeció
[…] y salió sin saber adónde iba.

HEBREOS 11:8

El comienzo de un nuevo año es como el inicio de un viaje a una tierra desconocida. Podemos pensar que conocemos algunos de los detalles del lugar al que nos dirigimos, pero cómo va a resultar todo, está rodeado de misterio. A Abraham le ocurrió algo así cuando Dios lo llamó a salir de su país para ir a la tierra prometida. Había numerosas incógnitas para Abraham, como a dónde iba, en qué manera proveería de alimentos y agua a su familia y sus rebaños, cómo cumpliría Dios las promesas y qué dificultades surgirían.

Puede que sientas que tu vida tiene tantas incertidumbres como la de Abraham. Es posible que tengas tantas esperanzas, cargas o desafíos que tu mente se estremezca con preguntas. Recuerda, en todas esas incertidumbres, el Señor siempre te enseña a confiar en Él, al igual que lo hizo con su siervo fiel. Y así como estuvo con Abraham, estará contigo y obrará de maneras completamente inesperadas. Tu reto es renunciar a tener el control, confiar hoy en Dios y permitirle que te guíe paso a paso.

....

Jesús, este año te pertenece. Ayúdame a conocerte y a confiar cada día más en ti. Amén.

Confía en su plan

*Tus ojos vieron mi embrión, y en Tu libro se
escribieron todos los días que me fueron dados,
cuando no existía ni uno solo de ellos.*

SALMOS 139:16

Antes de que nacieras, Dios ya tenía un plan para tu vida. Él te vio, a tu verdadero yo, hecho de manera asombrosa y maravillosa, con todos los rasgos e imperfecciones que hacen de ti una creación única. Por supuesto, puede haber cosas sobre cómo te creó Dios que desearías que fueran diferentes. Pero no tienes que entender todo lo que el Señor ha dicho; simplemente debes creer que cuando Él dice que tiene un plan para ti, no se equivoca.

Quizás aceptes ese hecho *en parte*, pero también puede que tengas dudas debido a lo que ha ocurrido en tu pasado: momentos en los que te equivocaste o en los que el Señor actuó de una manera que no esperabas. Recuerda, Jesús siempre trae redención. No solo te perdona cuando te arrepientes de tus pecados, sino que también redime las dificultades de tu vida y las torna para bien.

Cristo te creó con un propósito, uno que Él cumplirá si le obedeces. Confía en su instrucción. Deja que guíe tu vida, porque Él tiene el mejor plan.

*Jesús, no entiendo todo lo que estás haciendo, pero confiaré
en ti. Gracias por tu asombroso plan. Amén.*

¿Quién te guía?

«Yo soy el camino, la verdad y la vida».

JUAN 14:6

¿Quién guía tu vida? Plantéate esta pregunta y sé sincero contigo mismo. Tal vez pienses: *Soy cristiano, así que supongo que Jesús me guía.* Pero quizás sepas que eso no es necesariamente cierto. Solo porque eres salvo no significa que Cristo esté dirigiendo tu vida. Es más, hay muchas cosas que pueden estar dirigiéndote. La necesidad de aceptación, el control, la validación, el respeto, las posesiones, la seguridad, la tradición e incluso la supervivencia pueden determinar cómo respondes ante situaciones específicas. Así que es esencial que reconozcas si una de esas necesidades internas te está persuadiendo, porque nunca podrán llevarte a donde realmente anhelas ir.

O dejas que el Señor Jesús te guíe o vas en la dirección equivocada. Permitir que Cristo te guíe es una decisión deliberada que debes tomar por ti mismo. Debes *elegir* someterte a su instrucción, aun cuando parezca contraria a la razón humana. Pero seguir a Jesús *siempre* es la decisión correcta. Él es quien te guía constantemente de la mejor manera posible, en esta vida y en la venidera.

Jesús, quiero que me guíes. Escudríñame y revélame qué necesidades y actitudes me controlan, y enséñame a seguirte de todo corazón. Amén.

El camino de salida

*Aunque pase por el valle de sombra de muerte, no
temeré mal alguno, porque Tú estás conmigo.*

SALMOS 23:4

Los momentos tumultuosos de la vida pueden causar mucha ansiedad y desánimo. Es posible que tu mente se esfuerce por encontrarle sentido a todo, e incluso que le des demasiadas vueltas a los problemas hasta que te obsesionen y te confundan por completo. Quizás ores sin cesar, pero tus súplicas se caracterizan por el temor más que por la fe en que Dios está obrando en medio de tus circunstancias. Tal vez estés tan abrumado por el miedo que ya no confías en aquel que verdaderamente tiene el control de todas las cosas.

Dios hace muchas promesas maravillosas a lo largo de las Escrituras, pero en ninguna de ellas garantiza que la vida será fácil. Lo que sí dice, sin embargo, es que si lo reconoces «en todos tus caminos [...] Él enderezará tus sendas» (Proverbios 3:6). Así que lo que tienes que decidir es cómo quieres que sea tu vida. ¿Quieres permanecer en el atolladero del temor? ¿O elegirás abrazar la esperanza de lo que Dios puede hacer en tu vida y a través de ella si le obedeces? Es tu elección. Sigue a Jesús para salir del valle.

....

*Jesús, elijo creer en ti y seguirte. Gracias por estar conmigo y
darme esperanza. Amén.*

Superar los obstáculos

Por el camino de la sabiduría te he conducido [...]
Cuando andes, tus pasos no serán obstruidos.
PROVERBIOS 4:11-12

¿Has considerado alguna vez que Dios ha permitido los obstáculos en tu vida con un propósito? Esto no quiere decir que el Señor te haya *causado* los problemas o preparado para el fracaso. Más bien, Él *permite* los obstáculos en tu camino como una oportunidad para que confíes más en Él. Quiere que veas que conoce el fin desde el principio y que te llevará a donde quiere que estés, a pesar de los desafíos en el camino. Después de todo, no hay obstáculos que desafíen la sabiduría y el poder de Dios.

Por lo tanto, para superar esas barreras, debes mirar al Señor, que te muestra el camino. Él eliminará los obstáculos, te mostrará cómo atravesarlos o te dará el poder para superarlos.

No te desanimes. A menudo, las personas que se enfrentan a las mayores barreras en la vida superan a los que nunca se vieron desafiados. Lo logran aferrándose al Padre, caminando en el centro de su voluntad y confiando en que Él triunfará. Anímate y confía en Dios. No es solo la manera más emocionante de vivir; es la única.

Jesús, estos desafíos no son rivales para ti. Confío en que tú me guías. Amén.

Acepta lo que te es dado

«Ningún hombre puede recibir nada si no le es dado del cielo».

JUAN 3:27

Un día, mientras Juan el Bautista ministraba a una multitud, sus discípulos se le acercaron y le dijeron: «Rabí, el hombre que estaba contigo al otro lado del río Jordán, a quien identificaste como el Mesías, también está bautizando a la gente. Y todos van a él en lugar de venir a nosotros» (Juan 3:26, NTV). Humanamente hablando, esto podría haber hecho que Juan se sintiera amenazado, y sin duda causó cierta preocupación a sus discípulos. No obstante, se dio cuenta de que el plan de Dios se estaba cumpliendo.

Juan nos da un buen ejemplo de cómo responder cuando nos enfrentamos a circunstancias que nos producen celos o envidia. Los *celos* son un sentimiento de posesividad que puede hacernos temer que alguien ocupe nuestro lugar, nuestras relaciones, nuestro puesto o se adueñe de nuestras pertenencias. Del mismo modo, la *envidia* se refiere a un sentimiento de desagrado ante la buena fortuna de otra persona. Eso nos conduce a preguntarnos: *¿Por qué ellos y no nosotros?*

Recuerda que todo lo que nos llega debe pasar primero por la mano amorosa e instructiva de Dios, y eso incluye tanto las bendiciones como las adversidades. Así que siempre que sientas que los celos o la envidia surgen dentro de ti, es momento de hablar con Dios, recordar lo bueno que ha sido contigo y pedirle que te ayude a entender su voluntad.

....

Jesús, tú sabes qué cosas me tientan a preocuparme. Gracias por tu bondad para conmigo y por lo que ha venido de tu mano. Amén.

Un carácter digno de confianza

«No les teman, porque el SEÑOR su Dios
es el que pelea por ustedes».
DEUTERONOMIO 3:22

Cuando las cosas van como queremos, confiar en Dios es fácil. Pero cuando nos asaltan batallas abrumadoras, pruebas dolorosas, necesidades insatisfechas o esperanzas perdidas, es probable que nos sintamos tentados a preguntarnos: *¿Podemos seguir confiando en Él?* Puede que nos preguntemos por qué un Padre bondadoso permite que el dolor y las dificultades afecten la vida de sus hijos. Incluso podemos dudar de que esté dispuesto a hacer algo con respecto a nuestras circunstancias.

Sin embargo, Dios aseguró a su pueblo: «Invoca Mi nombre en el día de la angustia; Yo te libraré» (Salmos 50:15). ¿Podemos realmente confiar en que nos librará? En esos momentos, es necesario reconocer el carácter de Dios, comprender que no solo es *capaz*, sino que está *dispuesto* a cumplir todas las promesas de las Escrituras. Aun cuando no podamos comprender *por qué* el Señor permite que ocurran ciertas situaciones, conocer sus caminos puede ayudarnos a confiar en que Él *siempre* actuará de una manera que produzca bendiciones eternas para sus hijos. Además, creer en su carácter y su amor hace posible que sigamos obedeciéndole, lo que significa que nos posicionamos para persistir y triunfar ante los desafíos de nuestras vidas. Así que hoy, no desesperes. Conócelo y sigue confiando.

....

Jesús, ayúdame a conocerte mejor para que pueda confiar
más en ti. Amén.

Confía en su amor

Hijo mío, no rechaces la disciplina del SEÑOR
[...] Porque el SEÑOR ama a quien reprende.
PROVERBIOS 3:11-12

Dios es perfecto en su amor, por lo que siempre hace lo que es mejor para nosotros. El enemigo, que trabaja para socavar nuestra confianza en el Padre, a menudo se aprovecha de la adversidad poniendo en duda las intenciones de Dios. Nos susurra: «Si el Señor te amara de verdad, no habría permitido que ocurriera esto». Él quiere que asociemos el aguijón de la disciplina espiritual con una falta de cuidado divino.

Sin embargo, es exactamente lo contrario, como explica el versículo de hoy. Aunque el pensamiento natural dice que la paz y la felicidad son muestras del amor de Dios, la Biblia afirma que la dificultad y la disciplina son también pruebas de nuestra pertenencia a su familia. La razón es clara: Dios se preocupa tanto por nosotros que no permitirá que nos quedemos como estamos. Al contrario, quiere transformarnos a semejanza de su Hijo.

Dios nos ama de manera incondicional y justa. Cada acción que realiza o permite en nuestras vidas es una expresión de su amor. Aunque no entendamos la razón por la que permite ciertos sufrimientos, nuestras dificultades no indican de ninguna manera que no sea un Dios bueno y digno de nuestra confianza.

Jesús, en plena confianza, me rindo a ti. Enséñame a caminar en obediencia. Amén.

Devuelve el amor

«Si alguien me ama, guardará Mi palabra».

JUAN 14:23

Cuando sientes que el amor de Dios te rodea y envuelve todo tu ser, lo más probable es que tu respuesta natural sea mostrarle cuánto lo amas. La gratitud, la adoración, el respeto, el afecto y la ternura son sentimientos que pueden brotar dentro de ti, haciéndote celebrar tu relación con Él.

Puedes adorarlo, alabar al Señor y exaltarlo. Puedes orar, estudiar su Palabra o animar a otros creyentes. Sin embargo, aunque todas estas actividades son vitales, Dios te insta a dar un paso más al expresarle tu amor: te llama a una vida de obediencia.

Jesús estableció esta conexión entre el amor y la obediencia cuando enseñaba a sus discípulos, aunque el principio es válido para ti también. El modo en que respondes a la Palabra de Dios, y si te sometes o no a sus mandamientos, revela mucho acerca de lo que sientes por Él. La obediencia muestra que lo amas; la desobediencia revela que no confías en Él. Por tanto, ¿qué le dice tu vida a Jesús hoy? Dile que lo amas de todo corazón entregándole cada área de tu vida.

....

Jesús, quiero amarte con todo mi ser. Revélame mi desobediencia para que pueda arrepentirme, entregarte todo mi corazón y mostrarte mi amor. Amén.

Confía en su sabiduría

*Porque el Señor da sabiduría, de Su boca vienen el
conocimiento y la inteligencia.*

PROVERBIOS 2:6

Puedes confiar en Dios siempre, porque Él es infinito en sabiduría. El Señor no necesita que le aconsejen cuál es el camino más sabio. En su conocimiento ilimitado, Él siempre sabe qué es lo que más te conviene, por lo que actúa en consecuencia. Cualesquiera sean tus circunstancias, Dios sabe cómo tornarlas para tu bien.

Por supuesto, a veces podemos mirar nuestras dificultades y pensar: *Señor, sé que eres infinitamente sabio, pero creo que se te ha escapado algo.* Sin embargo, nuestro entendimiento limitado impide que veamos las cosas desde la perspectiva de Dios. Podemos reunir toda la información humanamente posible, pero el Señor es consciente de todos los aspectos que influyen en determinada situación, así como de todas las consecuencias potenciales para ti y los demás. Solo Él comprende la totalidad de cada decisión. Y como es infinitamente sabio, no puede equivocarse. Por eso es tan importante que te mantengas en continua comunión con Él.

Puede que no sepas qué hacer hoy, pero Dios sí lo sabe. Búscalo a través de su Palabra y presta atención a lo que te está enseñando. Él es fiel y justo para guiarte por el camino en que debes andar.

....

*Jesús, confío en tu infinita sabiduría. Guíame, Señor.
Amén.*

Cuando no sabemos

Conduciré a los ciegos por un camino que no conocen,
por sendas que no conocen los guiaré; cambiaré delante
de ellos las tinieblas en luz y lo escabroso en llanura.

ISAÍAS 42:16

Ayer leímos que el Señor es digno de confianza porque es infinito en sabiduría. El problema para nosotros reside en que, aunque Dios entiende perfectamente todas las situaciones que vivimos, no está obligado a informarnos los motivos de sus acciones o decisiones, y eso puede ser frustrante.

Por ejemplo, Dios no aclaró por qué dejó a José en prisión durante trece años antes de promoverlo al puesto de primer ministro (Génesis 39—41). Tampoco explicó por qué los israelitas tuvieron que vivir más de cuatro siglos en la esclavitud egipcia antes de rescatarlos milagrosamente (Éxodo 12:41).

Aunque es posible que nunca conozcamos del todo las razones de Dios, la falta de esa información casi siempre estimula nuestros sentimientos de frustración, ansiedad y duda. Sin embargo, aquí es donde aparece la fe: debemos creer que nos recompensará cuando lo busquemos (Hebreos 11:6), comprendiendo que no tenemos motivos legítimos para dudar de Él. Él es el Dios infinito y omnisciente que nos ama y siempre sabe cuál es el mejor camino que debemos tomar. Nuestra responsabilidad es reconocerlo como tal, aun cuando nos guíe paso a paso.

Jesús, te obedezco completamente, sabiendo que tú me
guiarás con sabiduría. Amén.

Dios tiene el control

El SEÑOR ha establecido Su trono en los
cielos, y Su reino domina sobre todo.
SALMOS 103:19

Cuando tus circunstancias están fuera de control, puedes sentirte impotente o desesperanzado. Sin embargo, siempre puedes encontrar confianza en el hecho de que Dios es soberano y tiene autoridad absoluta sobre todo lo creado. Eso incluye tu situación actual.

Piénsalo de este modo: si un solo acontecimiento del universo escapara al poder y al control de Dios, ya no podríamos confiar en Él, porque no tendríamos la certeza de que pueda obrar en todas las situaciones a favor nuestro. Pero podemos tener fe en Él, porque tiene una influencia perfecta y completa sobre cada detalle de nuestras vidas.

Por supuesto, puedes sentirte tentado a creer que conceptos como la suerte, el destino y la casualidad tienen una función, porque confiar en Dios puede parecer difícil cuando ocurre una tragedia o cuando tus necesidades básicas no son satisfechas. Pero recuerda que el Padre es perfecto en su amor, infinito en su sabiduría y totalmente soberano, por lo que la suerte, el destino o la casualidad no existen en la vida del creyente. No, todo lo que se permite que toque tu vida tiene un fin: el propósito de Dios. Así que no te preocupes ni te desanimes. Confía en el Señor y espera ver su poderosa mano ayudándote.

....

Jesús, tú eres Dios. Guíame con tu poder perfecto y soberano.
Amén.

13

Cree

«¿Creen que puedo hacer esto?».
MATEO 9:28

Aquello que creas acerca de Dios es fundamental para ser lo que eres: moldeará tu vida, tu relación con Él y tus interacciones con los demás. Si no confías en que el Señor es soberano, que te considera digno y querible, y que conoce el mejor camino para tu vida, entonces nunca tendrás la fe para caminar por donde Él quiera guiarte. Desconfiarás intrínsecamente de su voluntad para tu vida, lo que significa que nunca te posicionarás para recibir todo el gozo y las bendiciones que desea derramar sobre ti. Por eso es crucial que abraces la verdad acerca de Dios y te comprometas firmemente a conocerlo con todo tu corazón, alma, mente y fuerza. Porque cuando lo hagas, nacerá en ti una confianza más profunda en Él que le permitirá conducirte a sus bendiciones.

Así que considera: ¿realmente crees en tu Padre amoroso, sabio y soberano? ¿Lees su Palabra y oras a diario para profundizar y fortalecer tus creencias? ¿Estás obedeciendo todo lo que Dios te ha ordenado que hagas? No pierdas ni un momento que podrías dedicar a disfrutar de las bendiciones que Él te ha prometido.

Jesús, enséñame a confiar más en ti y a obedecerte. Amén.

Examina mi interior

Examíname, oh SEÑOR, y pruébame;
escudriña mi mente y mi corazón.

SALMOS 26:2

Dios es *capaz* de satisfacer tus necesidades y está *dispuesto* a hacerlo. Así que el hecho de que tengas algunos desafíos sin resolver puede dejarte preguntándote qué está pasando. Debes entender que el Señor siempre cumple sus promesas y quiere ayudarte; por tanto, siempre es una práctica sabia preguntarte: *¿Qué puedo estar haciendo que impida que Dios resuelva este asunto en mi vida?*

Esta pregunta no es para causarte falsa culpa o frustración. Más bien, tiene la intención de impulsarte a buscar al Señor, permitirle que examine tu vida y aprobar lo que Él te muestre. Después de todo, no hay fuerza externa que pueda interponerse cuando Dios decide actuar a tu favor. Si hay un obstáculo, pueden ser actitudes o hábitos a los que te estás aferrando los que bloqueen sus bendiciones. Tal vez Él te ha dado una instrucción que no has seguido, o simplemente sus tiempos son diferentes a los tuyos. Incluso podría ser que el Padre te esté entrenando para mayores responsabilidades a través del tiempo de espera.

Por tanto, examina tu corazón y confía en Él para que te revele lo que necesitas saber cada vez que enfrentes desafíos y tiempos de incertidumbre.

Jesús, examíname y guíame para que pueda caminar
siempre a tu lado. Amén.

Su omnipresencia

Me afirmas en Tu presencia para siempre.

SALMOS 41:12

Es interesante notar que cuando el Señor se refirió a sí mismo en una conversación con Moisés, dijo: «Mi *presencia* irá *contigo*, y Yo te daré descanso» (Éxodo 33:14, énfasis añadido). Él quería que Moisés supiera que no estaría solo. De hecho, para los hebreos de la antigüedad, y para nosotros como creyentes hoy, es la misma presencia de Dios la que nos distingue como suyos. Cuando el Espíritu Santo mora en nosotros, toda nuestra vida transcurre cubiertos por Él. Vivimos, comemos, trabajamos, oramos, lloramos y nos regocijamos en la presencia de nuestro Señor y Salvador Jesucristo. Él es amoroso, amable, santo, instructivo, por lo que nos renueva y nos redime.

Por lo tanto, somos «llamados a la comunión» (1 Corintios 1:9), y como creyentes podemos disfrutar de una comunión íntima y dulce con el Salvador, independientemente de dónde estemos o de lo que esté sucediendo. Él es nuestro pronto auxilio que nos anima, bendice y sostiene en nuestro camino de fe.

Así que, si te sientes solo o desamparado en este momento, oro para que experimentes la realidad del amor y el cuidado personal del Padre por ti. Dios no solo está a tu favor, sino que siempre está *contigo*. Y su presencia marcará la diferencia.

Jesús, gracias por tu maravillosa y permanente presencia en mi vida. Amén.

Creados para tener comunión

El Señor Dios llamó al hombre.

GÉNESIS 3:9

Al principio, Adán y Eva vivían en el paraíso. Era un lugar perfecto, aunque no por el entorno ni por su vida juntos, por muy hermoso que fuera todo. Lo que hacía su vida tan maravillosa era la comunión que compartían con el Creador. Experimentaban la presencia de Dios. El Padre hablaba con ellos, y ellos hablaban libremente con Él. No había culpa, vergüenza ni hipocresía. Era el cielo en la tierra y su intimidad con el Padre era constante.

Pero un día, después de la desobediencia que estremeció al universo, todo terminó. El pecado trajo la muerte al mundo, pero también hizo algo mucho peor: corrompió su relación con Dios. La comunión ininterrumpida con el Creador se perdió, dejando un vacío devastador. Jesús vino a restaurar esa intimidad con el Padre.

Fuiste creado para vivir en la presencia de Dios. Agustín dijo una vez: «Nuestro corazón está inquieto hasta que descanse en ti». ¿Sientes una inquietud que no puedes satisfacer con nada? Ese anhelo es por la comunión con el Padre. Él te llama hoy, así como llamó a Adán y Eva en el principio. Acude a Él y disfruta de su presencia.

....

Jesús, gracias por restaurar nuestra relación. Te necesito y quiero vivir en perfecta unión contigo. Amén.

El fundamento de la aprobación

«DIOS RESISTE A LOS SOBERBIOS, PERO
DA GRACIA A LOS HUMILDES».

SANTIAGO 4:6

C omo creyentes, podemos sentirnos humildes e indignos cuando nos damos cuenta de la profundidad de nuestra pecaminosidad. Incluso podemos temer que Dios ya no nos quiera. Pero ¿te das cuenta de que las palabras más fuertes de Jesús estaban reservadas para quienes se consideraban los mejores religiosos: los fariseos? Ellos eran los maestros y guardianes de la fe judía, pero su enfoque orgulloso y legalista había convertido la amorosa relación de pacto con Dios en un retorcido laberinto de rituales impersonales. En otras palabras, eran arrogante y equivocadamente santurrones.

Aunque los fariseos daban por supuesta la aprobación de Dios, la amonestación de Cristo reveló la realidad: «¡Ay de ustedes, escribas y fariseos, hipócritas que son semejantes a sepulcros blanqueados! [...] Por fuera parecen justos a los hombres, pero por dentro están llenos de hipocresía y de iniquidad» (Mateo 23:27-28).

Dios prefiere que te des cuenta de que no lo tienes todo resuelto y que busques su ayuda. Cuando crees que eres santo debido a tus propios esfuerzos, estás minimizando lo que Cristo hizo por ti en la cruz. Pero cuando reconoces cuánto necesitas la misericordia, la compasión, la guía, la sabiduría y el poder de Jesús, te posicionas correctamente para ser todo aquello que Él ideó al crearte.

....

Jesús, gracias por aceptarme tal como soy. Tú eres mi justicia
y mi esperanza. Que mi vida te honre siempre. Amén.

La justicia propia

Él nos salvó, no por las obras de justicia que nosotros hubiéramos hecho, sino conforme a Su misericordia.

TITO 3:5

¿Acaso albergas tus propias obras de justicia? Si es así, puede que estés limitando el alcance de la amorosa presencia de Dios en tu vida. Afortunadamente, hay señales de advertencia que pueden ayudarte a detectar rastros de orgullo antes de que te atrape.

Por ejemplo, los creyentes con actitudes de justicia propia pueden mostrar *un aire de superioridad*. Se consideran mejores que los demás, como si Dios los hubiera dotado de más madurez espiritual, talento o discernimiento que a sus hermanos y hermanas en Cristo. Debido a eso, pueden ser *críticos y sentenciosos*. Cualquiera que sea el grado de éxito que otra persona pueda disfrutar, se apresuran a señalar los defectos. También se enfocan en *su propio rendimiento*, pensando que su comportamiento —de alguna manera— les hace ganar puntos con Dios. Olvidan que fue el sacrificio de Jesús en la cruz lo que nos hace —y nos mantiene— agradables a Él.

¿Te sucede alguna de estas cosas? Pídele al Espíritu Santo que te escudriñe y te muestre las áreas de tu vida en las que se ha arraigado el comportamiento farisaico. Vuélvete humildemente a tu Padre perdonador, vuelve a depender de Él como un niño y dale gracias por la rectitud que te da de manera gratuita a través de la fe en Cristo.

....

Jesús, reconozco que toda mi justicia viene de ti. Te sigo con humildad y agradecimiento. Amén.

En un callejón sin salida

Claman los justos, y el Señor los oye y
los libra de todas sus angustias.

SALMOS 34:17

¿Te enfrentas a un desafío aparentemente insuperable? A lo largo de las Escrituras, cada vez que los fieles se enfrentaban a un callejón sin salida, clamaban al Señor y Él siempre respondía. Por ejemplo, muchos de los salmos son oraciones de David en las que implora al Señor que intervenga en sus circunstancias. Los hebreos suplicaron a Dios que los salvara de los opresores egipcios (Éxodo 3:9). El rey Josafat suplicó ayuda a Dios cuando tres poderosos ejércitos rodeaban Jerusalén (2 Crónicas 20). En todos los casos, Dios escuchó sus clamores y le dio la victoria a su pueblo.

Se necesita humildad y vulnerabilidad para expresar una súplica tan urgente desde el alma: implorar la ayuda de Dios y reconocer nuestra incapacidad. También se requiere rectitud ante Él. Eso no significa que tengas que ser perfecto; sencillamente significa que has recibido a Cristo como tu Salvador y has sido revestido con su santidad. También lo has aceptado como tu Señor, con autoridad sobre ti. Como hijo de Dios, tienes el derecho inalienable de abrir tu alma y contar con su ayuda. Así que no temas los desafíos. Clama a Él y confía en que Él sabe mejor cómo rescatarte.

....

Jesús, hoy clamo a ti. Líbrame con tu sabiduría y tu poder.
Amén.

Él es tu defensor

«El Señor su Dios, que va delante de
ustedes, Él peleará por ustedes».
DEUTERONOMIO 1:30

Aprendí una de mis lecciones más valiosas sobre la oración cuando realicé un viaje misionero a un país bastante remoto, a pesar de que en mi ausencia se celebraría una reunión crucial en casa. Pasé el viaje preocupado por cómo resultaría la reunión. Eso fue antes de que existieran los teléfonos móviles, así que no podía recibir actualizaciones, por lo que eso me distrajo mucho. Aunque había una diferencia horaria de ocho horas, decidí orar a la hora exacta en que se celebraba la reunión. Mientras conversaba con el Señor hasta bien entrada la noche, Dios habló claramente a mi espíritu ansioso: «¿Quién prefieres que asista a la reunión, tú o yo?». Me reí a carcajadas mientras Dios ponía fin rápidamente a mi inquietud.

Este es un principio que es esencial que captes. Cuando oras, estás invitando a Dios a involucrarse en tus circunstancias y poniendo activamente los resultados en sus manos soberanas, capaces y dispuestas. Así que hoy, ¿hay alguna situación que esté fuera de tu control? ¿Estás ansioso porque no puedes defender tu caso o cambiar tu situación? Recuerda, el Señor puede. Él es quien está en tu lugar y te defiende. Confía en Él para que sea y haga lo que tú no puedes.

....

Jesús, gracias porque estas circunstancias están en tus manos
fuertes, capaces y sabias. Amén.

Tu parte

El alma del perezoso desea, y nada alcanza; mas
el alma de los diligentes será prosperada.
PROVERBIOS 13:4 (RVR1960)

A veces, la gente dice: «Tengo un problema, pero sé que Dios lo arreglará». Tal vez esperan que el Señor anule la voluntad de ellos, sus emociones y sus procesos de pensamiento, algo que Él no hace excepto en los casos más extremos relacionados con sus planes y propósitos eternos. Lamentablemente, una actitud pasiva, por lo general, resulta en un estado de inercia. Nunca debemos esperar que Dios haga todo por nosotros y no exija nada de nuestra parte.

Esto no quiere decir que salgamos corriendo y hagamos lo que nos plazca. Más bien, en todo debemos buscar al Padre y serle obedientes. Un agricultor anciano dio este consejo a otro más joven: «Pídele a Dios que te muestre lo que quiere que cultives y cuándo plantar. Luego siembra la mejor semilla que puedas comprar. Pídele que alimente las semillas, luego cultiva la tierra, arranca las malas hierbas y fertiliza los cultivos a medida que maduran. Pídele al Señor que produzca una gran cosecha y sal a recogerla cuando esté madura. Por último, pídele que te muestre cómo comercializar tus productos, y luego haz lo que Él te diga. No intentes hacer la parte de Dios. Y no esperes que Él haga la tuya».

Jesús, muéstrame qué debo hacer para que pueda honrarte
siempre. Amén.

Tienes todo lo que necesitas

*Toda la alabanza sea para Dios [...] quien nos ha
bendecido con toda clase de bendiciones espirituales en
los lugares celestiales, porque estamos unidos a Cristo.*

EFESIOS 1:3 (NTV)

¿Alguna vez has considerado todo lo que has recibido por tu fe en Jesús? La mayoría de nosotros no lo hemos hecho; subestimamos en gran manera todo lo que Cristo nos ha dado. Somos como el hombre que decide ir en un crucero. Hace su reserva y compra sus billetes. Empaca sus maletas y, cuando llega el día, se embarca. Va a la primera cena y echa un vistazo a la larga y suntuosa mesa del bufé. Luego se sienta, abre una pequeña bolsa y saca unas galletas y un tarro de mantequilla de cacahuate. No comprende que todas sus comidas en el barco están incluidas en el precio de su billete.

Este ejemplo puede parecer una tontería hasta que te das cuenta de que tienes acceso inmediato al Dios de toda la creación y, sin embargo, puedes seguir preocupándote por cuestiones incluidas en su provisión para ti. Se te dieron todas las bendiciones del cielo en Cristo, por lo que nunca hay un momento en el que estés aislado de su presencia o suministro. Así que no permanezcas en un estado de ansiedad o necesidad. Agradece al Padre que ya te ha dado todo lo que necesitas.

....

*Jesús, perdóname por subestimar tus bendiciones. Gracias
por cuidar de mí. Amén.*

Escucha

«Inclinen su oído y vengan a Mí, escuchen y vivirá su alma».
ISAÍAS 55:3

Mi reto para ti hoy es: *escucha lo que Dios tiene que decirte.* Quizás te preguntes si el Señor todavía habla, puedo asegurarte que lo hace. Él se comunica con tu alma cuando lo buscas a través de momentos de oración en las Escrituras. Solo acalla tu corazón y tu mente, y quédate quieto ante Él. Si estás ocupado y preocupado, te será difícil escuchar el silbo apacible del Salvador. Así que puedes escribir tus pensamientos ansiosos para quitarlos del camino y luego pon tus cargas en sus manos. Después estarás listo para centrar tu atención en Él y lo que tiene que decirte a través de la Palabra.

Enfoca tu tiempo en las Escrituras como si estuvieras escuchando la voz de Dios y concéntrate en lo que te está diciendo personalmente. Pregúntale: «¿Qué quieres que haga o entienda, Señor?». Él quiere que lo conozcas y desea revelarse a ti. Por tanto, sigue escuchando y ten paciencia. Muy pronto, Él te enseñará a reconocer el sonido de su voz. Y te sorprenderás de todo lo que te revelará (Jeremías 33:3).

Jesús, muéstrame tus caminos y enséñame a escuchar tu voz a través de tu Palabra. Condúceme a una gran comunión contigo. Amén.

En la tormenta

*Enseguida Jesús hizo que los discípulos subieran a
la barca y fueran delante de Él a la otra orilla.*

MATEO 14:22

Después de alimentar milagrosamente a cinco mil personas con unos pocos panes y unos peces, Jesús envió a sus discípulos a un viaje que los conduciría a una tormenta. El pasaje da a entender que ellos no querían ir, pero Jesús insistió. Muy pronto, los vientos y las olas comenzaron a azotar su barco.

En el mejor de los casos, los discípulos podrían haber pensado que se desviarían de su ruta o que llegarían tarde. En el peor de los casos, habrían temido la muerte. Pero Jesús sabía que necesitaban aprender la importante lección de que Él no solo es el Soberano del viento y del mar, sino también el omnipotente Señor de sus vidas.

Lo mismo es cierto para ti. Jesús tiene un plan para guiarte a través de las tormentas que estás experimentando. También tiene un calendario específico. Sus propósitos son perfectos, aunque no los entiendas ni afecten tus objetivos personales. Pero ten por seguro que Jesús está contigo en las tempestades, más allá de su naturaleza u origen, y que Él tiene un plan divino para sacarte adelante. Y así como los discípulos llegaron exactamente a donde tenían que estar, justo cuando tenían que estar, tú también lo harás.

Jesús, enséñame a confiar plenamente en ti en esta tormenta. Amén.

Él te guía

«Tengan ánimo, soy Yo; no teman».
MATEO 14:27

¿Es Jesús soberano de todas las cosas o solo de algunas? ¿Es Él el todopoderoso Dios del tiempo, las situaciones, el universo material y todas las circunstancias o no? Estas son preguntas que debes responderte a ti mismo. Lo que crees determina cómo responderás a los desafíos que se te presenten. La verdad es que si has recibido a Jesús como el Señor de tu vida, y Él es el legítimo, todopoderoso y omnisapiente Rey de reyes sobre toda la creación, entonces ¿por qué habrías de temer? Nunca enfrentarás una prueba que Jesús no controle por completo. Puesto que te ama sacrificialmente, puedes estar seguro de que hará que todas las cosas obren para tu bien, en su tiempo y de acuerdo con sus métodos si confías en Él.

Por lo tanto, en lugar de preocuparte por tus pruebas, reconoce que el Señor trabaja a través de los vientos de la adversidad de tu vida para guiarte al lugar donde Él quiere que vayas. Sí, puedes hacer planes, y es sabio hacerlo, pero permanece en oración y sé flexible; y descubrirás que sus propósitos para ti van más allá de lo que puedes imaginar.

....

Jesús, tú eres Dios. Aunque me sienta vulnerable, sé que tú tienes el control y siempre puedo tener fe en ti. Amén.

Una nueva creación

*Y la vasija de barro que estaba haciendo se echó a perder
en la mano del alfarero; así que volvió a hacer de ella
otra vasija, según le pareció mejor al alfarero hacerla.*

JEREMÍAS 18:4

Hay situaciones en la vida que parecen quebrantarnos. Sentimos un dolor —ya sea físico, emocional, financiero o relacional— que puede agotar nuestra energía, confundir nuestra mente y desanimarnos por completo. En esos momentos, niégate a desanimarte fortaleciéndote con recordatorios del propósito y la presencia del Señor. Tal vez te preguntes cómo puedo sugerir algo así, pero debes comprender que siempre que Dios permite que seamos quebrantados, es porque nos está transformando en las personas que realmente ideó que fuéramos.

Como el barro en las manos del alfarero, puedes sentir que estás siendo retorcido y girado de tal manera que ya no distingues el derecho del revés. Dios está quitando todas las impurezas que pueden destruirte, por eso es un proceso tan doloroso. Así que no desesperes, no te rindas y no dejes de confiar en la presencia de Jesús contigo a través de todo ello. Mantente firme y consuélate sabiendo que Él está trabajando en tu vida. Él te está sanando, restaurando, llenando y transformando en algo útil y glorioso.

Jesús, mi vida es muy confusa y dolorosa, pero sé que estoy en tus manos. Haz de mí una nueva vasija. Amén.

Comparte el amor de Cristo

«Esto les mando: que se amen los unos a los otros».
JUAN 15:17

No hace falta una encuesta o un estudio para darse cuenta de que el mundo está hambriento de amor genuino. Para los que no conocen el amor de Dios, el espacio vacío en sus corazones los consume continuamente, aunque no estén conscientes de esa falta. Muchos intentan llenar ese vacío con un sinfín de distracciones o adicciones, mientras que otros buscan atención o cualquier afecto que puedan encontrar por el momento.

Por lo tanto, cuando se trata de compartir el perfecto e incondicional amor de Dios con los demás, no faltan aquellos que lo acepten. Por eso debes tomarte en serio tu papel de representante de Cristo y tratar a los demás con amabilidad. Tienes un Salvador y amigo que no solo ve más allá de tus faltas, sino que se sacrificó para comprar tu salvación. Él está atento a tus necesidades, te da una nueva identidad y provee para ti. En medio de circunstancias difíciles y tiempos de confusión, sabes que nunca te dejará ni te abandonará. Te has beneficiado en gran medida del amor que Jesús ha derramado sobre ti; ahora, compártelo con otros que están sufriendo. No los rechaces a causa de su pecado, sino condúcelos al Salvador para que hallen la redención. El campo misionero está abierto de par en par. Sé un ejemplo del amor de Cristo.

Jesús, haz de mí un instrumento de tu amor para todos los que conozco. Amén.

Tiempo de meditar

Meditaré en Tus preceptos, y consideraré Tus caminos.

SALMOS 119:15

Muchos creyentes piensan que la meditación es solo para ministros u otros líderes espirituales. No ven cómo beneficia a sus vidas en un mundo secular donde reinan la lucha y la competencia. Después de todo, la vida puede ser complicada, ruidosa, muy ajetreada y abrumadora. Sin embargo, es en medio de esa agitación constante en lo que los cristianos debemos enfocarnos en las Escrituras para poder distinguir la voz de Dios del bullicio que nos rodea.

Como ves, la meditación no tiene que ver con una lectura superficial de las Escrituras. Absorbemos la verdad en nuestro propio ser al hacernos preguntas como: *¿Qué me enseñó esto sobre el carácter y los propósitos de Dios? ¿Qué significó esto para las personas a las que les fue escrito originalmente? ¿Cómo lo aplico a mi vida? ¿Hay algo que deba cambiar?*

El Padre nos extendió el ejercicio de la meditación para que pudiéramos relacionarnos mejor con Él. Cuando estamos a solas con el Señor y en silencio ante Él, somos más capaces de escuchar. Puede ser durante cinco minutos, treinta minutos o una hora. Lo importante es que sintamos la presencia de Dios y busquemos deliberadamente su dirección y su propósito para nuestras vidas.

Jesús, ayúdame a meditar en tu Palabra y guíame por el camino en que debo andar. Amén.

Recuerda sus maravillas

Recuerden las maravillas que Él ha hecho,
Sus prodigios y los juicios de Su boca.

SALMOS 105:5

Enfocarnos en nuestras dificultades las intensifica y las agranda; pero cuando centramos nuestra atención en Dios, nuestros problemas cobran su justa perspectiva y dejan de abrumarnos. Por eso es tan importante meditar en todo lo que el Señor ha hecho por nosotros y por los demás en el pasado, y observar activamente su mano en todas nuestras circunstancias.

Al hacerlo, podemos ver los patrones de cómo trabaja en nuestras vidas, podemos distinguir mejor cómo está actuando y podemos discernir su consuelo y su guía. Vemos su grandeza, su gracia y su bondad. Él es Yahvé Elohim, el Señor nuestro Dios, que es eterno, infinito en poder y sabiduría, y absoluto en fidelidad. Los problemas que parecen gigantescas montañas de aflicción y angustia se reducen a nada cuando se comparan con la magnificencia de su soberanía. Aquel que creó los cielos y la tierra, y que gobierna sobre toda la creación, puede hacer todas las cosas. Y a la luz de todo lo que es y lo que ha hecho, nos damos cuenta de que nada es imposible para nosotros. Nuestras cargas se disipan en su presencia.

Jesús, ¡eres muy bueno conmigo! Recordaré todo lo que has hecho y alabaré tu nombre. Nada es demasiado difícil para ti. Amén.

En medio del ajetreo

En tu mano están mis tiempos.

SALMOS 31:15 (RVR1960)

Percibo que puedes estar muy ocupado. Todos tenemos momentos en los que las presiones de la vida nos acorralan y sentimos que no tenemos margen. El problema es que cuando le decimos a Dios que no tenemos tiempo para Él, en realidad estamos diciendo que no tenemos tiempo para la vida, la alegría, la paz, la instrucción, el crecimiento o el logro, porque Él es la fuente de todas esas cosas. Si no buscamos que Él nos guíe y nos dé poder en nuestros momentos más agitados, estamos en esencia ignorando a aquel que puede conducirnos al éxito.

Por lo tanto, reserva tiempo para pensar en el Señor, escucharlo y permitirle que examine, sane e instruya tu espíritu. Cuando lo hagas, Él te equipará y te capacitará para llevar a cabo tus tareas, haciéndote más eficiente y veloz de lo que habrías sido sin Él. Es asombroso lo que Dios puede hacer en tu corazón atribulado en un corto período de tiempo. Estoy convencido de que las personas que han aprendido a meditar en el Señor son capaces de correr más lejos y más rápido en tanto que sus espíritus permanecen tranquilos. ¿No sería eso útil con todo lo que tienes que hacer hoy?

....

Jesús, dame poder para servirte hoy, por el poder del Espíritu Santo, para tu gloria. Amén.

Enfócate

«Bienaventurado el hombre que me escucha,
velando a mis puertas día a día».

PROVERBIOS 8:34

Las Escrituras nos animan a dar pasos deliberados cada día para poner nuestro corazón, mente y cuerpo bajo control, de modo que podamos dedicar tiempo a escuchar al Señor y encontrar sabiduría. La vida, para nosotros, consiste en cómo nos posicionamos mejor para disfrutar de la presencia y las bendiciones de Dios.

Sin embargo, cuando empezamos a meditar, es fácil que nos desviemos por los problemas que nos acosan o el ruido que nos rodea. Descubrimos que debemos esforzarnos mentalmente solo para centrarnos en Él. Si distraerte a veces es un problema para ti, recurre a un salmo y di: «Señor, me cuesta mantener mi mente enfocada en ti. Ayúdame a sumergirme en este salmo y centrar mi atención plenamente en ti».

Sigue leyendo las Escrituras hasta que tu espíritu comience a adorarlo o Él te hable. Si el Señor pone otro pasaje en tu corazón, léelo y medita en lo que te está revelando. No puede haber nada mejor, más productivo ni más gratificante en tu vida que sumirte en grandes pensamientos acerca de tu Dios todo suficiente y amoroso. Así que escúchalo día a día y observa cómo está obrando en ti, porque ciertamente serás bendecido.

Jesús, sé que me distraigo. Por favor, ayúdame a
concentrarme para que pueda adorarte y aprender de ti.
Amén.

Febrero

Bendiciones inadvertidas

Haré descender lluvias a su tiempo;
serán lluvias de bendición.

EZEQUIEL 34:26

¿Te das cuenta de todas las maneras en que Dios puede y quiere bendecirte? Son tan numerosas y diversas como los días de tu vida. Él satisface tus necesidades, se comunica contigo, te libera del miedo y la ansiedad, te guía en victoria a través de la adversidad y tiene un plan importante para tu vida. Tú puedes abrazar plenamente cada una de esas bendiciones y, al hacerlo, descubrir la extraordinaria vida que Él ha destinado para ti.

Tal vez, al leer el versículo de hoy, no te sientas particularmente bendecido. Tu vida no es fácil, y quizás te preguntes cuándo te mostrará Dios algo de compasión. Pero debes entender que como alguien que vive bajo el pacto de Cristo, ya eres bendecido espiritualmente en abundancia. Sí, puede haber momentos en que otros tipos de bendiciones fluyan generosamente también. Pero esas bendiciones vendrán a medida que le obedezcas y aprendas a ver que «toda buena dádiva y todo don perfecto viene de lo alto, desciende del Padre» (Santiago 1:17). Por lo tanto, agradece a Dios por todas las maneras en que te está ayudando y proveyendo, porque con agradecimiento es que te posicionas para ver su poderosa mano obrar de maneras asombrosas.

Jesús, trae a mi mente todas tus bendiciones para que pueda alabarte por todas ellas. Amén.

Sé una bendición para los demás

Enséñales que hagan bien, que sean ricos en
buenas obras, generosos y prontos a compartir.
1 TIMOTEO 6:18

¿Por qué te bendice Dios? Porque quiere que veas que te ama y que todo lo bueno viene de su mano (Santiago 1:17). Sin embargo, Dios también te bendice a fin de que puedas ser de bendición para otros.

Como sabes, Cristo está sentado a la derecha del Padre en el cielo y ve todas las necesidades del mundo. Él decide suplir algunas de esas necesidades a través de ti para que puedas ser su testigo fiel y experimentar la alegría de servirle. Tú eres su representante en este mundo, un ejemplo vivo de su bondad. Tus manos son las manos a través de las cuales Él obra. El Señor Jesús habla y sirve a los demás a través del Espíritu Santo que mora en ti. Eso no significa que debas satisfacer todas las necesidades; más bien, significa que a medida que lo buscas, Él te muestra dónde quiere trabajar por medio de ti para ayudar a los demás.

Las personas más felices que conozco dan generosamente y tienen un espíritu de servicio. ¿Permitirás que Él obre por medio de ti? Sírvele y experimenta su gozo.

....

Sí, Jesús, seré tu testigo fiel en el mundo. Ayúdame a ver las
necesidades que deseas suplir a través de mí. Amén.

Dios primero

«No adorarás a ningún otro dios, ya que el Señor,
cuyo nombre es Celoso, es Dios celoso».

ÉXODO 34:14

Varias veces a lo largo del Antiguo Testamento, el Señor se refiere a sí mismo como celoso de tu amor y tu atención. Eso no significa que sea mezquino o egoísta, ni que quiera tenerte todo para Él, como puede desear la gente. Por el contrario, los celos de Dios significan que Él no quiere que le des la principal atención y adoración de tu corazón a nadie más. Dios no desea que nada —tu carrera, tus metas, tus relaciones ni tus sueños— influya más en tu vida que Él. Quiere que busques en Él, antes que nada, toda tu provisión, valor, seguridad y bienestar. Cuando experimentes desafíos o necesidades, quiere ser el primero a quien acudas en busca de consejo, consuelo y soluciones.

Así que considera: ¿recurres a Dios primero cuando necesitas ayuda o es tu último recurso? Dios te ama y te ha diseñado para que encuentres satisfacción total en una relación con Él. Ninguna otra persona o cosa puede satisfacer el anhelo interior que Dios puso dentro de ti. Así que acude a Él primero para encontrar lo que tu corazón anhela.

....

Jesús, desarraiga cualquier cosa que se anteponga a ti, para
que tú tengas siempre la prioridad en mi vida. Amén.

Dios es bueno

Porque el Señor es bueno; para siempre es Su misericordia.

SALMOS 100:5

¿Qué te viene a la mente cuando piensas en la naturaleza de Dios? Siempre que pregunto eso, las personas suelen responder con palabras como *santo*, *todopoderoso* o *eterno*, pero muy rara vez dicen *bueno*. De hecho, mucha gente piensa que el Señor es exigente, distante e insensible. Esto puede deberse a muchas razones, por supuesto. Pero, en última instancia, cuando oyen o leen que Dios es fiel, misericordioso, perdonador o amoroso, piensan: *Para los demás, pero no para mí.*

¿Es este tu caso? ¿Te resulta fácil imaginar que otras personas sean más amables contigo que el Padre? Entonces es tiempo de confrontar lo que crees acerca de su carácter. Las Escrituras son claras en cuanto a que todo lo que Dios ha planeado para ti es para tu bienestar (Jeremías 29:11) y que Él dispone todas las cosas para tu bien (Romanos 8:28). Aquello que Él provee para ti no solo es amplio, sino que es de la mejor calidad. Puede que lo dudes debido a tus circunstancias. Pero el Señor ve toda tu vida desde el principio hasta el fin y hasta la eternidad, por lo que siempre te guía de la mejor manera posible.

Dios es bueno *contigo*. Deja de dudar y cree en su amor por ti.

....

Jesús, ayúdame a confiar en tu bondad y en tu amor en cada área de mi vida, aun cuando no entienda lo que haces. Amén.

Mantente firme

*Pero él se puso en medio del terreno [...] y
el SEÑOR le concedió una gran victoria.*

2 SAMUEL 23:12

Sama era uno de los hombres poderosos de David, su robusto
grupo de treinta guerreros que lucharon junto a este y cuyas
hazañas eran legendarias. Pero incluso dentro de este grupo de
poderosos soldados, Sama era considerado uno de la élite. Eso se
debió a que «cierta vez los filisteos se reunieron en Lehi y atacaron
a los israelitas en un campo lleno de lentejas. El ejército israelita
huyó, pero Sama no cedió terreno en medio del campo e hizo retroceder a los filisteos. Así que el SEÑOR le dio una gran victoria» (2
Samuel 23:11-12, NTV). A pesar de que todos los demás se rindie-
ron, Sama se mantuvo firme. Y Dios honró su fe.

Hay momentos en tu vida en los que querrás rendirte, pero el
Señor te llamará a tomar una postura como la de Sama. Mientras
otros a tu alrededor se niegan a lidiar con el problema o abandonan
la situación por completo, tú serás desafiado a permanecer firme
y honrar a Cristo sin importar el miedo. Hazlo. Obedece a Dios
y déjale las consecuencias a Él. Y mantén tus ojos en Él, no en las
circunstancias. El Señor te dará un gran triunfo a ti también.

*Jesús, sé que nunca estoy solo porque tú estás conmigo.
Muéstrame cómo proceder con sabiduría y fe. Amén.*

No dejes de congregarte

No dejando de congregarnos [...] sino
exhortándonos unos a otros.

HEBREOS 10:25

A veces, esta vida puede ser muy solitaria e incierta, ya sea por circunstancias fuera de nuestro control o debido a nuestras propias decisiones. Sin embargo, como creyente, no tienes que sobrevivir solo al camino de la fe. De hecho, ningún cristiano ha sido llamado a recorrerlo solo, sin el ministerio de otros creyentes. Se nos instruye a congregarnos para la instrucción mutua, la exhortación, la edificación y el ministerio a aquellos que aún no han puesto su fe en Cristo. Cuando estudiamos las Escrituras, escuchamos la Palabra, oramos y adoramos juntos, hallamos fuerza y esperanza.

Ahora bien, entiendo que a veces nuestras experiencias en la iglesia no sean del todo positivas. De hecho, pueden ser francamente hirientes. El enemigo hará todo lo posible para causar disensión y dañar nuestras relaciones. No le dejemos ganar. Dios nos ha diseñado de tal manera que no solo lo necesitamos a Él con desesperación, sino que también nos necesitamos los unos a los otros. Por lo tanto, si te has distanciado de un cuerpo local, pídele al Señor que te guíe a una iglesia donde puedas encontrar el aliento piadoso, el apoyo y la instrucción que necesitas.

....

Jesús, perdóname por las veces que soy reacio a congregarme.
En tu sabiduría, guíame a una iglesia donde tú estés
presente con tu gloria. Amén.

Cuando no entendemos

Eso significa que toda la creación será agitada y removida,
para que solo permanezcan las cosas inconmovibles.

HEBREOS 12:27 (NTV)

Vivimos en un mundo caído, por lo que hay circunstancias que podemos experimentar que no serán la perfecta voluntad de Dios para nosotros. De hecho, hay tragedias que presenciaremos que van más allá de la explicación humana y que nos estremecerán hasta la médula. Sin embargo, el Señor puede permitirnos afrontarlas a través de su voluntad permisiva y darles un propósito significativo. En su omnisciencia, el Padre sabe lo que en última instancia es mejor, incluidas las consecuencias a largo plazo de calamidades que parecen completamente desprovistas de todo bien. No debemos dudar de Dios ni abandonar nuestras creencias cuando no entendamos. Por el contrario, debemos aferrarnos a lo que sabemos que es verdad y no soltarlo, como la bondad de Dios.

Tenemos que confiar en Jesús. Puede ser difícil, pero entiende que tu vida le interesa a Dios más de lo que puedes imaginar. Él se preocupa por ti y quiere enseñarte a través de sus propósitos. Así que cuando te enfrentes a circunstancias inexplicables, recuérdate a ti mismo que Dios siempre quiere lo mejor para ti. No importa lo que te suceda, tu Padre celestial amoroso, omnisciente y todopoderoso te tiene en la palma de su mano.

Jesús, quiero creerte. Ayúdame con mi incredulidad,
enséñame y sana mi corazón. Amén.

Refugio en la sombra

En la sombra de Tus alas me ampararé
hasta que la destrucción pase.

SALMOS 57:1

Cada día nos enfrentamos a batallas que superan nuestras capacidades. No somos rivales para las fuerzas espirituales y terrenales que nos acosan. Así le ocurrió a David cuando huía del celoso rey Saúl en el desierto. Sin embargo, en medio de sus terribles circunstancias, cuando estaba solo y un peligroso enemigo lo perseguía en una región llena de espinas y rocas ardientes, David encontró un lugar de enorme alivio, consuelo y seguridad: la sombra de las alas de Dios.

Como David, te enfrentarás a situaciones en las que lo único que puedes hacer es refugiarte hasta que la destrucción pase. Y como David, puedes encontrar tu lugar de mayor protección y consuelo en la cercanía de tu Salvador. La persona que vive a la sombra de sus alas se aferra al Señor, confía en su protección y encuentra descanso para el alma.

Por lo tanto, si estás en una batalla que no puedes controlar, debes saber que no te corresponde luchar. Concéntrate en Dios, obedécele y confía en su defensa. Él te cubrirá con su impenetrable protección y te dará la victoria en el momento oportuno.

Jesús, en ti encuentro consuelo, seguridad, alivio y descanso.
Cúbreme hasta que pase la destrucción y glorifícate en esta
situación. Amén.

El verdadero poder

*Tuya es, oh Señor, la grandeza y el poder y la
gloria y la victoria y la majestad, en verdad,
todo lo que hay en los cielos y en la tierra.*

1 CRÓNICAS 29:11

El poder siempre ha sido un bien importante. Naciones, corporaciones e individuos compiten por él con ferocidad. Invierten esfuerzos y recursos increíbles para alcanzar el poder por razones que no han cambiado: autoridad, prestigio, riqueza, influencia y seguridad. En última instancia, sin embargo, la supremacía y el control pertenecen exclusivamente a Dios. El Señor da la fuerza y otorga el poder. Es el único que ejerce la soberanía sobre toda la humanidad.

Afortunadamente, el Padre está dispuesto a darnos influencia y fuerza a quienes lo conocemos y adoramos. Estas son buenas noticias para ti si hoy te sientes impotente, irrespetado, insignificante o particularmente débil. Tal vez alguien que lucha por el poder te ha pisoteado o te ha quitado algo importante. Esto puede dejar a cualquiera sintiéndose temeroso y sin valor. Pero debes entender que tu vida no está sujeta a los caprichos de los demás, sino que está en las hábiles manos del Señor, tu Dios. Míralo, cuenta con Él y confíale tu vida. No hay nadie que pueda cambiar sus propósitos buenos y aceptables para ti, planes que finalmente te traerán gran gozo y satisfacción.

....

*Jesús, necesito creer que aún me ves y luchas por mí. Gracias,
Señor, porque el verdadero poder solo está en tus manos.
Amén.*

Fortaleza para los débiles

Dios ha escogido lo débil del mundo para
avergonzar a lo que es fuerte.
1 CORINTIOS 1:27

Si hoy te sientes particularmente indefenso, está bien. Dios se deleita en impartir su poder completamente suficiente a aquellos que cumplen el paradójico requisito de la debilidad. Si has llegado a un punto de agotamiento y vacío, mira los cielos y deja que el Señor infunda su poder en tu espíritu. Y ármate de valor. Aquellos que están con el corazón roto y con sus últimos recursos están a solo un clamor de la oleada renovadora del poder sustentador de Cristo.

Puede que te preguntes por qué prosperan los impíos, mientras que tú has intentado permanecer fiel y estás sufriendo. Recuerda que el Señor tiene sus razones y mostrará su mano a su debido tiempo. Pero entiende también que el poder de Dios no es para tener influencia, sino para servir; no para autogratificarse, sino para glorificar a Cristo. Así que el Padre da su insuperable poder a los humildes, no para promover los intereses y agendas personales, sino para honrar su nombre. Nos fortalece para que podamos mostrar a los demás que Él es suficiente y es, en efecto, el Señor. Por lo tanto, si estás cansado y atribulado, sigue confiando en Él. Tú eres la persona a la que el Salvador está dispuesto a fortalecer y a través de la cual manifestará su gloria.

....

Jesús, tú eres mi única esperanza. Fortaléceme para
honrarte. Amén.

Bienaventurados en el quebranto

Porque nosotros que vivimos, constantemente estamos siendo entregados a muerte por causa de Jesús, para que también la vida de Jesús se manifieste en nuestro cuerpo mortal.

2 CORINTIOS 4:11

*Q*uebrantado y *bienaventurado*: dos palabras que no parecen ir juntas. Todos sabemos lo que significa estar quebrantado, sentir que todo nuestro mundo se ha derrumbado. Todos tenemos momentos en los que no queremos levantar la cabeza de la almohada y en los que estamos seguros de que las lágrimas nunca dejarán de fluir. Sentimos un vacío que no podemos llenar, el dolor de una injusticia que nunca será reparada, una pena que no se puede consolar, una herida para la que no parece haber bálsamo.

No hay nada de bienaventurado en estar quebrantado. De hecho, ciertas circunstancias de la vida duelen tan intensamente que podemos creer que nunca sanaremos. Pero un mayor provecho, una intimidad más profunda con Cristo y una nueva comprensión de su presencia, sus propósitos y su carácter pueden venir tras tu sufrimiento. Así que no evites el dolor, acéptalo y experiméntalo plenamente. Lucha con Dios para saber por qué permitió la prueba y qué te está enseñando, porque cuando cooperas con Dios mientras Él hace su obra transformadora en ti, su bendición siempre vendrá tras tu quebranto.

....

Jesús, confío en ti para que me guíes en mi quebranto. Enséñame, mi Salvador. Amén.

Invócalo en verdad

El Señor está cerca de todos los que lo invocan,
de todos los que lo invocan en verdad.

SALMOS 145:18

Hay momentos en la vida en los que sientes que Dios no te escucha. Aunque Él dice: «Clama a Mí, y Yo te responderé» (Jeremías 33:3), por alguna razón parece estar lejano. Puede que pienses que la grieta relacional se origina en Él, pero la verdad es que la distancia siempre procede de nosotros. Cuando el Padre te muestra lo que tienes que hacer y tú te niegas a abordarlo, estableces barreras de separación. Te mientes a ti mismo —y a Dios— al decir que a Él no le interesa esa área de tu vida y que ya lo tienes controlado. Pero cuando continúas en patrones de pecado conocidos y te niegas a reconocer su influencia corrosiva, te será difícil disfrutar de la cercanía de Dios.

El remedio es la sinceridad. Reconoce tu pecado, apártate de él y camina por la senda que Dios te ha mostrado. Puede que no conquistes esa área problemática de tu vida al instante; a veces los lugares que escondemos de Dios son profundos y muy dolorosos. Pero si siempre le dices que sí y confías en que Él te guiará, establecerás el camino hacia la intimidad que te ayudará a superar cualquier obstáculo.

....

Jesús, abro completamente mi corazón y estoy dispuesto a aceptar todo lo que tú me digas. Amén.

Busca con humildad

«Pero a este miraré: al que es humilde y contrito
de espíritu, y que tiembla ante Mi palabra».
ISAÍAS 66:2

Ahora que tienes un tiempo de quietud, estás tratando de acercarte a Jesús. Eso es algo muy bueno. Pero considera: ¿te estás acercando a su trono de gracia con un espíritu humilde? ¿Estás buscando al Señor para conocerlo y comprender el camino que tiene para ti? ¿O lo estás haciendo con una agenda, con una lista de peticiones o un plan propio que quieres que Él bendiga?

Buscar al Señor con un espíritu humilde significa que tienes una visión correcta de la autoridad de Dios en tu vida, lo cual es esencial para cultivar un sentido de su presencia. Reconoces el poder soberano del Padre en cuanto a las personas y las circunstancias, y admites que tiene una hoja de ruta para tu vida mejor que la tuya. Si tu deseo es decirle lo que tiene que hacer, da un paso atrás y reconsidera tus intenciones. Tienes acceso al Dios de toda la creación, a aquel que todo lo ve, todo lo puede y todo lo sabe. Escúchalo y obedécelo. Él sabe más. Él tiene todo lo que te concierne en la palma de su mano.

....

Jesús, me acerco con humildad. Tú eres Dios. Guíame por tu
camino perfecto. Amén.

Ama a los demás

Dios es amor, y el que permanece en amor
permanece en Dios y Dios permanece en él.
1 JUAN 4:16

Fuiste creado para amar y ser amado. El propósito de tu existencia va más allá de tu trabajo, tu familia y las tareas que realizas cada día. Más bien, fuiste formado por Dios para tener una relación plena y personal con Él, y para compartir su amor con los demás. En este mundo lleno de conflictos, ira, dolor y complicados problemas sociales, esta misión es importante y poderosa.

De hecho, cuando le preguntaron a Jesús cuál era el gran mandamiento, Él respondió: «AMARÁS AL SEÑOR TU DIOS CON TODO TU CORAZÓN, Y CON TODA TU ALMA, Y CON TODA TU MENTE. Este es el grande y primer mandamiento. Y el segundo es semejante a este: AMARÁS A TU PRÓJIMO COMO A TI MISMO» (Mateo 22:37-39). La respuesta de Jesús es clara: el sentido de nuestra existencia como creyentes es el amor.

Sin embargo, tienes que entender que tú no eres la fuente de ese amor. Es a medida que conoces al Señor y caminas con Él que te transforma, experimentas su amor y puedes cuidar de los demás con sabiduría y compasión. La fuente del amor es Dios mismo, Él es quien te capacita para representarlo ante los demás.

....

Jesús, ayúdame a conocerte y amarte más. Derrama tu amor
a través de mí hacia otros. Amén.

Un amor difícil

«En esto conocerán todos que son Mis discípulos,
si se tienen amor los unos a los otros».

JUAN 13:35

Jesús sabe que te resultará difícil cuidar de todo el mundo, que habrá personas con las que te encuentres a las que te será difícil amar. Esto puede deberse a varias razones, como la forma en que te criaron, los diferentes tipos de personalidad, el maltrato de los demás o las heridas emocionales que aún no han sanado.

Sin embargo, recuerda siempre que, aunque tus capacidades sean limitadas, la capacidad de amar de Dios es ilimitada. Por eso, cuando Jesús envió a los doce en su primera excursión ministerial, les dijo: «De gracia recibieron, den de gracia» (Mateo 10:8). La capacidad de cuidar a los demás de la manera que necesitan proviene de relacionarse de forma correcta con Dios y de reconocer cuán profundamente te ama, te provee, te sana y te acepta.

Puedes amar libremente, dar con generosidad, perdonar sin reservas y no sentirte comprometido a servir porque eres el receptor del amor incondicional e ilimitado del Padre. Sé sensible a Él por completo y no podrás evitar que su maravilloso amor se derrame en las vidas de los demás.

Jesús, gracias por amarme tan libre e incondicionalmente.
Enséñame a recibir tu amor para que pueda mostrárselo a
los demás. Amén.

El camino hacia lo mejor de Dios

«No sea como Yo quiero, sino como Tú quieras».
MATEO 26:39

Cuando pregunto: «¿Realmente quieres lo mejor de Dios para tu vida?», la mayoría de las personas responden de inmediato: «¡Sí, por supuesto!». Pero cuando sigo preguntando: «¿Estás dispuesto a dejar que el Padre haga todo lo necesario para llevarte a la rendición total, de modo que tenga la libertad de lograr todo lo que quiere hacer por ti y todo lo que quiere hacer de ti?», la gente se muestra menos segura.

Para tener lo mejor de Dios, debemos estar dispuestos a someterlo todo a Él. Nuestra obediencia a Él será difícil y dolorosa a veces, pero es para nuestro crecimiento. Esto se debe a que madurar en la vida cristiana es un proceso que incluye reveses, fracasos, duras lecciones e incluso quebrantos. A medida que nuestras viejas formas de funcionar dejan de operar o se desmantelan, nos volvemos a los caminos de Dios. De este modo, avanzamos espiritualmente y tanto nuestras mentes como nuestras emociones se renuevan.

El Padre nos moldea a la semejanza de su Hijo Jesús, cambiando nuestros deseos, porque parte de ser como Cristo es estar dispuestos a someternos completamente a sus propósitos. ¿Estás dispuesto? Espero que sí, porque ese es el camino para encontrar aquello para lo que fuiste creado y experimentar la vida en su máxima expresión.

....

Jesús, cueste lo que cueste, hazme como tú. Amén.

Su Espíritu

*«Él les dará otro Consolador para que
esté con ustedes para siempre».*
JUAN 14:16

A menudo, la persona del Espíritu Santo está rodeada de misterio; nuestra comprensión sobre quién es y qué hace suele ser confusa. Sin embargo, no es posible progresar en la vida cristiana sin su presencia. Esto se debe a que el Espíritu Santo es el representante personal de Dios aquí en la tierra, y su papel es ser nuestro Ayudador y Consolador. En griego, esta palabra es *parakletos*, y sugiere que Él nos ayuda como lo haría un consejero legal o un abogado. Él nos acompaña, dándonos fuerza y apoyo alentador. Sin embargo, si no reconocemos su presencia, autoridad y poder, podemos creer y actuar erróneamente como si estuviéramos solos en esta vida.

Jesús sabe lo importante que es su presencia con nosotros. Por lo tanto, el Señor en su gran compasión y sabiduría envió a su Espíritu Santo para enseñarnos, guiarnos y ayudarnos. Él nos instruye en la verdad y es nuestro abogado personal ante el trono de Dios. Esta es nuestra paz y nuestra fortaleza, independientemente de las circunstancias que enfrentemos, Cristo las enfrenta con nosotros a través de la presencia de su Espíritu Santo que mora en nuestro ser.

Jesús, gracias por la presencia, la sabiduría, el consuelo y el poder de tu Espíritu Santo que mora en mí. Amén.

Fortalecidos por el Espíritu

Pues Su divino poder nos ha concedido todo
cuanto concierne a la vida y a la piedad.

2 PEDRO 1:3

Tienes todo lo que necesitas para la vida cristiana por medio de la presencia del Espíritu Santo que habita en ti. Piensa en el hecho de que Jesús fue concebido (Lucas 1:35), ungido para el ministerio (Marcos 1:9-15) y resucitado de entre los muertos (Romanos 1:4), todo por el poder del Espíritu Santo. Si el Dios viviente señaló específicamente la función esencial de su Espíritu en la misión terrenal de Cristo (siendo ellos uno), entonces ¿cuán indispensable y fortalecedora es su presencia en tu vida como creyente? ¿Y cuánto podría hacer Él a través de ti?

Es importante que comprendas que el Dios que te salva te ha dado su propia vida en la presencia del Espíritu Santo para hacer de ti todo aquello para lo que te creó. El Espíritu Santo te guía a nacer de nuevo, te enseña a ser un miembro de su familia y te da poder para tener una vida espiritual consistentemente productiva. Él produce la semejanza a Cristo dentro de ti y te capacita para experimentar la vida sobrenatural y triunfante de Jesús en tu mundo de relaciones, obligaciones, conflictos y desafíos. Así que anímate. A través del Espíritu Santo, el Señor Dios está íntimamente involucrado en cada detalle de tu existencia, cuidando de ti y guiándote a una vida cristiana victoriosa.

Jesús, gracias por todo lo que es posible por medio de la
presencia de tu Espíritu Santo. Amén.

Siempre contigo

Sé que el SEÑOR siempre está conmigo. No seré
sacudido, porque él está aquí a mi lado.

SALMOS 16:8 (NTV)

Muchas veces planteamos preguntas equivocadas al Señor. Decimos: «¿Dónde estás, Dios? ¿Por qué no apareces? ¿No ves cómo estoy luchando y el dolor que siento?». La respuesta del Señor, por supuesto, es: «Estoy aquí contigo. Sé exactamente lo que está pasando». En vez de eso, nuestras preguntas al Señor deberían ser: «¿Qué me impide verte? ¿Qué quieres que haga y aprenda? Ayúdame a verte y a sentir tu presencia».

Jesús siempre está contigo a través de la presencia de su Espíritu Santo en ti. La plenitud de su ser todopoderoso y omnisapiente está siempre presente y activa en tu vida, cada minuto de cada hora de cada día. Él nunca será más tu Salvador, Sanador, poderoso Guerrero o Libertador de lo que lo es en este momento. Él es el mismo ayer, hoy y siempre. Así que no importa cuán agotado, golpeado, magullado, devastado o incluso muerto te sientas por dentro como resultado de tus luchas, reconoce que Jesús no te ha abandonado, sino que está trabajando en ti y por ti. Él te está levantando a una vida abundante que no conocías. Así que no te rindas. Sigue buscándolo.

....

Jesús, gracias por estar conmigo en todo lo que experimento.
Amén.

Acude a Él

Bendito sea Dios, que no ha desechado mi
oración, ni apartado de mí Su misericordia.

SALMOS 66:20

Dios te quiere *a ti*: eso es lo que más le interesa cuando oras. No le preocupa que no tengas palabras elegantes o una presentación persuasiva de tus necesidades. Asimismo, el Padre ya sabe todas las veces que has acudido a otros buscando ayuda y los has encontrado deficientes o has probado tus propios recursos y has descubierto que eran insuficientes. Él ve las heridas que te has causado a ti mismo por no acudir a Él primero. No tienes por qué ocultarlo: Él lo sabe todo y te sigue amando incondicionalmente. Así que confiésalo todo y desahoga tu alma.

Por supuesto, debido a esos fracasos, puede que no te sientas digno de su presencia. Pero lo que más le importa a Él es que vuelvas a sus brazos. Así que acude a Él libremente. Reconoce quién es Él, piensa realmente en Él y adóralo. Admite que solo el Señor tiene la respuesta correcta para ti y la mejor respuesta a cualquier pregunta que puedas tener. No compartimentes ni evites que Él dirija cierta área de tu vida por temor, vergüenza u orgullo. Acude a Él con el respeto y la sinceridad debidos a tu Señor Dios y Creador. Él nunca te rechazará.

....

Jesús, te necesito. Gracias por amarme y aceptarme. Amén.

Satisfecho por la fuente

Abres Tu mano, y sacias el deseo de todo ser viviente.
SALMOS 145:16

Cuando hablamos de satisfacer nuestras necesidades, a menudo miramos a todos y a todo menos a Dios. Buscamos respuestas en multitud de lugares, algunos útiles y otros perjudiciales para nuestro espíritu. Pero la fuente suprema que nos proporciona todo lo que necesitamos es el Padre. Él obra a través de una variedad de métodos e instrumentos, pero en última instancia Él es el autor y originador de todo lo que necesitamos; tanto en el ámbito material, natural y físico como en el ámbito emocional, mental y espiritual.

Muchas de las formas en que el Señor nos ayuda se pueden encontrar en su Palabra, que nos enseña las maneras correctas e incorrectas de encontrar significado y satisfacción. Pero la mejor noticia sobre los métodos de Dios para satisfacer nuestras necesidades es que no tienen efectos secundarios negativos. No nos quedan sentimientos residuales de ansiedad, culpa, frustración o vergüenza. Más bien, cuando miramos al Señor como nuestro proveedor, Él responde de una manera que nos deja con una profunda paz interior, satisfacción y un sentimiento de plenitud. Por lo tanto, examina si estás buscando otra cosa que no sea Dios para tus necesidades y vuelve a Él para que responda a los anhelos de tu alma.

Jesús, otras cosas no me satisfacen nunca, pero tú llenas mi vida hasta rebosar. Gracias, mi amoroso proveedor. Amén.

Alumbra las tinieblas

Oh Señor; Mi Dios que alumbra mis tinieblas.
SALMOS 18:28

¿Percibes un oscuro desconocimiento en algunas áreas de tu vida? Hay algo sobrenatural y poderoso en permitir que Dios derrame *su* luz sobre tus preguntas. Pablo oró para que se nos diera un «espíritu de sabiduría y de revelación en un mejor conocimiento de Él», para que «los ojos de [nuestro] corazón [nos] sean iluminados» (Efesios 1:17-18). No podemos vernos correctamente a nosotros mismos, las situaciones en las que nos encontramos, ni siquiera al Señor mismo sin su participación reveladora.

El Padre nos ayuda a ver las cosas desde una perspectiva muy diferente: la suya. Y cuando observamos la vida desde su punto de vista, los problemas que nos preocupan pierden su fuerza. Él convierte las pruebas que nos debilitan en fortaleza. El modo en que nos percibimos a nosotros mismos, a los demás, nuestras tareas y nuestros problemas cambia, porque comprendemos lo que Él está logrando. Nos damos cuenta de su obrar en lo invisible, de los detalles ocultos y de las fuerzas que actúan, y descubrimos soluciones que nunca habríamos imaginado por nuestra cuenta. Y a través de todo ello, Él está trabajando en nuestro interior, refrescando, instruyendo, moldeando, transformando y revitalizando nuestras mentes y espíritus.

Por tanto, pasa tiempo en su presencia y permite que su luz brille en tu oscuridad. Te sorprenderá todo lo que te muestre.

Jesús, ilumina mi vida con tu luz y muéstrame tu perspectiva. Amén.

¿Qué está mal?

«Ningún siervo puede servir a dos señores
[...] aborrecerá a uno y amará al otro».

LUCAS 16:13

¿Está mal que te gusten las cosas de calidad o que compres lo mejor que puedas permitirte? ¿Es problemático desear tener un cónyuge e hijos? ¿Va contra la voluntad de Dios que quieras tener éxito en tu trabajo? No. Lo que está mal es cuando creemos que no podemos vivir sin estas cosas o cuando permitimos que reemplacen nuestra relación con Dios.

Cuando ponemos nuestros ojos en lograr nuestras metas, casi siempre perdemos de vista los propósitos del Señor para nosotros. Solo cuando hacemos de nuestra relación con Jesús nuestra prioridad principal, Él puede llevarnos a una posición en la que podemos lograr y recibir lo que realmente nos satisfará.

Si hay algo en tu vida sin lo que crees que no puedes vivir, eso debería ser una señal de advertencia para reevaluar tu relación con Dios y echar otro vistazo a tus prioridades. El Padre sabe lo que necesitas y lo que es mejor para ti. Así que deja de intentar definir tu futuro y acude a Dios. Él satisfará tus anhelos con una plenitud perfecta y te dará mucho más de lo que podrías imaginar, organizar, manipular o crear por ti mismo.

....

Jesús, líbrame de todo lo que consume mi atención, para que tú seas siempre mi prioridad. Amén.

Dotados

Según cada uno ha recibido un don especial,
úselo sirviéndose los unos a los otros como buenos
administradores de la multiforme gracia de Dios.

1 PEDRO 4:10

Cada persona anhela ser especial, ser excepcional en algún área de su vida. Para los creyentes, ese anhelo se satisface descubriendo y desarrollando nuestros dones espirituales. Afortunadamente, Dios quiere que utilicemos nuestros dones, por lo que hace que sea bastante sencillo determinar para qué nos ha facultado.

Por ejemplo, si te gusta y eres bueno ayudando a los demás, el servicio es probablemente tu don motivador. Si te gusta estudiar e investigar, es posible que la enseñanza sea tu vocación. Si los demás se benefician constantemente de tu consejo y corrección, es probable que el Padre te haya dotado con el poderoso ministerio de la exhortación. Asimismo, el Señor obrará a través de otros creyentes para ayudarte a saber dónde encajas mejor en el cuerpo de Cristo y a descubrir tus dones.

Ejercitar tu don espiritual es la clave para una vida de servicio gratificante en el reino de Dios. Por lo tanto, pídele al Padre que te lo revele. Examina lo que te gusta y lo que no te gusta y busca la opinión de los demás. Sobre todo, recuerda que tu don es dado y determinado por el Espíritu, por lo que debe ser usado para glorificar a Jesús.

....

Jesús, por favor, revélame mi don espiritual para que pueda
servirte con eficacia. Amén.

Enfréntate a los gigantes

Y el Señor los entregó en manos de Israel.
JOSUÉ 11:8

Enfrentarse a las luchas en nuestras vidas es una tarea tan agotadora que a menudo preferimos tomar el camino más fácil de la retirada y la huida. Nos cansamos de librar las mismas viejas batallas que siempre nos dejan agotados y desanimados, así que optamos por evitarlas. Pero siguen asaltándonos.

Sin duda, este fue el caso de Israel. Cuando los espías informaron que la tierra de Canaán estaba llena de gigantes, el pueblo se negó a enfrentarse a ellos y a tomar la tierra que Dios les había prometido. Como resultado, vagaron por el desierto durante cuarenta años más.

No seas como ellos. Al contrario, sé como Josué y Caleb, que confiaron en que el Señor les daría la victoria en toda la tierra prometida. Y así fue. Al igual que Josué y Caleb, puedes enfrentarte a obstáculos abrumadores, ya sean espirituales, físicos, financieros o relacionales, pero debes mirarlos a través de los ojos de la fe. Concéntrate en el poder de Dios más que en el tamaño de tu adversario. Sí, los gigantes son grandes. Son más poderosos que tú, pero el Señor siempre es más grande. Así que enfréntalos con la sabiduría y la fuerza de tu Salvador, y Él te dará la victoria.

....

Jesús, ayúdame a enfrentarme a los gigantes de mi vida con tu fuerza y con tu sabiduría. Amén.

Con Jesús

*Al ver la confianza de Pedro y de Juan
[…] se maravillaban, y reconocían que
ellos habían estado con Jesús.*

HECHOS 4:13

Llenos del Espíritu Santo, Pedro y Juan habían estado ministrando poderosamente, proclamando la muerte y resurrección de Cristo. Era evidente que Dios actuaba a través de ellos, porque miles de almas se habían salvado y añadido al incipiente grupo de cristianos. Sin embargo, eso inquietó a los dirigentes religiosos judíos, que arrestaron a Pedro y a Juan, y los interrogaron sobre su labor.

Tal vez puedas imaginarte a Pedro y a Juan —dos rudos pescadores sin educación— de pie ante una sala llena de líderes religiosos altamente educados e influyentes. Tenían mucho espacio para sentirse inadecuados. Sin embargo, dieron testimonio de Jesús con firmeza, y el Señor brilló a través de ellos. Salieron del consejo asombrados por el poder de su mensaje. Y todo porque habían estado con Jesús.

El principio que vemos aquí sigue siendo válido hoy en día. Cuando hacemos del tiempo a solas con Cristo una prioridad, incide en todas y cada una de las facetas de nuestra vida. De hecho, es la comunión que tenemos con Jesús —meditando en su Palabra y buscando su rostro— lo que establece nuestra fructificación e influencia en el reino. No hay nada que nos dé más poder o nos eleve más que pasar tiempo con Él.

....

*Jesús, muéstrame tus caminos y enséñame, para que otros
puedan ver que he estado contigo. Amén.*

Enfréntalo

«El Señor te entregará hoy en mis manos».

1 SAMUEL 17:46

¿Tienes miedo de algo hoy? Si es así, es crucial que enfrentes ese temor obedeciendo cualquier paso positivo de fe que el Señor te instruya que des. Podemos encontrar un ejemplo sobre esto en el relato de David y Goliat. Una vez que David conoció el plan del Señor, *corrió* hacia Goliat a pesar de sus temores. Procedió con fe, recordando cómo Dios lo había librado de un oso y un león. Se lanzó con confianza, consciente de que el Padre le había dado la habilidad de correr rápido y usar bien la honda. Por último, avanzó con sabiduría, declarando que el Señor le daría la victoria.

Cuando meditas en tu vida, no hay duda de que puedes contar muchos casos en los que Dios ha estado contigo en circunstancias de temor. Como lo hizo con David, Dios te ha liberado antes, te ha dado las habilidades necesarias para enfrentar tus desafíos y ha prometido darte sabiduría. Por eso, cada vez que experimentes una situación que te atemorice, no retrocedas; más bien, enfréntala con calma, de manera directa y en oración. Avanza confiando en Dios. Sin duda, te mostrará en términos inequívocos que Él es mucho más grande que cualquier cosa que te haya causado ansiedad.

....

Jesús, tengo miedo, pero avanzaré con valentía, confiando en ti a cada paso del camino. Amén.

Unidos a la vid

«Ciertamente, yo soy la vid; ustedes son las ramas. Los que permanecen en mí y yo en ellos producirán mucho fruto porque, separados de mí, no pueden hacer nada».

JUAN 15:5 (NTV)

¿Te gustaría asemejarte más a Jesús, pero te parece demasiado difícil? ¿Te das cuenta de que estás lejos de alcanzarlo? No te desesperes, no se supone que seas piadoso por tus propias fuerzas. El carácter de Cristo es un fruto que viene del propio Dios.

Hay una razón por la que los melocotoneros dan melocotones, no manzanas; por la que los perales dan peras, no plátanos; y por la que las ramas cortadas de la vid se marchitan. Es porque la vida viene a través de la vid, y la savia que fluye hacia las ramas determina la identidad del fruto. De la misma manera, la vida de Dios dentro de ti produce el carácter semejante al de Cristo que anhelas. A medida que pasas tiempo con Él y lo reconoces como Señor, su «savia divina», el Espíritu Santo, produce las cualidades espirituales que reflejan su carácter en ti.

Eso significa que estás facultado para ser y hacer todo aquello para lo que Dios te creó, porque Él lo hace todo a través de ti. Sin embargo, debes vivir en continua unión con la vid, Jesús. Así que deja de luchar. Permanece en Cristo y permite que el Espíritu Santo reproduzca su carácter en ti.

....

Jesús, ayúdame a permanecer en ti para que tu vida, carácter y fruto sean producidos en mí. Amén.

63

Sé fructífero

«Como el sarmiento no puede dar fruto por sí
mismo si no permanece en la vid, así tampoco
ustedes si no permanecen en Mí».

JUAN 15:4

¿Qué tipo de sonidos oyes en un parral o en otro huerto frutal? Probablemente disfrutes del trinar de los pájaros, del susurro del viento entre las hojas y de otros cánticos al aire libre. Lo que no se oye es el ruido de las vides que gimen o de los árboles que se esfuerzan. Las plantas no trabajan para producir sus frutos, que salen de sus ramas de forma natural como parte del proceso de crecimiento. La vid no tiene que luchar para producir uvas. Cuando las ramas unidas a ella están sanas y tienen toda el agua y los nutrientes que necesitan, las uvas salen en abundancia.

Lo mismo ocurre contigo. El secreto para producir fruto como creyente es tan natural para ti como lo es para una vid: permanecer unido a la vid, centrando toda tu energía y atención en permanecer en Cristo. El fruto de tu vida es un reflejo directo de la calidad de tu relación con Jesús. Así que adóralo, alábalo, medita en sus palabras, busca pasar tiempo a solas con Él, obedécelo y déjate absorber por sus propósitos. Entonces regocíjate en cómo Él obra a través de ti.

....

Jesús, gracias por hacer tu obra a través de mí. Guárdame
cerca, mi Salvador, mientras permanezco en ti. Amén.

MARZO

Todas tus necesidades

Y mi Dios proveerá a todas sus necesidades, conforme
a sus riquezas en gloria en Cristo Jesús.

FILIPENSES 4:19

Es posible que hoy estés preocupado por los desafíos de tu vida. Te sientes impotente porque estás lejos de tener lo necesario y te preguntas cómo superarás este obstáculo. Pero piensa en esto: ¿crees que hay alguna necesidad tuya que esté fuera de la capacidad de Dios para satisfacerla?

Por supuesto, tal vez no es el Señor sino tú mismo el que dudas. He oído a la gente decir: «Tengo una necesidad en mi vida, pero Dios ya ha sido muy bueno conmigo». En esencia, estas personas creen que han agotado la porción de bendiciones que el Señor les ha asignado. Sus necesidades actuales yacen justo más allá del almacén de provisiones de Dios. Tal vez se sienten indignos de su ayuda o temen ser egoístas o codiciosos, y por lo tanto, esperan que Dios rechace sus urgentes súplicas de ayuda.

¿Te identificas con eso? Debes comprender que cuando Pablo escribió que Dios supliría *todas* tus necesidades, se refería precisamente a eso: *todas*. No un porcentaje ni una fracción. *Todas*. Por supuesto, lo hace en su tiempo y a su manera, pero está más que dispuesto a ayudarte. Vuélvete a Él.

....

Jesús, necesito tu ayuda. Haz lo que solo tú puedes hacer en
esta situación. Amén.

Ama a tus enemigos

Porque el que no ama a su hermano, a quien ha visto, no puede amar a Dios a quien no ha visto.

1 JUAN 4:20

Si vives lo suficiente, enfrentarás conflictos. En algún momento, te encontrarás con personas que parecen querer hacerte la vida imposible, ya sea un familiar o un compañero de trabajo con el que pareces estar en constante desacuerdo. Tratar con esas personas puede ser una de las experiencias más difíciles de tu vida. Pero también puede ser gratificante si permites que el Padre te enseñe. El Señor obra para tu bien incluso a través de las personas más difíciles que te rodeen.

Así que, ¿cómo tratas con los conflictos? Alan Redpath, pastor escocés de la congregación Moody Bible Church, dijo sabiamente: «Si empiezas con Dios, tus enemigos se hacen pequeños. Si empiezas con el enemigo, puede que nunca llegues a Dios». Al igual que con cualquier otro desafío, comenzar con el Señor te da su perspectiva, su sabiduría, su poder y su amor por cada persona que encuentres. Él te enseña a caminar en su plan. Por lo tanto, enfócate en Jesús y Él te dará la capacidad de amar a tus enemigos y orar por los que te persiguen (Mateo 5:44), para que puedas ser su representante ante los demás.

Jesús, necesito tu sabiduría, tu fortaleza y tu amor en mis relaciones. Ayúdame a caminar en tus propósitos con los demás. Amén.

Confía en Dios en el conflicto

El Señor es mi fuerza y mi escudo; en Él
confía mi corazón, y soy socorrido.

SALMOS 28:7

Cuando las personas nos ofenden, podemos correr el riesgo de pensar todo el tiempo en lo que nos han hecho, lo que puede conducirnos a la amargura. Los pensamientos de ira pueden bombardearnos debido a la injusticia, la vulnerabilidad y el dolor que sentimos. Pero en lugar de ceder al resentimiento, debemos volver a centrar nuestros pensamientos en Dios y en su propósito al permitir tal conflicto.

Centrarte en el Señor te ayudará a confiar en su capacidad para tratar con sabiduría y justicia a tus antagonistas. No tienes por qué temer ser víctima de los juegos de poder o los engaños de otra persona. En vez de eso, puedes confiar en que tu reputación, éxito y seguridad descansan firmemente en las manos de tu Dios soberano. Sí, la gente puede herirte e incluso hacerte retroceder. Pero no tienes que temer ni tomar represalias. Puedes perdonar como Cristo ordena y el Padre te protegerá, te vindicará a su debido tiempo y te revelará por qué la gente responde como lo hace.

El Señor es más grande que todos tus enemigos juntos, y el poder de Cristo resucitado puede sostenerte y guiarte a través de cualquier encuentro difícil al que te enfrentes. Así que hónralo porque Él ciertamente te ayudará.

....

Jesús, tú eres mi defensor. Confío en ti para que me ayudes y
redimas esta situación. Amén.

Acude primero a Él

Pero la salvación de los justos viene del Señor; Él
es su fortaleza en el tiempo de la angustia.

SALMOS 37:39

Alabado sea Dios: Él conoce nuestra condición. Cuando somos más débiles, Él es más fuerte. Ante Él llegan nuestras súplicas dolorosas y se inclina hacia nosotros. Nos da la misericordia y la gracia que necesitamos para soportar la angustia y liberarnos de nuestras cargas.

Por desdicha, a menudo esperamos llegar al límite de nuestras fuerzas para buscar la ayuda sobrenatural de Dios. Lo intentamos por nuestra cuenta hasta que hacemos tal desastre que la única opción que nos queda es que el Señor Todopoderoso actúe a nuestro favor; a menos que Él intervenga, no tenemos esperanza. ¿Por qué no nos ayuda antes? Para que no pensemos que nuestros métodos defectuosos funcionan, espera que nos acerquemos a Él plenamente sometidos a su poder y su sabiduría. Es entonces cuando se revela como nuestro Dios grande y asombroso, para que no tengamos ninguna duda de que es Él quien nos ha liberado.

El punto es que nunca debes esperar para clamar al Señor. Acude a Él de inmediato, sea cual sea el reto que se te presente. Y acude en busca de *sus* soluciones, no para pedirle que bendiga las tuyas. Él cambiará tu situación de una manera que nunca hubieras imaginado y te bendecirá por buscarlo a Él primero.

....

Jesús, gracias por ser mi Libertador. Confío en tu sabiduría
y tu poder para salvarme. Amén.

Buenos propósitos

«Ustedes pensaron hacerme mal, pero Dios lo cambió en bien para que [...] se preservara la vida de mucha gente».

GÉNESIS 50:20

Hay un principio esencial que puede ayudarnos a perseverar en nuestra fe, y es comprender que Dios mismo permite en última instancia todo lo que nos sucede. Es una noción difícil de aceptar, sobre todo en los fracasos y las pruebas dolorosas, pero nos proporciona una perspectiva que siempre conduce al triunfo.

Pensemos en José, que fue vendido como esclavo por sus celosos hermanos cuando era adolescente. Pasó años de servidumbre en la casa de Potifar y luego fue acusado injustamente y encarcelado en una prisión egipcia. Sin embargo, José permaneció fiel todos esos años porque vio a Dios obrando, posicionándolo para un mayor servicio a través de toda aquella traición e injusticia. Después de más de una década de sufrimiento, el Señor liberó milagrosamente a José y lo convirtió en el segundo al mando de la nación más poderosa de la tierra.

Tal es la asombrosa capacidad de nuestro Salvador: Él obra a través de este mundo caído para lograr sus propósitos con nosotros. Así que, pese a lo que suceda, por injusto o doloroso que sea, recuerda que Dios lo ha permitido con un propósito bueno y santo. Así que, como José, aguarda con esperanza que Él te revele su excelente plan.

....

Jesús, estoy muy agradecido de que tengas un propósito bueno y santo en todo lo que padezco. Amén.

Quién es Él en realidad

Esforcémonos por conocer al SEÑOR.

OSEAS 6:3

Cuando era niño, pensaba que Dios era como un juez severo sentado en el cielo, esperando a que yo cometiera un error para castigarme. Me esforzaba por complacerlo, pero la mayor parte del tiempo no lo hacía muy bien. Vivía con el temor de que el Señor me castigara de una manera terrible.

Sin embargo, ahora conozco la verdad y, cuando pienso en mi amoroso Padre celestial, mis pensamientos son exactamente lo opuesto. Lo veo como mi sustentador, mi protector, mi proveedor y el preservador de mi vida. Confío en que me perdonará cuando peque y en que estoy eternamente seguro de mi salvación. También confío en que su deseo siempre es mi bien.

¿Cómo cambió mi percepción? Primero, comprobé todo lo que pensaba sobre el Padre con las Escrituras y descubrí quién es Dios en realidad. Luego decidí creerle. Tú también puedes hacer eso. Confía en que el Salvador te ama, provee para ti, cuida de ti, siempre está a tu disposición y tiene el control de tu vida. A medida que lo hagas, tú también llegarás a adorarlo.

Jesús, quiero saber quién eres realmente. Guíame en tu verdad. Amén.

No te preocupes

«No se preocupen por su vida».
MATEO 6:25

La ansiedad es un problema al que todos nos enfrentamos en un momento u otro. Genera en nosotros un sentimiento perturbador e incierto que nos hace pensar: *¿Y ahora qué?* Es una sensación de que nos han movido el piso y no tenemos ni idea de si caeremos y con qué fuerza.

Para muchas personas, la preocupación se ha convertido en una forma de vida. Viven en un estado de incertidumbre y miedo constante. Si eso te describe, te animo a recordar lo que Jesús enseñó en el Sermón del monte. Dijo: «No se preocupen» (Mateo 6:34). No es una sugerencia, es una orden. Es posible que digas: «Pero no puedo evitar sentirme ansioso; ¡siempre me he preocupado!». Eso me lo han dicho muchas personas a lo largo de los años. Mi respuesta siempre es: «Sí puedes».

No hay nada en una circunstancia que genere ansiedad automáticamente. Más bien, el miedo surge por la forma en que percibes un problema. Pero la capacidad de elegir forma parte del don de Dios a todo ser humano. Puedes decidir cómo te sientes, en qué piensas y cómo vas a responder. Puedes decidir no preocuparte. Así que toma la decisión de confiar en el Señor en lugar de centrarte en tus circunstancias.

....

Jesús, quiero ser una persona de fe audaz y confiada, en vez de alguien preocupado. Pongo mis ojos en ti. Amén.

Disipa el pánico

Lleno de pánico, clamé [...] Pero tú oíste que supliqué
misericordia y respondiste a mi pedido de auxilio.

SALMOS 31:22 (NTV)

¿Has tenido alguna vez un ataque de pánico, un momento en que la ansiedad te ha descontrolado por completo? Tal vez tu corazón comenzó a acelerarse, empezaste a sudar profusamente y te sentiste como si te estuvieras desmoronando. Yo he tenido una experiencia así. Fue debido a la increíble presión, el conflicto y la fatiga extrema a la que me enfrentaba. Sentía que me desmoronaba. En mi desesperación, clamé a Dios como un niño que llama a su papá después de un mal sueño. Su presencia me rodeó y me sostuvo a lo largo de esa difícil temporada.

¿Y tú? ¿Cómo respondes cuando te abruma el miedo? La gente a menudo recurre a las drogas, el alcohol u otros medios que prometen un escape momentáneo. Sin embargo, nunca satisfarán ni sanarán como lo hace clamar a Dios. Cuando invocas al Padre con un corazón sincero, Él te revela su presencia, quita tu ansiedad, da sentido a tus circunstancias y te trae una paz genuina. Así que míralo a Él y permítele que te estreche fuertemente entre sus brazos eternos y te consuele. Cuanto más te aferres a Él, menos razones tendrás para temer.

....

Jesús, abrázame y ayúdame. Rodéame con tu presencia
tranquilizadora. Amén.

Cuando la ansiedad ataca

«No temas, cree solamente».

MARCOS 5:36

¿Estás ansioso? ¿Qué puedes hacer cuando surgen los temores y no tienes idea de cómo tratar tus problemas? Primero, pídele a Dios que te dé su paz y sus respuestas. Debes estar dispuesto a abandonar tu percepción de los problemas y permitir que el Señor trate con ellos en su sabiduría y su poder. Esto no es algo que vayas a hacer una sola vez; más bien, vuelve a encomendarle tus preocupaciones cada vez que te vengan a la mente. Pídele al Padre que te ayude a enfocar tus pensamientos y tu energía en lo que Él quiere que hagas.

Además, resuelve esta cuestión en tu mente de una vez: ¿busca Dios, tu amoroso Padre celestial, siempre tu bien eterno o no? Esto es crucial, porque la clave para superar la ansiedad es pensar correctamente en Él. El Señor es soberano, lo que significa que tiene control absoluto de todos los aspectos de la creación. Es todopoderoso, omnisciente y omnipresente. Él sabe cómo producir plenitud a partir de tu quebrantamiento, cómo sanar lo que está enfermo y cómo traer reconciliación y amor a partir del distanciamiento y el odio. Asimismo, te ama con un amor incondicional, insondable, inconmensurable. Puedes confiar en Él. Elige creerle y verás cómo desaparece tu ansiedad.

....

Jesús, tú tienes el control y sabes qué hacer. Confiaré en ti.
Amén.

La amistad

El que reanima a otros será reanimado.

PROVERBIOS 11:25 (NTV)

Una palabra alentadora de un amigo que dirige nuestros corazones a Dios puede ser una de las demostraciones más poderosas de su provisión y su cuidado. A lo largo de las Escrituras, el Señor obró a través de muchas relaciones sólidas para realizar su obra. Moisés contó con el apoyo de Aarón y Josué. David contó con la amistad de Jonatán y la protección de sus poderosos hombres. Jesús tuvo la compañía de sus doce discípulos y numerosos seguidores.

Aunque este mundo tiende a aislarnos y dividirnos, Dios nos creó para estar en comunión con Él y los demás. Es más, Jesús dijo que tendríamos una experiencia única de su presencia cuando nos reuniéramos (Mateo 18:20). Un amigo cristiano auténtico y piadoso puede compartir aliento lleno del poder y la sabiduría del Señor.

Si tiendes a aislarte de los demás y quieres una experiencia fresca de la presencia de Dios, intenta algo diferente hoy. Piensa en alguien a quien puedas ayudar de forma tangible y sé su amigo. Mantente atento a las formas en que puedes desarrollar relaciones piadosas con otros creyentes. Encontrarás increíbles bendiciones a cambio.

....

Jesús, te doy gracias por el don de la amistad. Ayúdame a ser amigo para los demás. Amén.

Sé amigo

Jonatán fue a buscar a David y lo animó a
que permaneciera firme en su fe en Dios.
1 SAMUEL 23:16 (NTV)

Todos sabemos lo significativo que es tener un buen amigo. Un amigo que nos llama en una noche solitaria, que nos trae una comida cuando estamos enfermos y ora con nosotros cuando estamos desanimados es un instrumento indispensable del aliento del Señor.

David comprendió el poderoso aliento que el Señor podía dar a través de la amistad. Siempre huyendo del rey Saúl, refugiándose en el desierto, David encontró el consuelo y la fuerza que necesitaba en Jonatán, su querido amigo. Jonatán dejó la comodidad de su residencia real para asegurarse de que David permaneciera fuerte en el Señor. Eso es lo que hacen los verdaderos amigos: no les importa ser incomodados si eso significa apoyarnos en un momento de necesidad. Se quedan con nosotros cuando las cosas se ponen difíciles. Lamentablemente, si siempre estamos enfocados y preocupados por nuestras propias necesidades, rara vez encontraremos las ricas recompensas que trae la amistad.

Por eso, te invito a pensar: ¿qué clase de amigo eres? Reconoce que, a veces, el ministerio más significativo de Dios a través de ti se llevará a cabo por medio de tus relaciones con los demás: la manera en que los apoyas, amas y cuidas de ellos. Así que esfuérzate por ser el mejor amigo que puedas.

....

Jesús, enséñame a ser la clase de amigo excelente que tú eres
para mí. Amén.

Suple nuestras necesidades

«El Padre celestial sabe que ustedes
necesitan todas estas cosas».
MATEO 6:32

Puede que creas que tus necesidades insatisfechas delatan una falta de cuidado por parte del Señor. Sin embargo, es justo lo contrario. Dios permitirá desafíos en tu vida para que te vuelvas a Él y crezcas en tu relación con Él. Si nunca te falta nada, podrías creer que eres completamente autosuficiente y que no requieres de su presencia, lo que podría hacer que lo ignoraras. Por eso, cualquier carencia en nuestra vida es una oportunidad para que confiemos más en el Padre. Así es como maduramos en nuestra fe, lo que nos convierte en siervos de Dios aún más eficaces y en testigos de su gracia.

Sin embargo, ten la seguridad de que nunca padecerás una necesidad que sea demasiado grande para que el Señor la cubra, ni un desafío que lo tome por sorpresa. Todo lo que necesitas ya te ha sido dado por tu Padre celestial y está a tu disposición a través de Cristo. Puede que aún no lo hayas recibido, pero confía en su plan de provisión para ti.

Hoy, agradece al Señor por las oportunidades que te ayudan a darte cuenta de cuán profundamente lo necesitas, y confía en que Él proveerá lo que te haga falta.

....

Jesús, aprovecharé esta oportunidad para confiar más en ti.
Gracias por acercarme a ti. Amén.

Conócelo

«Les daré un corazón para que me conozcan, porque Yo
soy el Señor; y ellos serán Mi pueblo y Yo seré su Dios».

JEREMÍAS 24:7

¿Estás conforme con tu relación con el Señor? ¿Estás pasando suficiente tiempo con Jesús para conocerlo de manera genuina? He descubierto a través de los años que la mayoría de las personas no han hecho el esfuerzo de conocer en verdad a Dios. No realmente. No de una manera profunda e íntima que les permita experimentar su carácter santo, compasivo y comprender su amor eterno.

Las razones son tan diversas como las personas que invocan su nombre: miedo a su juicio, creencias erróneas, falta de apoyo, pereza, etcétera. Pero invariablemente, una vez que una persona llega a conocer al Señor en verdad, descubre que pasar tiempo con Él es maravilloso, gratificante y ministra al espíritu como ninguna otra cosa puede hacerlo. No quieren que nada interfiera con esa relación. Solo quieren lo que Él hace.

Amigo, tu corazón anhela este tipo de relación profunda e íntima con Jesús, una en la que participes por completo. No dejes de pasar tiempo con Él hoy y busca sentirlo tan profundamente como puedas. Porque es conociéndolo a Él cuando cada anhelo de tu corazón es satisfecho.

....

Jesús, quiero conocerte. Revélate a mi vida. Amén.

Vales mucho más

«Miren las aves del cielo, que no siembran, ni siegan, ni recogen en graneros, y sin embargo, el Padre celestial las alimenta. ¿No son ustedes de mucho más valor que ellas?».

MATEO 6:26

¿Has perdido de vista lo que vales para Dios? Si tienes baja autoestima, es posible que no te consideres digno de su cuidado. Sin embargo, para Él tienes un valor inconmensurable. Y Él no solo es *capaz* de satisfacer tus necesidades, sino que también está *dispuesto* a hacerlo.

Por supuesto, algunas personas me han dicho: «Dios no se da cuenta cuando mi auto se descompone». Sí que se da cuenta. «Al Padre no le interesa si puedo pagar mis cuentas o no». Sí, le interesa. «Al Señor no le importa mi quebranto ni mis sueños destrozados». Oh, hijo, sí. Por supuesto que sí.

Dios está íntimamente involucrado en cada detalle de tu vida, su plan es proveer para ti. Puede haber varias razones por las que te veas indigno de su amor, pero ¿has olvidado su regalo de salvación? ¡Jesús se ofreció *a sí mismo* como sacrificio por ti! Eso demuestra lo mucho que le importas y lo valioso que eres para Él. Y no hay prueba de amor más grande que esa. Él te considera absolutamente digno de su amor, su cuidado y su bendición.

....

Jesús, gracias por hacerme digno y por amarme sin condición. Amén.

Gozo inquebrantable

Aunque falte el producto del olivo, y los
campos no produzcan alimento [...] me
regocijaré en el Dios de mi salvación.
HABACUC 3:17-18

A veces vislumbramos tiempos difíciles en el horizonte. Para el profeta Habacuc, fue la brutal conquista de su país, Judá, por los babilonios. Habacuc previó lo sombría que sería aquella invasión hostil. Al final, todo sería destruido, la economía agraria quedaría diezmada y el pueblo sería llevado al cautiverio.

Sin embargo, en ese momento crucial, cuando la ansiedad podría haberlo abrumado, Habacuc declaró su fe inquebrantable en Dios. Afirmó que el Señor soberano, que gobierna sobre todos los pueblos y naciones, es la esperanza de su vida. Dios mismo era el regocijo de Habacuc.

Tal debería ser también nuestra respuesta. En las buenas y en las malas, Dios está cumpliendo sus propósitos, y nada escapa a su poder. Por lo tanto, no hay nada que pueda frustrar sus planes para nosotros, planes que son agradables. Las temporadas difíciles nunca son una excusa para el desánimo; más bien, son una oportunidad para ver a Jesús trabajar en nuestras circunstancias y confiar en su obrar. Él nos da fuerzas para el camino, nos prepara para un mayor servicio y nos ayuda a salir adelante. Y siempre podemos encontrar nuestro gozo en Él.

....

Jesús, tú eres mi gozo pese a lo que pase. Amén.

El primer paso hacia la libertad

¡Libra a tu siervo de pecar intencionalmente! No permitas que estos pecados me controlen.

SALMOS 19:13 (NTV)

Por lo general, las personas no buscan la libertad de su esclavitud hasta que se sienten realmente miserables en ella. Esto se debe a que tienden a ver los placeres o la sensación de poder que reciben del pecado como un alivio a su desesperación y no la causa. Por esa razón, nuestros comportamientos pecaminosos —ya sean físicos, financieros, relacionales o espirituales— pueden dominarnos por muchos años. No es hasta que nos damos cuenta de hasta qué punto nos controlan y nos hieren que clamamos por liberación. Menos mal que nunca es demasiado tarde para ser liberados.

Reconocer nuestra impotencia es el primer paso en el camino hacia la libertad. Por desgracia, demasiados de nosotros no recibimos plenamente la libertad que Cristo compró para nosotros porque nos aferramos a la sensación de control. Queremos hacer las cosas a nuestra manera. Pero así nos vemos incapaces de vencer nuestros miedos, sanar nuestras relaciones o superar los obstáculos que se nos presentan.

Tal vez veas la impotencia como debilidad, como una admisión de que eres incapaz para resolver tus problemas. Pero a los ojos de Dios, tus sentimientos de impotencia son los dolores de parto de un milagro. Así que suelta el control y deja que Él te muestre cómo encontrar alivio a todo lo que te aprisiona.

Jesús, revélame a qué estoy atado y libérame de ello a través de tu verdad. Amén.

Mucho más abundantemente

*La debilidad de Dios es más fuerte que
la mayor fuerza humana.*
1 CORINTIOS 1:25 (NTV)

A lo largo de los años, he visto que por lo general son las personas más dotadas y seguras de sí mismas las que tienen más dificultades para someterse a Dios. Aquellos que están satisfechos con lo que tienen rara vez buscan al Señor para que les dé poder. Usualmente, a menos que ocurra algo malo, no reconocen la necesidad de hacerlo. Al contrario, dirán: «Dios, puedes quedarte con estas partes menores de mi vida, pero en esta área soy bueno. Esto me lo reservo para mí. Yo me encargo». No saben, o no pueden saber, lo que se están perdiendo, porque no sienten que les falte nada.

Eso no quiere decir que debamos despreciar o ignorar nuestros logros, talentos o habilidades. El problema no es tenerlos, sino confiar en ellos. Cuando confiamos en nosotros mismos, estamos limitados por lo que podemos hacer, lo que nunca es suficiente. Sin embargo, cuando nos rendimos a Jesús y le permitimos que obre a través de nosotros, Él hace «todo mucho más abundantemente de lo que pedimos o entendemos» (Efesios 3:20).

Nunca saldrás perdiendo cuando le entregues todo a Dios. Y todo lo que le rindas, te lo devolverá con creces. Así que confía en Él y encuentra el verdadero gozo, éxito y plenitud.

....

*Jesús, te lo entrego todo a ti. Obra a través de mí, mi
Salvador. Amén.*

Nada fuera de los límites

¿Por qué te jactas como si no lo hubieras recibido?
1 CORINTIOS 4:7

¿Qué área de tu vida le estás ocultando a Dios hoy? Los puntos que mantenemos fuera de su alcance son los mismos en los que Él se enfoca para que cada aspecto de nuestra independencia imaginaria sea sometido a Él. Su amoroso deseo para nosotros es que dependamos totalmente de Él y que lo reconozcamos. Después de todo, toda buena dádiva viene de Dios y, como creyentes, es esencial que reconozcamos la autoridad que tiene en nuestras vidas. Además, cuando actuamos separados de Él —saliéndonos de sus planes para satisfacer nuestras necesidades o deseos— nos ponemos en peligro.

Sin embargo entiende, al abordar tu presunta autosuficiencia, que Dios no destruye tu espíritu. No perderás tus ganas de vivir ni tu personalidad cuando te rindas a Cristo; por el contrario, es cuando te desvías de su camino que el pecado te drena tu vida, tu gozo y tu identidad. Él alinea tu voluntad con la suya, de modo que cuando habla, tú no argumentas, no racionalizas, no pones excusas ni culpas. En vez de ello, obedeces de inmediato la dirección del Espíritu Santo porque sabes sin sombra de duda que el resultado será de gran bendición.

....

Jesús, todo lo que tengo viene de ti. Te entrego todo lo que soy. Amén.

Tu trabajo

*Jesús les dijo: «La única obra que Dios quiere que
hagan es que crean en quien él ha enviado».*

JUAN 6:29 (NTV)

Ser cristiano no es una cuestión de *hacer*: ir a la iglesia, cantar
himnos, orar, dar, leer las Escrituras o compartir la Palabra de
Dios, aunque todas esas son cosas buenas que ayudan a construir
nuestra fe. Del mismo modo, ser creyente no consiste en lo que *no
hacemos*: fumar, beber, decir palabrotas, acostarse con cualquiera,
aunque es prudente evitar esas actividades.

Más bien, ser cristiano es tener una relación con Jesús. El
Salvador es responsable de realizar su obra: transformarte y hacer
que te parezcas más a Él. Él es el autor y el consumador, el que te
discipula para que puedas crecer en santidad y caminar de acuerdo
con su plan. Tú no puedes cambiar tu naturaleza pecaminosa,
pero el Señor usa tus situaciones para llevarte a un punto en el que
reconozcas: «No puedo hacer esto por mí mismo». Entonces, Él te
capacita para vencer con su poder.

Solo el Espíritu Santo de Dios puede cambiar tu corazón. Así
que no te castigues, desesperes ni retrocedas. En vez de eso, deja ir
tu ilusión de autosuficiencia y acepta que aquel que te salvó es el que
te enseña a caminar con Él. Luego obedécelo.

....

*Jesús, te creo. Ayúdame a conocerte y servirte de todo
corazón. Amén.*

Ayuda inesperada

«El que tuvo misericordia de él».
LUCAS 10:37

Hay personas que Dios ha puesto específicamente en tu vida para que sean una ayuda y una bendición para ti, pero puede que no sean las que esperas. Por ejemplo, Jesús contó la historia de un hombre judío que hizo un viaje a Jericó desde Jerusalén. En el camino, el sujeto fue golpeado, robado y dado por muerto. Dos líderes religiosos pasaron de largo sin ofrecerle ayuda. Sin embargo, un hombre de Samaria —una región y un pueblo despreciados por los judíos— no solo se fijó en él y se detuvo, sino que lo ayudó y lo llevó a un refugio seguro en Jericó, donde pagó el alojamiento del herido y la asistencia médica posterior.

A menudo esperamos que ciertas personas nos ayuden, como la familia, los amigos y el personal del ministerio que conocemos. Sin embargo, cuando no nos ayudan, podemos sentirnos desconsolados e incluso traicionados. Sin embargo, Jesús a menudo te envía consuelo en la forma de un buen samaritano, alguien que puede ser muy diferente a ti, con quien puedes no estar de acuerdo, pero que te ministra de una manera profunda. No te apresures a descartar a esa persona. Por el contrario, apréciala como las manos y los pies de Jesús en acción y muéstrale amabilidad a cambio.

....

Jesús, ayúdame a amar y apreciar a los ayudantes que me envías y muéstrame cómo ser una bendición para ellos también. Amén.

Sin decepción

En el amor no hay temor, sino que el
perfecto amor echa fuera el temor.
1 JUAN 4:18

Durante muchos años temí defraudar a Dios por no estar a la altura de sus altas expectativas, pero ahora sé que eran temores infundados. ¿Cómo llegué a esta conclusión? Me di cuenta de que una deidad a la que se puede decepcionar es una que ama condicionalmente, que nos acepta si nos portamos bien y nos desecha si no lo hacemos. Ese no es el Dios que describen las Escrituras, las cuales nos muestran una y otra vez que su amor por nosotros es incondicional.

Eso significa que a veces, vas a desobedecer al Señor —ya sea voluntariamente o sin saberlo— y cosechar las consecuencias como castigo. Pero nunca lo *decepcionarás*. Él siempre te ama con un amor infinito, sobrecogedor, misericordioso, bondadoso y apasionado. Por supuesto, cuando fallas, puedes sentirte inadecuado e indigno de su asistencia, pero aun así Él te ayuda. Es probable que te susurre al corazón: «Puedo ayudarte a hacerlo mejor. Te creé para algo superior». Pero aunque diga eso, te está sosteniendo cerca y valorándote más allá de toda medida. Dios nunca retirará su presencia de ti.

Jesús, gracias por amarme incondicionalmente y aceptarme
de todo corazón. Estoy muy agradecido por poder contar
siempre contigo. Amén.

Hoy y mañana

«Por tanto, no se preocupen por el día de mañana;
porque el día de mañana se cuidará de sí mismo.
Bástenle a cada día sus propios problemas».
MATEO 6:34

Muchas personas se enfrentan a la ansiedad porque están completamente centradas en el futuro; tal vez estén esperando algo bueno, como conseguir el trabajo ideal, tener una relación en particular o recibir una oportunidad muy esperada. En realidad, toda su esperanza está puesta en el mañana porque están desesperados por escapar de las dificultades de hoy.

Sin embargo, el Dios que controla el mañana también es Señor del presente. Sí, Él ve tu situación: tus cargas, tus miedos, tus penas y tus frustraciones. Él comprende tu deseo de escapar de las presiones. Sin embargo, también sabe que las pruebas de hoy te prepararán para las bendiciones del mañana que tanto anhelas.

El trabajo, la relación o la oportunidad que esperas que te rescate puede terminar empeorando aun más tus problemas. Pero el Señor es quien verdaderamente puede librarte. Él provee una paz que sobrepasa todo entendimiento y un camino victorioso para todo lo que enfrentes. Así que, en lugar de buscar una vía de escape, vuélvete a Él ahora mismo. Enfrenta tus problemas en sus fuerzas y Él te dará una esperanza verdadera e inquebrantable para el mañana.

Jesús, confío en ti hoy. Muéstrame cómo puedo honrarte
ahora y todos los días. Amén.

Léelo con sentimiento

«¡Nosotros somos simples seres humanos, tal como ustedes!».
HECHOS 14:15 (NTV)

El problema al estudiar cualquier pasaje conocido es que rara vez nos detenemos lo suficiente como para procesar realmente lo que debieron sentir las personas que aparecen en esos relatos. ¿Por qué habríamos de hacerlo? Ya sabemos lo que sucede al final. Que Dios gana.

Por desgracia, esa familiaridad con las Escrituras a menudo nos priva de su riqueza y aplicabilidad a nuestras propias vidas. Por ejemplo, no solemos pensar en el miedo que debió sentir David cuando se enfrentó a Goliat, porque sabemos desde un comienzo que sale victorioso. Del mismo modo, pasamos por alto la frustración, el arrepentimiento, el aislamiento y la tensión física que Moisés debió experimentar al huir de Egipto hacia el implacable desierto. Al fin y al cabo, pasó a la historia como un héroe.

No obstante, cuando te acerques a la Palabra de Dios, recuerda que el pueblo no sabía cuál sería el final de su historia, igual que tú no lo sabes hoy. Si lees lo que sucede pero no tienes en cuenta lo que ellos debieron experimentar y sentir, pierdes algunas de las ideas más ricas de la historia. Eran personas falibles como nosotros, llenas de preguntas, dudas, temores y desafíos. Así que haz lo posible por ponerte en su lugar, y luego imagina lo que fue para ellos ver a Dios manifestarse.

....

Jesús, gracias por obrar a través de personas como yo y por animarme mediante sus testimonios. Amén.

Él conoce tu dolor

Y cuando Jesús la vio llorando [...] se conmovió
profundamente en el espíritu, y se entristeció.

JUAN 11:33

María y Marta le habían pedido a Jesús que acudiera pronto a sanar a Lázaro, pero el Señor tardó en ir. Cuando Cristo llegó, Lázaro llevaba cuatro días en la tumba. No culparíamos a María ni a Marta por ceder al sentimiento de vacío e impotencia que acompaña a la muerte o por preguntarse: «¿Por qué no nos ayudó? ¿Cómo pudo mantenerse alejado cuando sabía lo que estábamos sufriendo?».

Tal vez estas sean algunas de las preguntas que te has hecho al clamar a Dios. Pero Jesús siempre sabe exactamente lo que está pasando. Debemos darnos cuenta de que algunas cosas son tan importantes para Él que vale la pena interrumpir la felicidad y la salud de sus hijos para lograrlas.

Sin embargo, tienes que entender esto: Jesús no está emocionalmente aislado del dolor que estás sufriendo. Más allá de lo que pueda estar realizando o de cuán nobles sean sus propósitos, Él permanece íntimamente en contacto con lo que estás sintiendo. Jesús lloró por Lázaro y también llora contigo. Y si, como María y Marta, continúas confiando en Él, verás su gloria y comprenderás su amoroso cuidado a través de todo lo que permite.

....

Jesús, gracias por ver mi angustia y por tener siempre buenos propósitos en todo lo que experimento. Amén.

Propósitos eternos

«Y por causa de ustedes me alegro de no
haber estado allí, para que crean».
JUAN 11:15

¿Qué pensaba Jesús al retrasar su regreso a Betania, permitiendo así que Lázaro sucumbiera a la muerte? ¿Qué era tan importante que estaba dispuesto a que María y Marta experimentaran la agonía de ver morir a su hermano? La respuesta a esta pregunta nos permite comprender mejor el carácter de Dios.

Desde el principio, el objetivo de Jesús no era causar dolor o angustia emocional a Lázaro, María o Marta. Por el contrario, los propósitos de Cristo eran dar gloria a Dios y ayudar a otros a creer en la vida eterna que les estaba ofreciendo. Para Él, esa oportunidad de mostrar en público el poder de Dios y enseñar a otros acerca de su futura crucifixión y resurrección valía la pena.

Recuerda esto cuando sufras: existen circunstancias difíciles que experimentarás por la razón expresa de revelar la gloria del Señor y el plan de salvación a aquellos que te observan. Tu angustia temporal puede ser difícil, pero el sufrimiento de un alma separada de Dios por la eternidad es insondable. Cobra ánimo sabiendo que la diferencia que el Salvador puede hacer a través de tu humilde obediencia puede ser eterna, y eso siempre vale la pena.

....

Jesús, que en cada situación, brillen tu verdad y tu gloria
a través de mí, para que otros puedan conocerte como
Salvador. Amén.

Hazlo

«Quiten la piedra», dijo Jesús.
JUAN 11:39

Lázaro llevaba cuatro días en la tumba cuando Jesús dio la extraña orden de que quitaran la piedra que bloqueaba la entrada a su sepulcro. Era mucho trabajo, ¿y para qué? Sin embargo, Jesús les aseguró que si creían, verían la gloria de Dios en su situación.

Imagínate que María y Marta se hubieran negado. Habrían sufrido en vano y se habrían perdido un milagro asombroso. Quizás pienses: *Ellas nunca habrían negado a Jesús.* Pero ¿cuántas veces sufrimos y dejamos a Dios afuera, negándonos a mover los obstáculos que bloquean el camino hacia nuestras heridas más profundas? No vemos nada bueno en nuestras situaciones e incluso creemos que Dios nos ha abandonado. Así que cuando Él viene y nos dice lo que tenemos que hacer para ver su gloria, lo rechazamos y preguntamos: «¿Para qué?».

Amigo, quita la piedra. Es probable que las cosas no te parezcan lógicas. Puede que te sientas herido. Puede que pienses: *Si hago lo que Él me pide, será desagradable.* Pero no rechaces nada de lo que el Señor te indique que hagas. Cuando Marta obedeció, Lázaro salió vivo de la tumba. Y cuando hagas lo que Dios te diga, lo que surja traerá alegría a tu alma y te ayudará a ver cómo todo es posible con Jesús.

....

Jesús, te creo. Ayúdame a obedecerte aunque parezca insensato. Amén.

Un testimonio poderoso

Eso confirma que es verdad lo que les dije acerca de Cristo.

1 CORINTIOS 1:6 (NTV)

Tal vez te preguntes: *¿Permitiría Dios que yo, su hijo, sufriera para alcanzar a una persona que no es salva?* ¿Pero acaso no es eso lo que Jesús hizo por ti? Él soportó la cruz para que tú pudieras ser salvo. Así que obrará a través de ti en tiempos difíciles, porque nada llama la atención de un incrédulo como un santo que sufre triunfante.

Por ejemplo, leí acerca de un pastor que descubrió que su bebé nacería con síndrome de Down. Estuvo tentado a desanimarse, pero entonces leyó Éxodo 4:11, donde Dios le dijo a Moisés: «¿Quién ha hecho la boca del hombre? ¿O quién hace *al hombre* mudo o sordo, con vista o ciego? ¿No soy Yo, el Señor?». Así que ese joven pastor declaró a su mujer: «El Señor *nos ha bendecido* con un niño con síndrome de Down». Aceptaron la situación con fe y, cuando nació el bebé, compartieron su alegría con todo el mundo. La noticia de su respuesta se extendió por todo el hospital. El domingo siguiente al nacimiento del niño, treinta enfermeras fueron a escuchar la predicación de ese pastor y acabaron confiando en Jesús como su Salvador.

Nunca subestimes la fuerza con que tu actitud piadosa ante una situación difícil puede afectar a los demás. Pase lo que pase, confía en Jesús y deja que Él actúe.

....

Jesús, que muchos lleguen a conocerte como Salvador a través de mis luchas. Amén.

Acepta la adversidad

Nos gloriamos en las tribulaciones.

ROMANOS 5:3

La razón por la que muchos de nosotros luchamos tan intensamente contra la adversidad es que aún no hemos adoptado la perspectiva y las prioridades de Dios. Pero al leer sobre la vida de las personas en las Escrituras, notarás que sus historias no terminan con «y vivieron felices para siempre». A menudo, sus historias parecen terminar justo al revés. Moisés murió en el desierto a pocos kilómetros de la tierra prometida. Según la tradición, Pablo fue decapitado por Nerón. Muchos de los discípulos fueron martirizados.

¿Debemos concluir de estos ejemplos que a Dios no le interesa que sus hijos sean felices? Por supuesto que no. Se nos dice que el cielo será un lugar de gran regocijo y que el contentamiento es posible aquí en la tierra (Hebreos 13:5). Pero el Padre quiere mucho más para nosotros que una vida sin problemas. De hecho, es un error pensar que una vida sin problemas significa que seremos felices. Más bien, lo que Él quiere para nosotros es mucho más significativo y duradero: una relación con Él que nos sostenga, una madurez espiritual que nos dé entendimiento, un propósito que nos motive y una visión vibrante de la eternidad con Él en el cielo que nos dé esperanza. Y eso es a menudo lo que nos da la adversidad.

Jesús, gracias por todo lo que haces a través de mis pruebas.
Ayúdame a aprender, Señor. Amén.

Dios te quiere

Él nos amó primero.

1 JUAN 4:19

A todos nos gusta sentirnos queridos. Piensa en cómo te has sentido cada vez que alguien te ha ofrecido un trabajo, te ha elegido para un equipo o te ha invitado a un evento en particular. Ese sentimiento de ser elegido es vital para sentirnos bien. Uno de los aspectos más notables de la fe cristiana es que *Dios te persigue activamente.* Él ha actuado de manera decisiva a lo largo de la historia para revelarse y manifestar su amor por ti.

En un mundo dominado por la lucha por la preeminencia y el poder, la división, la marginación, la soledad, el rechazo y el desánimo son potentes depredadores del alma. Pero toda la narrativa de las Escrituras, que abarca miles de años y múltiples continentes, es la apasionante historia del intento incesante de Dios para tener una relación contigo. Y puedes celebrarlo viéndolo como el gran amante de tu alma.

Así que si hoy te sientes mal contigo mismo, recuerda que ningún pecado puede alejarlo y ningún fracaso puede frustrar su plan para ti. Otros pueden ignorarte o rechazarte, pero tu Salvador te ha aceptado para la eternidad, te ha adoptado permanentemente en su familia y te ha dado todo lo que necesitas para la vida y la piedad. Él te quiere, siempre.

....

Jesús, gracias por hacerme digno al derramar tu amor en mí. Amén.

El amor de Dios

Consérvense en el amor de Dios.

JUDAS 1:21

La palabra *amor* tiene tantas connotaciones y se ha usado tan mal que mucha gente se ha hastiado de ella. Pero el término que emplea la Escritura para referirse al cuidado incomparable del Padre —*ágape*— es distinto de los que describen el afecto humano común. Por lo tanto, es crucial diferenciar lo que entendemos por «amor de Dios», para que podamos comprender el impresionante regalo que se nos ha concedido.

El amor *ágape* es uno insondablemente perfecto, completamente desinteresado, profundamente indulgente e incondicionalmente sacrificado que nuestro Salvador nos ha mostrado. El acto más generoso o benevolente que un ser humano pudiera realizar jamás podría compararse con la magnitud del amor eterno e inquebrantable del Padre por ti. El amor de Dios por ti nunca termina. Al igual que su carácter, su amor es el mismo ayer, hoy y siempre (Hebreos 13:8).

Entonces, ¿qué quiere decir Judas en el versículo de hoy? ¿Cómo te conservas en el amor de Dios? Recuerda siempre que, pase lo que pase, el Padre te sigue amando de manera incondicional. No permitas que el enemigo te convenza de que has perdido la aceptación y el cuidado de Dios debido a las pruebas que enfrentas. En vez de preocuparte por tus circunstancias, ama a Dios permaneciendo cerca de Él y obedeciéndolo (Juan 14:15).

....

Jesús, gracias por tu perfecto amor. Te seguiré a donde tú me guíes. Amén.

Dios suple

«Por la opresión de los pobres, por el gemido de los
menesterosos, ahora me levantaré, dice Jehová;
pondré en salvo al que por ello suspira».

SALMOS 12:5 (RVR1960)

El cuerpo humano es una creación asombrosa. Por ejemplo, cuando una persona corre largas distancias, aumenta el flujo de sangre a las extremidades inferiores para abastecer a los músculos. Cuando una infección ataca determinada parte del cuerpo, los anticuerpos se dirigen al lugar del contagio.

El principio que Dios nos enseña a través del cuerpo es que el suministro se desplaza hasta el punto de necesidad, y existe un estrecho paralelismo en la vida espiritual. La ayuda del Señor llega a quienes admiten su insuficiencia. Las personas autosuficientes, que pueden negar su necesidad de la intervención divina, a menudo están cegadas a su pobreza de alma y espíritu debido a su autosuficiencia. Pero los que abren sus espíritus quebrantados y sus corazones contritos al Señor son saciados.

Tu necesidad, cualquiera que sea hoy, es la señal para la gran provisión de Dios. Y no es solo por el lugar obvio de la carencia, sino por toda la emoción, la energía y la herida asociadas a ella. Así que deja de negarlo. No tienes que fingir ser fuerte e invencible. Abre tu corazón a Jesús. Admite que lo necesitas. Y observa cómo te muestra que Él es realmente Dios.

Jesús, gracias por responder a mi necesidad y ministrar a mi corazón. Amén.

ABRIL

Revelación estratégica

No dijo eso por su propia cuenta; como sumo
sacerdote en aquel tiempo, fue guiado a profetizar
que Jesús moriría por toda la nación.

JUAN 11:51 (NTV)

Al leer el Evangelio de Juan, quizás te sorprenda un pasaje extraño. Después de que Lázaro resucitara de entre los muertos, los líderes religiosos se reunieron para abordar qué hacer con Jesús. Temían que la gran multitud de sus seguidores provocara que los romanos destruyeran Israel para evitar una insurrección.

Sin embargo, el sumo sacerdote Caifás vio una oportunidad de ganarse el favor de Roma. Señaló: «No se dan cuenta de que es mejor para ustedes que muera un solo hombre por el pueblo, y no que la nación entera sea destruida» (Juan 11:50, NTV). En otras palabras, sacrificarían a Cristo para demostrar a Roma que Israel no estaba interesado en rebelarse. Pero lo más chocante es que Caifás lo dijo porque el *propio Dios* le había mostrado que Jesús moriría por la nación.

Por supuesto, sabemos que Caifás escuchó lo que quiso y confundió completamente lo que el Señor le había revelado. Pero el punto es que Dios a veces guiará a sus oponentes a hacer su voluntad, aunque lo hagan por la razón equivocada. Al final, el plan de salvación del Señor tuvo éxito, no solo para Israel, sino para todo el mundo. Dios también logra sus propósitos para ti. Lo que otros pensaron para hacerte mal, Él puede transformarlo en bien, siempre.

....

Jesús, agradezco mucho que siempre tienes el control. Amén.

Grandes enemigos

«¡Hosanna! BENDITO EL QUE VIENE EN EL NOMBRE DEL SEÑOR».
MARCOS 11:9

Cuando Jesús hizo su entrada triunfal en Jerusalén la semana antes de su crucifixión, el pueblo gritaba: «¡Hosanna!», que en español más o menos significa: «¡Te suplicamos que nos salves!». Pero ¿de qué? Por supuesto, sabemos que la gente pedía ser liberada de la opresión romana. Por eso debió confundirlos que Jesús no llegara montado en un caballo de guerra dispuesto a la conquista, sino en un humilde pollino como Siervo sufriente. Eso se debe a que Jesús vio una amenaza mayor para nuestras almas: el pecado, que causaría una eternidad de sufrimiento separados del Padre en el infierno.

A menudo hacemos lo mismo que el pueblo de Jerusalén: clamamos a Dios para que nos salve de un dolor temporal, cuando hay fuerzas mucho más destructivas actuando en nosotros. Afortunadamente, nuestro Padre celestial siempre está a la ofensiva contra nuestros mayores enemigos y triunfa sobre ellos. Él no solo nos libra de los problemas de los que somos conscientes, sino también de los adversarios invisibles que nos paralizan.

Así que siempre que estés perplejo con lo que el Señor esté haciendo, recuerda que Él tiene una perspectiva única acerca de tus necesidades más apremiantes y nunca ignora ninguno de los desafíos que enfrentas. Confía en Él para elegir las batallas correctas.

....

Jesús, gracias por salvarme en todos los aspectos,
especialmente cuando no soy consciente del peligro. Amén.

Un ejemplo de servicio

«Porque les he dado ejemplo, para que como Yo
les he hecho, también ustedes lo hagan».

JUAN 13:15

Pedro era un líder natural y tenía una visión establecida de lo que el papel requería. Sin embargo, los acontecimientos de la última semana de Cristo en la tierra cambiaron la perspectiva de Pedro respecto a la autoridad terrenal. Sin duda, ver al Salvador rodear su cintura con una toalla y lavar los pies de los discípulos tuvo que ser chocante e impactante. De hecho, cuando Cristo se acercó a Pedro con la vasija de agua, el discípulo retrocedió. Pero Jesús se mantuvo firme y dijo: «Si no te lavo, no tienes parte conmigo» (Juan 13:8).

Jesús estaba enseñando cómo sería aceptada la humanidad por Dios y qué significaría servir al Señor. Ahora sabemos que, en primer lugar, Él nos limpia —nos salva— para que podamos conocerlo. Pero en segundo lugar, Él mostró cómo ser sus representantes a través del ministerio. Se necesita humildad para permitir que Dios trabaje a través de ti a su manera y con su poder, para servir a los demás. Pero como dijo Jesús a los discípulos: «Si alguien desea ser el primero, será el último de todos y el servidor de todos» (Marcos 9:35). La única manera de que desarrolles un espíritu de siervo es poner a Dios en primer lugar, a los demás en segundo y a ti mismo en último. Haz lo que Él ha modelado y sirve de la manera que Él ordena.

....

Jesús, enséñame a servir a los demás como lo harías tú.
Amén.

Soporta la prueba

«Estas cosas les he dicho para que no tengan tropiezo».

JUAN 16:1

Jesús era consciente del sufrimiento que le esperaba y de cómo afectaría su crucifixión a sus discípulos. Así que les advirtió: «Llorarán y se lamentarán, pero [...] su tristeza se convertirá en alegría» (Juan 16:20). El plan de redención de Cristo no incluía rescatar a sus seguidores de los problemas inmediatos causados por sus circunstancias. La prueba de fe sería grande, pero necesaria, ya que se convertirían en sus representantes en todo el mundo.

Poco después de pronunciar estas palabras, Jesús soportó la agonía de la cruz y fue un ejemplo vivo de cómo soportar la tribulación. Cristo soportó, porque estaba anclado al plan del Padre, no a las cosas del mundo. No se estremeció cuando le lanzaron falsas acusaciones ni se acobardó ante el dolor terrenal. Fue a la cruz, cumplió su misión y resucitó gloriosamente.

Jesús dejó claro que como creyentes nos enfrentaremos a la adversidad. Pero podemos hacerlo en victoria si recordamos sus palabras: «Confíen, Yo he vencido al mundo» (Juan 16:33). Así que no te inquietes si sufres hoy. Como Jesús, dile al Padre: «No se haga Mi voluntad, sino la Tuya» (Lucas 22:42), y espera que Él venza en tu situación y te traiga alegría.

....

Jesús, no se haga mi voluntad, sino la tuya. Glorifícate en mí. Amén.

Permanece en el Espíritu

Si ustedes son insultados por el nombre de Cristo, dichosos son, pues el Espíritu de gloria y de Dios reposa sobre ustedes.
1 PEDRO 4:14

La noche de la Última Cena, Pedro le dijo a Jesús: «Señor, estoy dispuesto a ir adonde vayas, tanto a la cárcel como a la muerte» (Lucas 22:33). Fue una declaración valiente. Sin embargo, poco después, mientras Jesús luchaba en oración en el huerto de Getsemaní, Pedro no pudo permanecer despierto el tiempo suficiente para interceder por aquel a quien llamaba Maestro. Su determinación se debilitó aún más tras el arresto de Jesús, cuando lo negó tres veces.

Cuando llegó el momento de defender al Señor, Pedro se doblegó. ¿Por qué? Simplemente no estaba dentro de su capacidad resistir un ataque del enemigo. Confió en su propia fuerza limitada y fracasó.

Sin embargo, la buena noticia es que en el libro de los Hechos, Pedro fue completamente transformado porque el Espíritu de Dios vivía dentro de él, dándole poder para mantenerse firme. En otras palabras, pudo aferrarse a Dios porque el Señor se aferró a él. El poder que tienes en Cristo es todo lo que necesitas para resistir en las batallas más feroces, las penas más profundas y las esperas más largas. Lo que Pedro no pudo hacer por sí mismo, lo hizo poderosamente en el Espíritu Santo, y tú también podrás.

....

Jesús, fortaléceme con tu Espíritu para mantenerme firme por ti. Amén.

En el plan

*«Pero todo esto ha sucedido para que se cumplan
las Escrituras de los profetas». Entonces todos
los discípulos lo abandonaron y huyeron.*

MATEO 26:56

Al igual que los discípulos cuando Jesús fue arrestado, puede que te encuentres en una situación que parezca completamente abrumadora. No te desesperes: Dios tiene el control. Cuando Pilato le preguntó a Jesús: «¿No sabes que tengo autoridad para soltarte, y que tengo autoridad para crucificarte?», Cristo le respondió: «Ninguna autoridad tendrías sobre Mí si no se te hubiera dado de arriba» (Juan 19:10-11). Más adelante, Jesús les aseguró a sus discípulos que ni siquiera un gorrión —que solo vale una monedita— podría caer al suelo si no fuera por la voluntad del Padre (Mateo 10:29). Sea grande o pequeña la circunstancia, Dios tiene el control absoluto.

Debemos darnos cuenta de que nada puede tocarnos excepto lo que el Padre permite. A veces eso incluye dificultades, las que nos hacen preguntarnos: *¿Cómo es posible que esto sea bueno?* Sin embargo, muchas personas que han pasado por tremendas pruebas pueden decir: «Odié la dificultad mientras la atravesaba. Pero desde este lado, puedo ver por qué Él lo permitió». Dios tiene sus propósitos y en su tiempo perfecto nuestras tribulaciones traerán bendición. Ese fue ciertamente el caso de la crucifixión de Cristo, la cual compró nuestra salvación.

....

*Mi Salvador, confío en ti. Que tu voluntad se cumpla en mi
vida. Amén.*

La máxima demostración

*Dios demuestra su amor para con nosotros, en que
siendo aún pecadores, Cristo murió por nosotros.*

ROMANOS 5:8

Puedes confiar en el carácter de Dios porque su naturaleza es amor (1 Juan 4:8). Él es misericordioso y santo, lo que significa que nunca podría maltratar a uno de sus hijos. Siempre hará lo que es beneficioso y bondadoso en nuestras vidas, aun cuando no entendamos su obrar.

Por supuesto, no hay mayor prueba del profundo amor de Dios que la cruz. Todos necesitábamos ser perdonados y rescatados de la pena del pecado, pero no podíamos salvarnos a nosotros mismos; nuestra deuda solo podía satisfacerse mediante el pago de una vida perfecta (Deuteronomio 17:1). El Padre celestial hizo posible nuestra salvación enviando a su Hijo, Jesús, a morir en la cruz como nuestro sustituto, lo que constituye una prueba irrefutable de su amor infinito y sacrificado.

El amor de Dios también se revela en el pacto que expresa su intención de hacernos hijos suyos (Jeremías 31:33). Una vez que confiamos en Jesucristo como nuestro Salvador personal, somos miembros de la familia de Dios y nuestro perfecto Padre celestial nos guía como hijos suyos.

Podemos confiar en Dios porque Él lo dio todo por nosotros. Por lo tanto, entrégate libremente a Él.

....

*Jesús, gracias por amarme con tanto sacrificio. Ayúdame a
vivir para ti. Amén.*

Recuerda lo que Él puede hacer

«Vayan pronto, y digan a Sus discípulos que
Él ha resucitado de entre los muertos».

MATEO 28:7

D ios nos ha dado el poder de la resurrección para superar cualquier derrota aparente; pero es muy fácil olvidarlo, ¿verdad? Después de todo, los discípulos presenciaron la resurrección de Lázaro poco antes de que Jesús fuera crucificado y, aun así, se desmoronaron cuando lo vieron en la cruz. Sin embargo, imagina cuánto más fáciles habrían sido los tres días entre la crucifixión y la resurrección si en lugar de preguntarse: *¿Qué vamos a hacer ahora?*, simplemente se hubieran preguntado: «¿Qué quiere Dios que aprendamos con esto?». Tal vez, habrían recordado las palabras de Jesús cuando Lázaro salió de la tumba: «Yo soy la resurrección y la vida […] si crees, verás la gloria de Dios» (Juan 11:25, 40). O quizás habrían recordado cuando les dijo que resucitaría al tercer día (Mateo 16:21).

Hay mucho que aprender y mucho consuelo que recibir cuando confías en Dios, obedeces sus instrucciones y esperas a que Él obre, en especial cuando las cosas están en su peor momento. Mantén tu corazón abierto y dispuesto a aprender cada vez que enfrentes decepciones y enfócate firmemente en Jesús. Porque en su economía, la resurrección sigue a la crucifixión.

....

Jesús, ayúdame a recordar siempre que tú puedes sacar algo
bueno de cada situación. Amén.

Resurrección transformadora

«¿Por qué buscan entre los muertos al que vive?».
LUCAS 24:5

Jesús está vivo. Deja que ese hecho cale hondo en tu alma.

Ya no le latía el corazón, no tenía pulso. Pero la batalla no había terminado. Tres días después, por su poder sobrenatural, resucitó. ¡Está vivo! De hecho, Mateo 27:51-53 habla de la fuerza increíblemente colosal de la crucifixión y la resurrección: «En ese momento el velo del templo se rasgó en dos, de arriba abajo, y la tierra tembló y las rocas se partieron; y los sepulcros se abrieron, y los cuerpos de muchos santos que habían dormido resucitaron; y saliendo de los sepulcros, después de la resurrección de Jesús, entraron en la santa ciudad y se aparecieron a muchos». Con la victoria de Jesús, el cielo y la tierra fueron estremecidos eternamente y transformados de gran manera, e incluso los muertos salieron de sus tumbas para dar testimonio. El camino hacia Dios está abierto, la tumba vacía lo demuestra.

No obstante, ¿*te* ha estremecido el poder de la resurrección hasta la médula? ¿Sirves a una religión muerta? ¿O has considerado realmente lo que significa tener un Salvador vivo, alguien que puede vivificar las tumbas de tu ser? No sigas soportando una existencia débil y sin sentido cuando el poder mismo de la resurrección está a tu disposición. Mira a Jesús y vive.

Jesús, ayúdame a conocer y comprender el poder de tu resurrección. Amén.

La vida victoriosa

A Dios gracias, que nos da la victoria por
medio de nuestro Señor Jesucristo.

1 CORINTIOS 15:57

Esta es la esencia de la vida abundante que Jesús te da: puedes soportar y superar cualquier situación porque estás unido de manera inseparable al Señor Jesucristo, que ha vencido con gran victoria a las fuerzas del pecado y la muerte. Pablo escribió que quería conocer al Salvador en «el poder de Su resurrección» (Filipenses 3:10). Anhelaba experimentar en su ser el poder sobrenatural de Cristo cada día, el tipo de poder que no teme a ningún enemigo ni obstáculo porque el Señor Dios ha mostrado su triunfo sobre todos ellos a través de la tumba vacía. Nada es demasiado difícil para Él.

Para ti, es una realidad a través de tu unión indivisible con Jesús resucitado. Tu vida también puede ser victoriosa. Pero entiende que no vences por fuerza de voluntad o pensamiento positivo, sino por sumisión y confianza en el Espíritu triunfante de Dios que vive en ti.

Así que reclámalo. ¡La victoria es tuya! Puede que no llegue de inmediato, pero se afianza a medida que caminas con Jesús, le obedeces y confías en su sabiduría y su poder. Tu vida cristiana será abundante cuando dejes de enfocarte en tu propio esfuerzo y te centres en el poder conquistador de la resurrección de Cristo, en quien está tu esperanza y tu camino hacia el mayor triunfo.

....

Jesús, en ti siempre está mi victoria. Amén.

En su poder

«Sean investidos con poder de lo alto».

LUCAS 24:49

¿Crees que Cristo fue simplemente un hombre bueno que nos dio un ejemplo de vida? ¿O crees que Jesús es Dios encarnado y que su sacrificio en la cruz logró victorias sobrenaturales y eternas sobre el pecado y la muerte, abriéndote el camino para conocerlo? Esta creencia sobre Cristo marca toda la diferencia en tu vida.

Cuando recibes a Jesús como tu Salvador y Señor, Él mora en ti con su Espíritu Santo y te capacita para conocerlo, confiar en Él y servirle. Lamentablemente, muchas personas ven a Jesús como un mero ejemplo moral y no como el Dios vivo que obra a través de ellas para cumplir su voluntad. Así que intentan ser buenas y agradarle con su propia fuerza y sabiduría. No es de extrañar que al final se cansen y se desanimen.

Ese nunca fue el plan de Cristo. Él quiere derramar su poder, su sabiduría y su fuerza a través de ti para que otros puedan verlo en ti y creer en Él. Entonces, ¿qué crees realmente acerca de Jesús? Pon tu fe en Él para que haga más de lo que puedas pedir o imaginar.

Jesús, quiero conocer el poder de la resurrección. Enséñame a caminar en tu Espíritu, tu sabiduría y tu fortaleza. Amén.

Una semilla sola

«En verdad les digo que si el grano de trigo no cae en tierra
y muere, se queda solo; pero si muere, produce mucho fruto».

JUAN 12:24

Una semilla permanecerá en su estado solitario hasta que caiga y se cubra de tierra. La semilla debe ser enterrada, posicionada para morir con el propósito de reproducir vida. En poco tiempo, su cáscara exterior se abre y un pequeño brote verde comienza a abrirse camino a través de la tierra hasta que sale a la luz del sol. Crece hasta convertirse en un tallo de trigo, produciendo docenas de granos que podrían propagarse en plantas propias. A partir de un solo grano, podrían crecer millones de hectáreas de trigo.

En el versículo de hoy, Jesús describió lo que le sucedería a través de su crucifixión y su resurrección. Antes de que pudiera comprar la salvación y su vida de resurrección pudiera obrar a través de nosotros, Jesús tenía que morir. Por eso dio voluntariamente su vida en sacrificio. Pero Jesús también enseñó que este principio se aplica a nosotros: mientras no nos sometamos a Él, no podremos dar fruto eterno que dure y se multiplique. Por lo tanto, debemos tomar nuestras cruces cada día, morir a nosotros mismos y vivir de acuerdo a sus propósitos. Al hacerlo, Él obra a través de nosotros, haciendo milagros y salvando a otros.

....

Jesús, muero a mí mismo y me entrego a ti. Obra a través de
mí. Amén.

Al morir, vivirás

*«El que ama su vida la pierde; y el que aborrece su
vida en este mundo, la conservará para vida eterna».*

JUAN 12:25

Algunas pruebas nos hacen sentir como si estuviéramos
muriendo, por lo que nos preguntamos: *¿Dónde está Dios?*
Él ha estado contigo desde el primer indicio de dolor y continúa
a tu lado mientras hace este trabajo de refinamiento en ti. Pero
antes de que puedas vivir a plenitud, como el Padre ideó al crearte,
debes morir a tu deseo de controlar tus circunstancias. Debes estar
preparado para rendir tu voluntad —tus sueños, ambiciones y objetivos— y permitir que el Señor te convierta en un vaso útil para *sus*
propósitos.

Vemos este principio en todas las obras de Dios. El grano se
debe convertir en harina para que tengamos pan. Las aceitunas se
prensan para hacer aceite. Y, por supuesto, tenemos la salvación
porque Jesús se dejó aplastar por el peso de nuestros pecados.

Es doloroso cuando muere nuestra voluntad, pero como resultado encontramos vidas plenamente productivas y útiles. Así que
pídele a Dios que te revele lo que está haciendo y que te ayude a ver
este proceso de quebrantamiento a la luz de su gran diseño para ti.
Solo entonces podrás experimentar la vida a plenitud y ver el cum-
plimiento de tu propósito.

....

*Jesús, te pertenezco. Infunde tu vida resucitada en mí.
Amén.*

Un nuevo papel

«Recibirán poder cuando el Espíritu Santo
venga sobre ustedes; y serán Mis testigos».
HECHOS 1:8

Antes de la ascensión de Jesús, los discípulos le preguntaron al Salvador resucitado acerca de sus intenciones para con su perseguida nación: «Señor, ¿restaurarás en este tiempo el reino a Israel?» (Hechos 1:6). Jesús no respondió a su pregunta, sino que les informó del inminente ministerio personal del Espíritu Santo y de su nuevo papel como seguidores suyos.

No obvies la importancia de esto. Aunque todos tenemos preguntas agudas que quisiéramos que nos respondieran, nunca debemos ocuparnos demasiado con ellas. La nación que Dios había establecido como suya estaba esclavizada. El deseo de los discípulos de ver a Israel liberado era bueno y piadoso. Sin embargo, Jesús estaba estableciendo una nueva ciudadanía para su reino eterno. Y para ser partícipes de su santo reino, lo que los apóstoles necesitaban —y nosotros también— era el poder y la presencia del Espíritu Santo.

Hay algo mucho más grande que Dios está haciendo en el mundo y quiere que formes parte de ello. Él te da la capacitación divina para conocer y seguir a Jesús con el fin de lograr los propósitos eternos que establece. Por lo tanto, despójate de las cosas menores. Confía en Él, obedécelo y deja que actúe a través de ti.

Jesús, confío en ti y te obedezco por el bien de tu reino.
Amén.

Ora por otros

Oren en todo tiempo en el Espíritu, y así, velen con
toda perseverancia y súplica por todos los santos.
EFESIOS 6:18

Cuando oras por ti mismo, por lo general puedes expresar lo que quieres y cómo te sientes. Pero cuando intercedes por otra persona, es mucho más difícil articular sus peticiones. Después de todo, es posible que no conozcas sus necesidades ni deseos personales. Sin embargo, Dios diseñó la oración como la forma principal de apoyar a nuestros hermanos y hermanas en Cristo. Por supuesto, Él no necesita tu participación para obrar a su favor, pero elige involucrarte para que puedas experimentar el gozo de ver sus respuestas en las vidas de aquellos que te rodean.

Así que, ¿por dónde empiezas? Comienza con un corazón amoroso y un deseo de ver al Señor transformar la vida de la persona como a Él le plazca. Después, intenta ponerte en su lugar e identificarte con sus necesidades para poder orar con eficacia. Lo más importante es que estés dispuesto a participar activamente en la respuesta de Dios si es a eso a lo que te llama. Cuando ores por las personas que el Señor te señale, experimentarás el gozo motivador de ser sus manos y sus pies, verás su obra en sus vidas y te asombrarás cuando las bendiciones del Señor se desplieguen de manera poderosa.

....

Jesús, enséñame a orar por los demás y hazme de bendición
para tu pueblo. Amén.

La verdadera fe

*Todo el que desee acercarse a Dios debe creer que él existe
y que él recompensa a los que lo buscan con sinceridad.*

HEBREOS 11:6 (NTV)

La fe no es solo para héroes espirituales de gran renombre. No es una condición misteriosa de la que disfrutan los superpiadosos ni una mentalidad artificiosa que solo respalda el pensamiento positivo. En pocas palabras, la fe es confiar en que Dios es quien dice ser y que hará lo que promete en su Palabra.

Por ejemplo, Moisés no se presentó ante el faraón de Egipto en nombre del pueblo de Israel porque creyera que se desempeñaría bien para el Señor. Más bien, se presentó ante el faraón porque confiaba en que Dios le daría la capacidad para cumplir lo que se le había encomendado. De hecho, cuando lees las historias de los santos del Antiguo Testamento, descubres que muchos eran impotentes, pobres, incapaces o inexpertos cuando el Señor puso su mano sobre sus vidas. Pero se convirtieron en sus instrumentos para hacer obras poderosas cuando expresaron su confianza en el carácter santo de Dios. En otras palabras, eran personas débiles que servían al Dios todopoderoso. El énfasis siempre estaba puesto en Él.

Tú también puedes ser así. La fe es la capacidad para apoyarte en Dios ante todo lo que enfrentes. Confía en que Él existe y quiere bendecirte. Luego obedece lo que te diga que hagas.

....

*Jesús, creo que existes y que siempre eres bueno conmigo.
Ayúdame a honrarte. Amén.*

Fortalecidos en la oración

Todos estos estaban unánimes, entregados
de continuo a la oración.

HECHOS 1:14

Los discípulos de Jesús lo vieron obrar muchos milagros durante los tres años en que fue su mentor. Así que no es de extrañar que le pidieran que les diera la clave de su fenomenal poder y sabiduría. «Señor, enséñanos a orar», le pidieron (Lucas 11:1). Habían observado cómo pasaba tiempo Jesús con el Padre y habían visto que eso era fundamental para las cosas asombrosas que realizaba. Así que, después de que Jesús fuera crucificado y resucitara, se retiraron para hacer lo que Él les había enseñado: orar.

Lo que Jesús les enseñó fue un modelo para todos nosotros como creyentes. En el centro de las instrucciones de Cristo estaba la frase fundamental: «Venga Tu reino. Hágase Tu voluntad, así en la tierra como en el cielo» (Mateo 6:10). Ese es el núcleo de la oración genuina: buscar y someterse a la voluntad de Dios en cada circunstancia. Eso ayudó a aquel pequeño grupo de discípulos a llevar el evangelio al mundo después de la resurrección de Jesús, a través de la cual el Señor les dio el mensaje, la estrategia y la resiliencia para prevalecer a pesar de la persecución. La oración también te ayudará a resistir y prosperar en cualquier circunstancia. Deja que tu tiempo con el Padre te guíe hacia su voluntad y te dé el poder para triunfar en su nombre.

....

Jesús, enséñame a orar para que pueda servirte con pasión,
propósito y poder. Amén.

Más de lo que puedas imaginar

«Vengan en pos de Mí, y Yo los haré pescadores de hombres».

MATEO 4:19

Mientras los discípulos trabajaban con sus redes en el mar de Galilea, lo más probable es que no tuvieran ni idea de todo lo que Jesús les tenía reservado. Sin embargo, reconocieron la autoridad de Cristo y se sintieron obligados a obedecerlo porque «dejando al instante las redes, lo siguieron» cuando los llamó (Mateo 4:20).

Aunque es probable que Pedro y Andrés hubieran aprendido acerca de Yahvé a lo largo de sus vidas, probablemente nunca soñaron que Él los elegiría para su misión más importante. De hecho, caminar con el Dios encarnado iba más allá de lo que hubieran podido imaginar. No podían prever las bendiciones y pruebas que depararía el futuro, ni cómo el Salvador obraría a través de ellos para llevar el evangelio al mundo. Pero Jesús lo hizo porque Pedro y Andrés le obedecieron.

Este es un patrón que Dios duplica en tu vida. A medida que madures en Cristo, puede que te cueste poner en práctica sus instrucciones. Pero recuerda que el Señor tiene un futuro planeado para ti que requiere que des los pasos de obediencia que Él pone delante de ti. Así como transformó a Pedro y Andrés de pescadores a cambiadores del mundo, quiere hacer lo mismo contigo. Y lo que Él logrará a través de ti ciertamente sobrepasará los límites de tu imaginación.

....

Jesús, te obedeceré. Obra a través de mí, Señor. Amén.

No es fácil, pero vale la pena

*Pues considero que los sufrimientos de este
tiempo presente no son dignos de ser comparados
con la gloria que nos ha de ser revelada.*

ROMANOS 8:18

A veces, la adversidad a la que te enfrentas es tan duradera, dolorosa y profunda que tu respuesta a cualquier tipo de aliento puede ser: «Para ti es fácil decir eso». ¿Cómo podría alguien saber la profundidad de la desesperación que sientes? Los devocionales, los sermones y los libros sobre pruebas tienden a simplificar demasiado cuando se trata del tema del sufrimiento, y me doy cuenta de que lo que enfrentas puede ser realmente desgarrador. Pero eso no cambia el hecho de que Dios quiere trabajar a través de la adversidad para avanzar en tu crecimiento espiritual.

Sabemos que el Señor podría eliminar todas las dificultades de nuestras vidas con solo una palabra, algún día podría hacerlo por ti. Sin embargo, las Escrituras nos dicen que cuando Él decide no hacerlo es porque más importante que nuestra comodidad, bienestar y placer es nuestra transformación para llegar a ser semejantes a Cristo. El Señor está en el proceso de enseñarnos acerca de sus virtudes: su fidelidad, su bondad, su compasión y su santidad. Además, está derribando todo aquello en nosotros en lo que erróneamente nos hemos erigido como dios en lugar de Él. Es doloroso; pero el proceso es esencial si queremos madurar en el Señor y representarlo ante los demás.

....

*Jesús, me someto a ti. Haz lo que consideres mejor en mí.
Amén.*

Él se acuerda

Dios se acordó de Noé.
GÉNESIS 8:1

La espera de la retirada de las aguas debió parecerle intermi-nable a Noé. Por supuesto, Dios los salvó a él y a su familia del diluvio, por lo que estaban agradecidos. Pero ¿cuánto tiempo iban a estar atrapados en el arca con una bodega llena de animales inquietos?

Para su alivio, el Señor se mantuvo fiel a su promesa y final-mente puso a Noé y a su tripulación en tierra seca. Sin embargo, podemos sentirnos algo desconcertados cuando leemos: «Dios *se acordó* de Noé». ¿Se había olvidado el Señor de él? No. Nuestro omnisciente Redentor no olvida nada, especialmente cuando se trata de su pueblo.

Los autores humanos de las Escrituras utilizaron el término *acordar* para describir la actividad de Dios después de que *pareciera* que su participación había terminado. Sobrevivir a los días difíciles en los que *parece* que nuestros gritos de ayuda han sido ignorados puede ser un reto para nuestra fe. Nos sentimos olvidados, sobre todo cuando las circunstancias van de mal en peor.

Pero recuerda siempre: aunque Dios esté en silencio, nunca está quieto; siempre está obrando en tu vida para llevar a cabo su propó-sito y su plan. Puedes contar con Él, cualquiera sea la situación. Él no te olvida ni te ignora y nunca te abandona. Así que no desespe-res. Anímate y espera su liberación. Muy pronto, Él abrirá la puerta.

Jesús, gracias por recordarme que tú siempre estás obrando,
aun cuando no puedo verlo. Amén.

Sus objetivos y métodos

«¿Se complace el SEÑOR tanto en holocaustos y sacrificios como en la obediencia a la voz del SEÑOR?».

1 SAMUEL 15:22

Saúl quería ser un rey bueno y piadoso que gobernara con justicia y siguiera los caminos de Dios. Sin embargo, sus motivaciones no siempre eran puras. En un momento dado, el Señor le dijo que destruyera por completo a los amalecitas en la batalla. Ellos habían perseguido despiadadamente a Israel después del éxodo, y Dios nunca olvidó el mal que cometieron contra su pueblo. Así que Saúl cumplió la orden del Señor y se dirigió a la batalla. Sin embargo, una vez que el polvo se asentó, decidió perdonar al rey amalecita, a sus hombres más fuertes y a lo mejor de sus ovejas y bueyes. Saúl intentó en vano convencer al profeta Samuel de que había obedecido a Dios al guardar lo mejor del botín como sacrificio. Pero no fue la obediencia lo que motivó a Saúl; fue el orgullo, y eso le costó su trono.

La obediencia parcial no es obediencia; es desobediencia, y nunca hay excusa para ello. Cualquiera que sea la meta que el Señor ha puesto delante de ti, Él tiene un método para que lo alcances. Pídele que te dé su sabiduría para que puedas alcanzar la meta de manera perfecta, completa y, sobre todo, con obediencia.

....

Señor Jesús, muéstrame qué hacer para que pueda honrarte fielmente tanto con tus propósitos como con tus métodos. Amén.

Acepta las pausas

Estén quietos, y sepan que Yo soy Dios;
exaltado seré entre las naciones.

SALMOS 46:10

Soy una persona orientada al logro; me gusta ver proyectos empezados y terminados, y a menudo tengo varios en marcha al mismo tiempo. Me gusta avanzar. Debido a mi personalidad activa y mi estilo de vida, no hay nada más frustrante para mí que enfermarme o sufrir algún tipo de contratiempo, porque siento que estoy perdiendo el tiempo.

Tal vez tú también tengas problemas con las enfermedades y los impedimentos a tu productividad. Tal vez seas como yo y pienses: *No tengo tiempo para esto.* Incluso puede ser que creas que todo se vendrá abajo si no lo gestionas de manera activa.

Pero la verdad es que, en última instancia, Dios tiene el control. Él permite que las enfermedades y los contratiempos nos recuerden que debemos mirar hacia Él. Podemos empezar a preguntarnos: «Señor, ¿qué me estás diciendo? ¿Qué quieres que aprenda? ¿Qué aspectos de mi estilo de vida necesito cambiar o eliminar?». Pero a menudo no hacemos estas preguntas hasta que caemos rendidos. Es durante estas temporadas que Dios nos enseñará algunas de las cosas más emocionantes que jamás hayamos aprendido.

Jesús, gracias porque estas pausas son tu manera de volver a centrar mi atención en ti. Amén.

Buenas respuestas

Porque en Ti espero, oh SEÑOR; Tú responderás, SEÑOR, Dios mío.

SALMOS 38:15

Cada vez que le pides algo a Dios, puedes esperar con confianza una de tres respuestas: sí, no o espera. También puedes estar seguro de que su respuesta está basada en su amor y sabiduría y que Él tiene lo mejor para ti. Esto puede ser particularmente difícil de aceptar cuando Él dice que no a algo que deseas. Sin embargo, no te desesperes. Dios no te ha rechazado; más bien, está trabajando a través de tus circunstancias externas para moldearte y guiarte.

La manera de posicionarte para que su plan perfecto se cumpla en ti es pensar en las siguientes preguntas. Primero: *¿He rendido cada área de mi vida a Dios o mi petición representa un rincón de resistencia dentro de mí?* A veces, lo que le pedimos son formas que hemos construido para evadir su voluntad o su autoridad. Si es así, arrepiéntete y entrégale todo de inmediato.

En segundo lugar, preguntamos: *¿Estoy obedeciendo a Dios en lo que ya me ha mostrado que debo hacer?* El Señor te dirigirá paso a paso. A veces, su «no» se debe a que te estás negando a obedecer en algún área que ya te ha revelado. Así que haz lo que Él dice y siempre confía en sus respuestas.

....

Jesús, acepto tu respuesta y tu dirección para mi vida. Amén.

Restauración para el ministerio

«¿Me quieres? [...] Apacienta Mis ovejas».
JUAN 21:17

Cada uno de nosotros, en un momento u otro, ha hecho algo que ha ensombrecido nuestra relación con el Señor, y nos hemos sentido muy mal por ello. Ciertamente, ese fue el caso de Pedro. Podemos imaginar que después de negar a Jesús antes de la crucifixión y luego presenciar la resurrección, Pedro debió sentirse increíblemente indigno.

Sin embargo, cabe destacar que una de las últimas apariciones que Jesús hizo a sus discípulos fue junto al mar de Galilea, donde Pedro había vuelto a su antigua ocupación de pescador. Después de una comida de pescado a la parrilla, Jesús se llevó a Pedro aparte para restaurarlo. Pedro había negado tres veces a Jesús, así que le dio tres oportunidades para reafirmar su devoción. Pero Cristo también le enseñó al discípulo que el verdadero amor por Él no puede ser obstaculizado por el miedo: debe proceder en obediencia.

Puede que te estés preguntando si Dios te sigue aceptando después de tus fracasos. Por supuesto que sí. No solo te trae restauración, consuelo y sanidad, sino que también te desafía a avanzar en la fe dándote un ministerio que cumplir. ¿Lo amas? Entonces, como Pedro después de la resurrección, no tengas miedo. Sé valiente con tu amor por Jesús, arrepintiéndote y sirviendo a su pueblo.

Jesús, te amo y te obedeceré. Muéstrame cómo servir a tu pueblo. Amén.

Para qué orar

Escucharé lo que dirá Dios el SEÑOR,
porque hablará paz a Su pueblo.
SALMOS 85:8

L a fuerza y la vitalidad de las relaciones se construyen a través de la comunicación. Esto es especialmente cierto cuando consideramos cómo te relacionas con Dios. Si no le hablas ni escuchas lo que te dice, te pierdes muchas cosas, incluso el gozo de una estrecha comunión con Él. Por eso la oración es tan esencial. Es una conversación con el Señor en la que te abres a Él y llegas a conocerlo, lo que normalmente conduce a la alabanza y a la acción de gracias. En el proceso, Dios te habla a través de su Palabra, por el Espíritu Santo y por medio de tus circunstancias, haciéndote saber cuán grande es su amor y su plan para ti.

La oración nunca fue concebida como una responsabilidad onerosa. Al contrario, es el inmenso honor y privilegio de interactuar con el Creador y sustentador de todo lo que existe. Él es todopoderoso y omnisciente, por lo que quiere protegerte, sanarte, guiarte, enseñarte y ayudarte a tener éxito. No hay nada a lo que puedas enfrentarte que Él no pueda tratar. Y siempre te invita a su presencia amorosa para recordarte su consuelo, su ayuda, su sabiduría y su aliento. Entonces, ¿por qué no querrías disfrutar de pasar tiempo con Él? Acércate a Dios. Es hora de hablar.

....

Jesús, aquí estoy. Háblame, Señor. Amén.

Sinceridad reverente

De la misma manera, también el Espíritu
nos ayuda en nuestra debilidad. No sabemos
orar como debiéramos, pero el Espíritu mismo
intercede por nosotros con gemidos indecibles.

ROMANOS 8:26

¿Te has preguntado alguna vez *si hay una forma incorrecta de orar*? ¿Te has preguntado si tus palabras al Padre son aceptables o si hay algo que no deberías decir? Dios siempre entiende lo que piensas y sientes, y sabe exactamente lo que quieres decir, aun cuando no encuentres las palabras para expresar lo que llevas dentro.

Lo esencial, sin embargo, es tu *actitud* en la oración. El objetivo del Señor no es simplemente conceder tus deseos y anhelos. Más bien quiere que sepas que Él es Dios Todopoderoso, Creador y sustentador del cielo y de la tierra, que es bueno y amoroso contigo. Cuando te diriges a Él, tu súplica asciende al trono más alto, a la autoridad suprema. Así que respétalo, ofrece tu reverencia, temor y deferencia al Rey de reyes y Señor de señores. El Espíritu Santo te ayudará.

Y sí, puedes ser sincero con tus sentimientos. Él ya los conoce. Dile siempre la verdad a Dios. Pero también reconoce el poder y la santidad del Señor y responde a lo que Él te muestre con un espíritu arrepentido, dispuesto y adorador.

....

Jesús, ¡Tú eres Dios! Sé que eres bueno y justo en todo lo que me guíes. Amén.

Búscalo siempre

Oren sin cesar.

1 TESALONICENSES 5:17

La mayoría de los creyentes reconocen la importancia de orar y que deberían hacerlo más. Así que buscan a Dios cuando están en problemas o tienen una necesidad apremiante; sin embargo, cuando la carga disminuye, también lo hace su comunión con Él. No obstante, el apóstol Pablo dijo que debemos estar *siempre* en oración. Eso no significa que debas estar orando en todo momento. Más bien, de lo que se trata es de la prioridad: la presencia y la perspectiva de Dios acerca de las situaciones de tu vida deben tener el primer lugar en tu corazón y tu mente.

En otras palabras, a medida que pasas el día, llévale a Él las necesidades y problemas que enfrentes. Si vas a ver a alguien con quien tienes un conflicto, busca la sabiduría del Padre con respecto a ese individuo. Si te enfrentas a un desafío, busca la dirección de Jesús en cuanto a lo que debes hacer. Si una tarea sale bien, dale gracias por su ayuda. Si vas de camino a una reunión, pídele que prepare tu mente, te dé claridad, perspicacia y oídos para escuchar a tus compañeros de trabajo. Comparte todas tus experiencias con Cristo y confía en su guía en cada momento. Pronto la oración será algo más que una actividad esporádica; será un modo de pensar continuo y una actitud omnipresente.

Jesús, te quiero en cada momento de mi vida. Enséñame a orar sin cesar. Amén.

Pide y recibirás

«Así que Yo les digo: pidan, y se les dará; busquen,
y hallarán; llamen, y se les abrirá».

LUCAS 11:9

Puede que alguna vez le hayas pedido algo a Dios —quizá el deseo más profundo de tu corazón— y no te haya respondido. Así que cuando lees un pasaje como el anterior, luchas con algo de dolor. Confiaste en Él, entonces ¿por qué no ha respondido tu petición? Te preguntas: *¿Por qué Dios no me ayuda?*

Sin embargo, veamos más detenidamente cómo describió Jesús este proceso de pedir y recibir del Padre celestial. Para empezar, la oración no es pasiva; es una participación activa en una relación con el Dios vivo que quiere bendecirte. Por eso, cuando Jesús dice que pidas, quiere que te involucres en cada paso del camino. Fíjate en la progresión. Empiezas pidiendo, diciéndole al Padre lo que necesitas y poniéndolo a su cuidado. Luego pasas a la fase de buscar y llamar, buscando su respuesta y obedeciéndolo en las oportunidades que te brinda.

No vagarás en la confusión ni en la frustración cuando le pidas al Padre que te muestre el camino y luego permaneces en comunión con Él. A veces, Dios no responderá de la manera que esperas, pero siempre encontrarás que te guía a alcanzar lo mejor para ti.

....

Jesús, tú quieres lo mejor para mí en todos los sentidos.
Guíame, Señor. Amén.

Alabanza y poder

Cuando comenzaron a entonar cánticos y alabanzas,
el Señor puso emboscadas [...] y fueron derrotados.
2 CRÓNICAS 20:22

Hay algo en la alabanza a Dios que trae su presencia a nuestras circunstancias de una manera asombrosa. Cuando Judá se enfrentó a tres abrumadores ejércitos enemigos, el rey Josafat envió a sus cantores a la batalla con el grito de guerra: «Den gracias al Señor, porque para siempre es Su misericordia» (2 Crónicas 20:21). Sus enemigos acabaron destruyéndose mutuamente, ¡mientras que el ejército de Judá nunca levantó una espada!

Alabar a Dios en nuestros desafíos centra nuestra atención en su ayuda real y poderosa. Esa exaltación fija nuestras emociones y pensamientos en la grandeza de nuestro Libertador, que a su vez trae nuestros problemas a una perspectiva manejable. ¿Qué relación no puede sanar Él? ¿Qué enemigo no puede vencer?

Cuanto más alabas, más engrandeces a aquel que está verdaderamente a cargo de todas las cosas. Así que acude al Señor en adoración y alabanza cuando tu alma esté turbada y la noche sea oscura. Confiesa en voz alta los versículos que describen la bondad y la grandeza de Dios, y piensa en lo bueno que ha sido contigo. Luego, observa la afluencia constante de su fuerza y su esperanza. Porque cuando hayas exaltado al Señor, Él te levantará.

....

Jesús, te adoro y te engrandezco. A ti sea toda alabanza y
adoración. Amén.

Dios está aquí

Dios es nuestro refugio y fortaleza, nuestro pronto
auxilio en las tribulaciones.

SALMOS 46:1

Dios está contigo. Siempre. Tal vez te parezca distante, o quizás, haya algún aspecto de la vida que te haga sentir muy solo. Pero la realidad es que Él está tan cerca de ti como los latidos de tu propio corazón.

David comprendió la presencia continua del Señor y se sintió muy reconfortado por ello. Con asombro, escribió: «Vas delante y detrás de mí. Pones tu mano de bendición sobre mi cabeza. Semejante conocimiento es demasiado maravilloso para mí; ¡es tan elevado que no puedo entenderlo! [...] Si habito junto a los océanos más lejanos, aun allí me guiará tu mano y me sostendrá tu fuerza» (Salmos 139:5-6, 9-10, NTV). Dondequiera que David iba, Dios ya estaba allí. Por lo tanto, David nunca tuvo motivos para temer.

Lo mismo es cierto para ti, lo cual debería ser un tremendo consuelo. El Salvador siempre está a tu disposición para fortalecerte, liberarte, perdonarte, animarte, guiarte, rescatarte y bendecirte. Él nunca te abandonará ni te desamparará, no importa lo que hagas o si tratas de huir de su presencia. Él te reclama y te llama suyo. Así que deja de alejarte de Él. Acepta su presencia y confía en Él.

....

Jesús, estoy muy agradecido de poder contar siempre con tu
presencia y tu ayuda. Amén.

MAYO

Dios sabe

*Tú llevas la cuenta de todas mis angustias y has
juntado todas mis lágrimas en tu frasco; has
registrado cada una de ellas en tu libro.*

SALMOS 56:8 (NTV)

D ios ve y recuerda cada una de tus lágrimas. Así de mucho se
preocupa por ti. Él entiende que las lágrimas que derramas
son la expresión más profunda de tu ser y comunican lo que las
palabras a menudo no pueden. Tal vez otros no tengan ni idea de
cuántas noches has llorado hasta quedarte dormido, pero tu Padre
celestial ha estado allí siempre, recogiendo cada lágrima de tus ojos
y escuchando los clamores más privados y difíciles de tu corazón.

Dios conoce todo de ti y te comprende. Él se da cuenta de las
cargas que llevas y de cuándo no puedes dar un paso más. También
ve lo que este desafío actual te está haciendo. Por lo que es gentil y
afectuoso contigo. Él habla a tu ser más íntimo de la manera más
personal y sanadora.

Por tanto, escúchalo. Él te dice que te ama y que quiere ser
tu refugio. Escucha tranquila y atentamente lo que Él tiene que
decirte, porque te trata con ternura para aliviar tu dolor interior y
liberarte de las ataduras que te asfixian. Él se preocupa por ti y sabe
lo que hace. Permítele enjugar tus angustias.

....

*Jesús, tú eres consciente de mi sufrimiento. Gracias por
amarme. Amén.*

La prueba y el refinamiento

Él sabe el camino que tomo; cuando me
haya probado, saldré como el oro.

JOB 23:10

Dios permitió que Job sufriera una pérdida asombrosa por razones que eran solo suyas. No fue porque Job hizo algo malo. Al contrario, se le describe como «intachable, recto, temeroso de Dios y apartado del mal» (Job 1:1). Sin embargo, Dios dio permiso a Satanás para arrebatar todo lo que Job tenía, pero no al hombre en sí.

La situación de Job demuestra perfectamente el misterio de las pruebas en la vida del creyente. Incluso los justos y fieles pueden pasar en esta vida por pruebas que parecen abrumadoras e incluso injustas. Sin embargo, a través del dolor y las pérdidas de Job, el Señor nunca lo abandonó ni por un momento. Nuestro Dios soberano sabía lo mucho que Job estaba siendo afligido a cada paso del camino y le dio la fuerza, la claridad mental y la resiliencia para soportarlo. A través de todo ello, Job fue refinado y adquirió una comprensión más profunda de Dios (Job 42:5). Y al final, el Padre cuidó y bendijo a su siervo (Job 42:10).

Lo mismo ocurre con nosotros. Cada vez que somos puestos a prueba, sabemos que nuestro Dios soberano supervisa nuestra transformación y refinamiento. Él ve el principio y el fin, por lo que tiene un buen futuro diseñado para nosotros. Así que no desesperes. Confía en Él.

....

Jesús, tú conoces mi camino. Moldéame, mi Salvador.
Amén.

Hechura suya

Porque somos hechura Suya, creados en Cristo
Jesús para hacer buenas obras, las cuales Dios preparó
de antemano para que anduviéramos en ellas.

EFESIOS 2:10

E s probable que a veces no te sientas muy bien contigo mismo; puede que seas tan consciente de tus defectos que estés convencido de que no eres tan bueno como los demás y de que no puedes ser redimido. Sin embargo, las Escrituras son enfáticas en cuanto a que eres hechura de Dios de principio a fin. Él te creó y tiene preparadas buenas obras que debes realizar para Él, tareas que requieren la combinación exclusiva de tus talentos, personalidad, experiencias y habilidades.

Jesús es el autor y consumador de tu historia, y la mitad no se ha contado aún. Tienes una perspectiva muy limitada de la trama de tu vida y, mientras insistas en forjar tu propio camino, Él no escribirá su voluntad en tu corazón. Sin embargo, una vez que lo reconozcas como tu Rey y Señor soberano, te mostrará su punto de vista para tu vida —lo que Él está logrando— y te guiará a una existencia fructífera de plenitud y bendiciones.

Así que deja de evaluar tu valor y mira a aquel que continúa trabajando en ti. Si Él pudo sacar a José de la cárcel y convertirlo en el segundo al mando de Egipto, no se sabe lo que podría hacer a través de ti.

....

Jesús, gracias por ver algo que vale la pena en mí.
Glorifícate en mi vida. Amén.

Perplejos, pero confiados

Afligidos en todo, pero no agobiados;
perplejos, pero no desesperados.
2 CORINTIOS 4:8

Si estás confundido en cuanto a lo que el Señor está haciendo en tu vida, no temas. La perplejidad es de esperar en la vida cristiana. Esto se debe a que servimos a un Dios infinito que siempre está trabajando para llevar a cabo sus planes, pero somos limitados y no estamos al tanto de sus tiempos o de lo que usará para lograrlo. Sus caminos y sus pensamientos son muy diferentes de los nuestros, por lo que es casi seguro que nos enfrentaremos a circunstancias que desafiarán nuestras ideas preconcebidas y hará que surjan preguntas.

Sin embargo, debes entender también que tu confianza en Cristo se forma y moldea allí donde las respuestas humanas fallan. Después de todo, los justos viven por la fe. Los creyentes maduran porque confían en el Señor aun en situaciones confusas, y es en esos momentos que Dios trabaja en sus vidas.

Así que no temas cuando no tengas respuestas, cuando no sepas el camino a seguir o cuando tus expectativas difieran drásticamente de tu realidad. Tu Salvador es el único que conoce el final desde el principio y a Él le encanta guiarte. Lo importante no es que sepas *qué* hacer, sino a *quién* sigues. Así que relájate al cuidado de Jesús. Él te mostrará qué hacer paso a paso.

....

Jesús, solo tú sabes todas las cosas. Te seguiré. Amén.

Cristo a través de ti

*Verán que ustedes tienen una conducta
honorable y le darán honra a Dios.*

1 PEDRO 2:12 (NTV)

N unca olvidaré la asombrosa declaración que escuché de un joven mientras hablábamos de su próximo viaje misionero. Tenía algunas de las ansiedades normales que suelen acompañar a tal proyecto, pero también tenía una enorme cantidad de entusiasmo. Mientras oraba, sus palabras me llamaron la atención: «Señor, te ruego que los que se encuentren conmigo durante mi estancia también se encuentren contigo». Aquello me impactó en gran manera. Quería que el contacto entre él y los demás fuera un auténtico encuentro con la persona del propio Cristo.

Con franqueza, ese es un objetivo por el que todos los creyentes deberían esforzarse. De hecho, me pregunto qué pasaría si cada uno de nosotros adoptara esa misma mentalidad. ¿Cómo cambiarían nuestros días si cada mañana pidiéramos a Jesús que impregnara de tal modo nuestras palabras y nuestros actos que los demás percibieran la realidad de su presencia con nosotros? ¿Cómo transformaría eso a nuestras familias, compañeros de trabajo, amigos, conocidos e incluso a nuestros enemigos? Sin duda, el mundo cambiaría.

Por tanto, considera si los demás ven a Jesús en ti. Las personas necesitan desesperadamente la salvación. No lo mantengas en secreto. Permítele obrar a través de ti para que otros puedan ser testigos de su asombrosa presencia y puedan conocerlo también.

....

*Jesús, que cualquiera que me encuentre te encuentre a ti y
crea en tu nombre. Amén.*

Una operación espiritual

Bueno es para mí ser afligido.
SALMOS 119:71

En cierto sentido, las pruebas que afrontamos son como una operación. Tal vez haya un problema médico que debamos tratar y los doctores digan que mejoraremos si nos operamos. Aunque les creamos, eso no hace que el procedimiento sea menos invasivo e insoportable. Al someternos al cirujano, aceptamos que nuestra salud venga a costa del dolor.

La adversidad es igual, aunque el problema es espiritual y a menudo no tan fácil de diagnosticar. Pero es la herramienta de Dios para desarraigar lo que nos destruye por dentro.

Tal vez te resulte difícil aceptarlo. A la luz del sufrimiento al que tú o un ser querido se haya enfrentado, puede parecer una excusa fácil. Si es ahí donde te encuentras en tu pensamiento, quiero que contemples esta pregunta: si la adversidad no es una herramienta en la mano de Dios, ¿qué es? Demasiadas personas niegan la existencia del Señor basados en la presencia del dolor. Sin embargo, eso significa que, para validar su existencia, Dios debe comportarse según nuestros deseos humanos. Claramente, hay múltiples problemas con eso. No obstante, si vemos las pruebas como herramientas de Dios para ayudarnos a madurar, aprenderemos de ellas y experimentaremos una sanidad más profunda que la que cualquier mera cirugía podría lograr.

....

Jesús, creo que mis problemas son para mi bien. Sáname, mi gran Médico. Amén.

139

Sigue representándolo

*Bienaventurado el hombre que persevera bajo
la prueba, porque una vez que ha sido
aprobado, recibirá la corona de la vida.*

SANTIAGO 1:12

D ios comprende el profundo trauma que puede causarnos la adversidad, especialmente cuando nos enfrentamos a la persecución debido a nuestra devoción a su nombre. Él no ha pasado por alto los sacrificios que nos vemos obligados a hacer ni cómo somos tratados. Por el contrario, Él provee una recompensa especial para aquellos que «perseveran bajo la prueba». Esta «corona de vida» está reservada para aquellos que por voluntad propia y con amor representan a Jesús sin importar el costo.

A veces la gente —incluso otros creyentes— te menospreciará, te rechazará y hasta te acosará porque permaneces fiel a Cristo y a su Palabra. Esto será cada vez más cierto a medida que la cultura se aleje más de Él. ¿Eres perseverante? ¿O estás enojado con Dios por lo que está permitiendo que otros te hagan?

Recuerda que la gente maltrató a Jesús de la misma manera. Pero Cristo te anima diciendo: «Bienaventurados serán cuando los insulten y persigan, y digan todo género de mal contra ustedes falsamente, por causa de Mí. Regocíjense y alégrense, porque la recompensa de ustedes en los cielos es grande» (Mateo 5:11-12). Así que no te rindas. Mantén una actitud amorosa, semejante a la de Cristo y sigue representándolo bien.

....

*Jesús, ayúdame a soportar y mantener una actitud que te
honre. Amén.*

Elige confiar

Dios oyó su gemido [...] y los tuvo en cuenta.
ÉXODO 2:24-25

Cuando amainaron los dolores de parto, Jocabed sostuvo por primera vez en brazos a su bebé. Debería haber sentido alegría, pero en vez de eso sintió que se le formaba un nudo en el estómago. El decreto del faraón exigía la muerte inmediata de su hijo por el simple hecho de ser hebreo. Sin embargo, bajo la amenaza de muerte, Jocabed tomó una decisión: eligió honrar al Señor que le había dado el niño. Jocabed no podía saber que un día Dios usaría a su hijo, Moisés, para liberar a toda la nación de Israel de la opresión egipcia. Pero gracias a su acto de fe, el Señor transformó la derrota en esperanza para innumerables generaciones.

Recuérdalo siempre que cambien las circunstancias, y especialmente cuando sea para peor. El cambio puede hacer que te preguntes por qué el Señor permite tanta maldad en el mundo y si deberías seguirlo. Cuanto más inexplicable es la situación, más fácil es ceder a la duda. Sin embargo, cuando ves la provisión de Dios como parte de un panorama más amplio, es más fácil confiar en Él. Recuerda que hay mucho más de lo que ves. Hónralo y Él tomará lo que es atemorizante y lo convertirá en una razón para alegrarte.

Jesús, no entiendo lo que está pasando, pero te honraré y confiaré en ti. Amén.

Desafíos gigantescos

«La batalla es del Señor y Él los entregará
a ustedes en nuestras manos».

1 SAMUEL 17:47

C ada mañana, el gigantesco guerrero filisteo llamado Goliat gritaba al ejército israelita y los desafiaba a luchar contra él. El ejército completo respondía dando la vuelta y huyendo atemorizado hacia su campamento. Ese patrón de acontecimientos se había repetido durante algún tiempo cuando el muchacho llamado David apareció en escena.

Todos sabemos cómo reunió David cinco piedras y bajó al valle para desafiar a Goliat. Debió ser aterrador ver cómo ese adolescente con una honda se enfrentaba al gigante armado hasta los dientes con sus instrumentos de guerra. ¿Por qué elegiría el Señor a David para enfrentarse a Goliat? No tenía entrenamiento, era inexperto y joven. Humanamente hablando, no tenía nada a su favor.

Puede que tú también te preguntes por qué el Señor te ha elegido para ciertas batallas. Pero cuanto mayores sean las probabilidades en tu contra, mejor para Dios. Nuestro Padre celestial obtiene mucha más gloria cuando obra a través de personas que el mundo considera débiles, porque nadie puede negar que Él es quien da la victoria. Recuerda esta verdad cada vez que te enfrentes a gigantes temibles. La batalla le pertenece al Señor. Confía en Él y, como sucedió con David, también te guiará al triunfo.

....

Jesús, estos desafíos te pertenecen. Gracias por librarme de
ellos. Amén.

Ve adonde Él te envíe

«YO SOY me ha enviado a ustedes».
ÉXODO 3:14

Mientras Moisés cuidaba las ovejas de su familia en el desierto, vio cómo las llamas se elevaban y envolvían una zarza sin que se quemara ni una sola ramita. Entonces, igualmente sorprendente, Dios habló desde el fuego, diciendo: «Ahora pues, ven y te enviaré a Faraón, para que saques a Mi pueblo, a los israelitas, de Egipto» (Éxodo 3:10). Como era de esperar, Moisés se sintió lleno de dudas y miedo ante la repentina e inmensa responsabilidad.

Tal vez puedas empatizar con su inquietud, especialmente si el Señor te ha llamado alguna vez a una tarea que está fuera de tus habilidades o tu preparación educativa. Quizás, como Moisés, su invitación te sorprendió, al igual que el alcance de la tarea. Sin embargo, recuerda que cuando Yahvé llamó a Moisés, no dependía de los talentos o fortalezas del hebreo, como tampoco depende de los tuyos. El Dios eterno que no tiene principio ni fin es soberano, todopoderoso e insondablemente sabio. Se anticipa a todos los obstáculos y tiene un plan que no puede fallar.

Cuando Moisés aceptó por fin la autoridad del Señor, tenía una misión y una razón de vivir muy definidas. Y sin importar lo que pasara, Dios lo ayudó de forma milagrosa. Lo mismo puede ocurrirte a ti. Ríndete a Él con fe, ve adonde te envíe y observa cómo actúa.

....

Jesús, iré a donde me envíes y confiaré en que tú me libertarás. Amén.

Pequeños pasos de fe

«Padre mío, si el profeta le hubiera
dicho que hiciera alguna gran cosa, ¿no la hubiera hecho?».

2 REYES 5:13

A veces nuestros mayores actos de fe se producen a través de pequeños pasos de obediencia. Así le ocurrió a Naamán, el muy respetado capitán del ejército sirio. Él viajó a Israel y buscó al profeta Eliseo para que curara su lepra. Sin embargo, Naamán se sintió insultado cuando Eliseo envió a un humilde sirviente para indicarle que se lavara siete veces en el Jordán.

Naamán estaba tan indignado que se negó a realizar el único acto que le salvaría de su dolorosa enfermedad. Afortunadamente, sus siervos confrontaron su orgullo y le señalaron que el Señor había prometido la sanidad a través de ese pequeño paso de fe. Naamán se dio cuenta de que si se negaba a humillarse ante Dios, podría costarle la vida. Así que obedeció y su cuerpo fue sano.

Puede que no prestes atención a las pequeñas cosas que Dios te llama a hacer porque parecen insignificantes. Sin embargo, no sabes la manera asombrosa en que Él puede querer obrar a través de tu obediencia. Dile sí al Señor sin importar cuán pequeña, mundana, aburrida o inferior parezca la tarea. Él recompensará tus humildes pasos de fe.

....

Jesús, todo lo que ordenas es bueno y digno de mi
obediencia. Haré lo que me pidas. Amén.

Adorar al escuchar

«Este es Mi Hijo, Mi Escogido; oigan a Él».
LUCAS 9:35

Jesús llevó a Pedro, Santiago y Juan a un monte alto para revelarse a ellos. Sin embargo, nunca imaginaron que verían a su Maestro de la forma en que se transfiguró ante ellos. De repente, resplandeció con un fulgor deslumbrante como el sol, y sus vestiduras brillaban como la luz blanca más pura. Entonces habló el Padre: «Este es Mi Hijo amado en quien Yo estoy complacido; óiganlo a Él» (Mateo 17:5).

¿Cuál fue la reacción de los discípulos? De inmediato comenzaron a adorar a Cristo. Cuando la gloria de Dios los envolvió, quedaron impresionados por su absoluta santidad, sabiduría, poder y autoridad. Se postraron ante Él. Al principio, Pedro se centró en lo que podían hacer con sus propias fuerzas para demostrar su amor. Pero Dios les dijo que el mayor acto de reverencia era oír lo que Él tenía que decir.

Esta es una enseñanza para nosotros. Con demasiada frecuencia nos imaginamos a Jesús como el humilde rabino, vestido con toscas ropas de carpintero y sandalias. Pero debemos verlo como lo que realmente es: el todopoderoso y magníficamente victorioso Rey de reyes y Señor de todo. Entonces lo reconoceremos como el glorioso y fuerte soberano de nuestras vidas y nos someteremos a Él sin reservas.

....

Jesús, ¡tú eres digno de toda la honra, la gloria, el poder y la alabanza! Que pueda honrarte por lo que eres. Amén.

Busca la intimidad

Levantándose muy de mañana, siendo aún muy oscuro,
salió y se fue a un lugar desierto, y allí oraba.

MARCOS 1:35 (RVR1960)

La intimidad con Dios es uno de los elementos más esenciales de la vida cristiana. Una relación profunda y duradera con Él es la clave para un viaje de por vida lleno de gozo, satisfacción, significado y frutos. Por supuesto, aprender a amar al Señor requiere tiempo, diligencia y voluntad. Por eso Jesús mostró la importancia de estar a solas con el Padre, levantándose siempre temprano y yendo a un lugar solitario donde pudiera orar sin interrupciones.

¿Necesitas un lugar donde puedas encontrar refugio, esperanza, fortaleza y un amor mayor que cualquier cosa que este mundo pueda ofrecer? Si es así, tu alma anhela la presencia de Dios. Afortunadamente, Él siempre está a tu disposición. Él te da una profunda sabiduría, una fuerza inagotable y una esperanza inquebrantable incluso en las situaciones más difíciles.

Sin embargo, con lo complicada que es tu vida, ¿cómo puedes empezar, especialmente si nunca has programado un tiempo para estar a solas con Dios? Empieza ahora mismo. Cierra los ojos y siéntate un momento sin decir nada. Solo enfoca tu corazón en el Señor y en el hecho de que Él te ama de manera incondicional. Luego ora, pidiéndole el deseo de conocerlo mejor. Esa es una oración que a Él le encanta responder.

....

Jesús, enséñame a acercarme más a ti en todos los sentidos.
Amén.

No estás solo

«No los dejaré huérfanos; vendré a ustedes».
JUAN 14:18

L a soledad puede ser una de las emociones humanas más aplastantes, una que puede crear una abrumadora sensación de abandono, impotencia y desesperación. Y no tienes que estar solo para experimentarla. De hecho, puedes estar rodeado de gente, pero si no te entienden o no aprecian quién eres, puedes sentirte increíblemente aislado. Cuando estás solo, debes tener especial cuidado porque eres más vulnerable a la tentación. Ese es un lugar peligroso.

Por eso es importante recordar que Jesús sabe lo que es sentirse solo. Como Hijo perfecto de Dios, no se parecía a los demás niños de Nazaret. Y cuando una persona es diferente de la multitud, suele pasar mucho tiempo sola. También sabemos que justo antes de la crucifixión —el momento de su mayor dolor— sus discípulos se dispersaron, dejándolo completamente solo.

Como tu compasivo Sumo Sacerdote, Jesús fue hecho como tú en todos los sentidos y ha experimentado todo el dolor que tú sientes. Él conoce íntimamente el efecto devastador de la soledad, por eso te garantiza que nunca te dejará ni te abandonará. Siempre vendrá en tu ayuda, te asegurará su presencia y te recordará que te ve y te ama.

....

Jesús, gracias por estar siempre conmigo. Amén.

Él te escucha

«Yo estoy contigo. Te guardaré por dondequiera que vayas».

GÉNESIS 28:15

Jesús te escucha. Puede que otros no, pero Él sí. Tus más débiles susurros de dolor, confusión y soledad llegan a tu amoroso Padre celestial, que hace todo lo posible por consolarte. Esto se puede ver en todas las Escrituras. Cuando los hombres y mujeres de fe se enfrentaron a grandes desafíos, Dios les recordó su poderosa presencia, diciéndoles: «Yo estoy contigo» (Génesis 26:24; Isaías 41:10; Jeremías 1:8; Hageo 1:13; Mateo 28:20; y Hechos 18:10, por nombrar algunos). Estaban asustados, ansiosos, dubitativos y desconcertados, pero la conciencia de la presencia del Señor se convirtió en su fuerza para superar victoriosamente adversidades realmente formidables.

Dios también está contigo. Él es el Señor Todopoderoso que puede ayudarte. Es bondadoso, misericordioso, fiel y tierno contigo, y te cuida con amor eterno. Él conoce todas tus necesidades y torna todas las cosas para tu bien. A través de la presencia de su Espíritu, Él escucha atentamente los gemidos de tu corazón. Así que acude a Él y encuentra el consuelo y la ayuda que necesitas. Puede venir a través de las Escrituras, a través de la conciencia de su presencia mientras te sientas en silencio en oración o de cualquier otra manera. Pero Él te hablará. Y nunca, nunca te abandonará.

Jesús, gracias por estar siempre conmigo y escuchar los clamores de mi corazón. Amén.

Intenta servir

Porque el que de esta manera sirve a
Cristo, es aceptable a Dios.

ROMANOS 14:18

Habrá momentos en tu camino espiritual en los que sentirás que tu relación con el Salvador está paralizada y muerta. Tal vez tu vida de oración parezca infructuosa o tu capacidad para sentir la presencia de Dios esté disminuida. Los intentos de vigorizar tu salud espiritual parecen fracasar miserablemente. Oras con más fuerza y lees las Escrituras más tiempo, pero en vano. ¿Qué puedes hacer?

¿Puedo sugerir algo muy práctico que he descubierto que siempre ayuda? Encuentra a alguien a quien servir.

Existen, por supuesto, muchas razones por las que ocasionalmente nos encontramos en una depresión espiritual, pero mostrar un espíritu de servicio puede ser con frecuencia el remedio que necesitemos. Esto se debe a que a menudo estamos tan absortos en nuestros propios asuntos y problemas que la única salida es concentrarnos en las necesidades de los demás. Y los actos de servicio son una forma maravillosa de apartar nuestra mente de nosotros y centrarla en lo que el Padre está haciendo en las vidas de los que nos rodean.

Es asombroso cómo cambia tu perspectiva cuando tiendes la mano y ayudas a alguien. Ora para que Dios te presente una oportunidad para servir y observa cómo vivifica tu relación con Él.

....

Jesús, quiero experimentar la plenitud de una relación
contigo. Muéstrame a quién servir en tu nombre. Amén.

Sirve como Jesús

*«El Hijo del Hombre no vino para ser
servido, sino para servir».*

MATEO 20:28

Nunca te pareces más a Jesús que cuando muestras pasión por servir. Jesús, Señor de todo, vino a servirnos. «Se despojó a Sí mismo tomando forma de siervo» (Filipenses 2:7). Así que cuanto más humildemente ministremos a otros en su nombre, mostrando su amor, generosidad sacrificial y compasión, más semejantes a Cristo seremos.

Esta actitud de servicio es tan importante para Jesús que dijo: «En verdad les digo que en cuanto lo hicieron a uno de estos hermanos Míos, *aun a* los más pequeños, a Mí lo hicieron» (Mateo 25:40). Por supuesto, servir a Cristo de esta manera requiere que nos humillemos, dejemos a un lado nuestros derechos y deseos, y hagamos la voluntad del Padre como Él la hizo. No lo hacemos por la notoriedad o los elogios, sino para ser un ejemplo vivo para los demás de lo mucho que Dios se preocupa por ellos. Animamos al prisionero, fortalecemos al de ánimo caído, edificamos al débil, vestimos al desnudo y alimentamos al hambriento para que glorifiquen al Padre que está en los cielos y comprendan lo importantes que son para Él.

Así que entra en el gozo del Salvador embarcándote en un estilo de vida de servicio guiado por el Espíritu, porque es cuando realmente te pareces más a Él.

....

*Jesús, ayúdame a servir a los demás como tú lo harías, para
tu gloria. Amén.*

Levántate

Porque el justo cae siete veces, y vuelve a levantarse.

PROVERBIOS 24:16

Abraham mintió sobre la identidad de su esposa para salvarse. Moisés asesinó a un hombre. David fue adúltero y asesino. Los discípulos huyeron tras la crucifixión de Cristo. Los fracasos de la humanidad marcan las páginas de las Escrituras, pero no son el final de la historia que podríamos imaginar. Dios es especialista en levantarnos después de caer y devolvernos la confianza y la dignidad.

Por supuesto, cuando fracasas, puede que te sientas inútil y como si Dios no fuera a aceptarte nunca más. Pero recuerda que sin importar lo que hayas hecho, el Padre te ofrece gratuitamente su perdón (1 Juan 1:9). No tienes que quedarte atrapado en la autocondenación, eso no ayuda a nadie. En lugar de eso, acepta que Cristo determina tu autoestima e identidad. Y debido a su infinita sabiduría y bondad, Él puede redimir los acontecimientos de tu vida que considerarías decepcionantes, incluso aplastantes. A través de la riqueza y abundancia de la gracia del Señor, pueden incluso obrar para bien.

El fracaso nunca es definitivo con Dios, porque con Él todo es posible. Cuando caigas, Él te levantará. Si te tambaleas, Él vendrá a rescatarte. Así que no permitas que tus fracasos te depriman. Acude al Señor y deja que Él te muestre el camino a seguir.

....

Jesús, gracias porque mis fracasos no me definen y porque cuando caigo, me ayudas a levantarme. Amén.

Las fuentes espirituales

Porque nuestra lucha no es contra sangre y
carne, sino contra […] las fuerzas espirituales
de maldad en las regiones celestes.

EFESIOS 6:12

Cuando empezamos a ver nuestras circunstancias como Dios las ve, nos damos cuenta de que todo en nuestra vida fluye de la dimensión espiritual. De hecho, todo lo que hacemos en el ámbito físico, relacional, mental y emocional tiene un componente espiritual.

Por desdicha, cuando pensamos en la adversidad en nuestras vidas, nuestra tendencia natural es mirar solo la superficie —el dolor relacional o físico que experimentamos— en vez de las realidades espirituales subyacentes. Pero en tiempos de quebranto, siempre debemos considerar: ¿qué está pasando en mi vida espiritual? ¿Qué quiere cambiar Dios en mi relación con Él? ¿Cómo está obrando el Redentor a través de este tiempo de prueba para restaurarme, renovarme y hacer una nueva versión de mí? ¿Cómo puede estar guiándome el Padre hacia una mayor plenitud a través de esta temporada de dificultades?

Estas preguntas nos devuelven al propósito supremo de Dios de desarrollar nuestra fe en Él para que pueda obrar a través de nosotros como personas semejantes a Cristo, fuertes en el Espíritu, totalmente obedientes a Él y dependientes por completo de su sabiduría y poder sobrenaturales.

Jesús, dame ojos espirituales para que siempre pueda
reconocer cómo estás obrando. Amén.

Metas diferentes

«El que ha hallado su vida, la perderá; y el que ha
perdido su vida por Mi causa, la hallará».

MATEO 10:39

Muchos de los quebrantamientos que experimentamos en la vida cristiana van en contra de lo que nos enseña nuestra cultura. Se nos enseña a tener confianza en nosotros mismos, a hacer nuestros planes y negarnos a movernos o a apartarnos de nuestros propósitos y a conseguir lo que podamos. Sin embargo, las metas del Padre para nosotros son todo lo contrario. Esto se debe a que su propósito no es hacernos famosos, prominentes, prestigiosos ni ricos. Su objetivo es llevarnos al punto en que reconozcamos que nada en este mundo dura y que todo lo que tenemos de verdadero valor eterno es Dios.

Como creyentes, debemos depender de Cristo, dejar que Él establezca los propósitos para nuestras vidas, hacer lo que nos pida y sacrificarnos como Él lo hizo. Con el tiempo, por su gracia, podremos decir: «Todo lo que soy y todo lo que tengo pertenece a Jesús. Él está en mí, y yo estoy en Él, y eso es lo que realmente importa». Así que hoy considera, ¿qué metas necesitas que Dios cambie? No tengas miedo a la entrega total, porque lo que Él tiene para ti es la vida a su máxima expresión.

....

Jesús, todo lo que soy y todo lo que tengo te pertenece. Tú eres
mi todo. Amén.

Buenas cicatrices

Participa conmigo en las aflicciones por el evangelio,
según el poder de Dios. Él nos ha salvado y nos
ha llamado con un llamamiento santo.

2 TIMOTEO 1:8-9

El apóstol Pablo tenía muchas cicatrices: las físicas, por los brutales azotes, y las que no se ven, por el rechazo de los demás y la soledad de años de injusto encarcelamiento. Pero Pablo se convirtió en el gran apóstol a través de sus sufrimientos, y muchas de sus epístolas fueron escritas en la penumbra de una celda. La clave es que se negó a mirar sus problemas con amargura o derrota. Al contrario, los reconoció como la forma en que la vida y el poder de Cristo se manifestaban en él. Por eso exclamó: «Prosigo hacia la meta para *obtener* el premio del supremo llamamiento de Dios en Cristo Jesús» (Filipenses 3:14).

De la misma manera, el Padre obra a través de tus cicatrices para conformarte al carácter de Cristo, para producir en ti un espíritu indomable de fe y valentía, y para hacer de ti un ministro eficaz para los demás. Así que, como Pablo, sigue adelante, confía en el Señor y persigue su supremo llamamiento. Él obrará a través de ti para lograr hazañas inalcanzables aparte de tus pruebas. Y cuando te encuentres con Cristo cara a cara, notarás las cicatrices que lo convirtieron en tu Salvador y verás su semejanza en ti.

....

Jesús, confío en ti en mis pruebas y prosigo hacia tu supremo
llamamiento. Amén.

Fiel en todo

«El que es fiel en lo muy poco, es fiel también en lo mucho».
LUCAS 16:10

Mi ministerio de enseñanza comenzó en un pequeño pueblo en las montañas de Carolina del Norte. El instituto bíblico donde enseñaba y la iglesia que pastoreaba eran bastante pequeños y modestos. Como cualquier pastor joven y entusiasta, a veces pensaba en mudarme a iglesias más grandes. Pero recuerdo claramente el indudable mensaje que Dios me dio y que sentó las bases de mi futuro ministerio. Si quería tener éxito en mi caminar con Cristo y ser productivo en mi trabajo, Él esperaba que yo fuera fiel en *todo*, especialmente en los pequeños pasos de obediencia que me ordenó dar. Así que le prometí a Dios que le daría lo mejor de mí cada día y que permanecería en esa comunidad rural por el resto de mi vida si esa era su voluntad.

El Señor quiere que trabajemos para su honra, no para la nuestra. Si estamos distraídos por nuestra importancia, por cómo nos ve la gente o por las grandes metas, eso es un obstáculo para que Dios obre a través de nosotros. Pero si nos sometemos a Él y aplicamos su verdad a nuestras luchas diarias, Él nos fortalecerá para sus grandes propósitos. Por lo tanto, nunca subestimes el poder de los pequeños pasos de obediencia. Ellos allanan el camino hacia el maravilloso plan de Dios.

....

Jesús, quiero honrarte. Enséñame tu voluntad paso a paso.
Amén.

Fuerza para todo

*Es por eso que trabajo y lucho con tanto empeño, apoyado
en el gran poder de Cristo que actúa dentro de mí.*

COLOSENSES 1:29 (NTV)

T al vez, en tu servicio al Señor, te has preguntado: *Cuando se
trata de la fuerza para realizar mis tareas, ¿cuál es la parte de
Dios y cuál la mía?* El apóstol Pablo ciertamente dio todo lo que
tenía: cuando no estaba enseñando a la iglesia, evangelizando a los
perdidos y defendiéndose de los falsos maestros, estaba ejerciendo
su oficio como fabricante de tiendas. Sin embargo, encontró el
equilibrio espiritual necesario para una vida cristiana sana. ¿Cómo
pudo continuar sin desfallecer? Pablo hizo todo lo que pudo, pero
nunca consideró sus negocios como algo individual. Reconocía que
todo lo que hacía estaba respaldado por el gran poder de Dios que
lo capacitaba de manera sobrenatural.

Tu parte, como la de Pablo, es poner todo el esfuerzo que puedas para obedecer a Dios. Ora, investiga, planifica, prepárate y haz
todo lo que Él te indique. El Señor no avanzará hasta que hagas
lo que Él dice. Sin embargo, puedes confiar en que cumplirá de
manera activa sus propósitos, especialmente en las áreas en las que
no tienes control. También puedes contar con su fuerza, su sabiduría, su amor, su dirección y su gracia en el camino. Así que haz todo
lo que puedas y el resto confíaselo a Dios. El resultado descansa
seguro en sus manos.

....

Jesús, obedezco tus mandatos y confío en tu fuerza. Amén.

Déjate llevar

Echando toda su ansiedad sobre Él,
porque Él tiene cuidado de ustedes.

1 PEDRO 5:7

A veces, cuando hay situaciones desgarradoras que nos roban la esperanza, solo hay una cosa que podemos hacer: dejarnos llevar. Por mucho que nos gustaría controlar la situación y que se hiciera nuestra voluntad, debemos reconocer que en su sabiduría y su amor, el Señor decidirá lo que es mejor. Y puede que nos duela terriblemente. Pero reconocemos que nuestra responsabilidad es honrarlo como Dios, confiar en su bondad y no anteponer ninguna otra cosa a Él.

Así que cuando te encuentres con pruebas cuyas consecuencias sean monumentales, no te rindas a la desesperación o a la amargura. Al contrario, somete deliberadamente tu vida a Dios. Esto no significa que dejes de luchar en oración. Lo que quiere decir es que, mientras ores, pon toda tu confianza en Dios, busca su voluntad y entrégale de manera intencional el resultado de tus circunstancias. Esto no es resignación ni fatalismo, llegar a este punto rara vez es fácil. Quizás luches con la sensación de que puedes hacer al menos una cosa más para resolver tu dilema. Pero entregar tu situación al Señor es un paso maduro de fe que indica tu confianza en su sabiduría, su bondad y su poder. Así que deja todo en sus manos. Y permite que Él se revele a ti.

....

Jesús, lo dejo todo. Ayúdame a confiar plenamente en ti.
Amén.

Vasos de barro

Pero tenemos este tesoro en vasos de barro,
para que la extraordinaria grandeza del
poder sea de Dios y no de nosotros.

2 CORINTIOS 4:7

¿Te sientes alguien común? Quizás tengas tus peculiaridades y tus momentos excepcionales, pero a fin de cuentas, no te consideras muy especial. Sin embargo, recuerda siempre que no hay nada mundano ni corriente en lo que Dios está haciendo en ti y a través de ti. Tu vida es la plataforma para la extraordinaria presencia del Señor. Pero entiende también que Dios brilla a través de ti porque quiere que la gente lo mire a *Él*.

Pablo compara nuestras vidas con las vasijas de barro que eran muy comunes en los días bíblicos. Su valor se basaba en lo que *contenían*: agua, trigo, aceite, oro. De la misma manera, nuestro inquebrantable valor eterno proviene de aquel que habita en nosotros. Nuestro inigualable Redentor es aquel a quien los demás necesitan. Y su objetivo final es atraer a otros hacia Él a la fe y la salvación a través de nosotros.

Amigo, fuiste creado para ser un recipiente que haga brillar su gloria. Así que permítele obrar a través de tu vida de tal manera que la gente se sienta atraída por su asombrosa presencia. Llénate de Él, porque cuanto más viva Él a través de ti, más personas a tu alrededor querrán conocerlo.

Jesús, por favor, brilla a través de mí para que otros puedan conocer tu asombrosa salvación. Amén.

La futilidad de la preocupación

«¿Quién de ustedes, por ansioso que esté, puede añadir una hora al curso de su vida?».

LUCAS 12:25

¿Te das cuenta de que la mayoría de las cosas que hoy te preocupan nunca llegarán a suceder? Si lo piensas, probablemente te has preocupado por muchas calamidades a lo largo de los años que nunca han sucedido. Y la cruda realidad es que la preocupación es un estado mental debilitante que puede erosionar tu alegría, tu paz y tu capacidad para sentir la presencia de Dios. Tal vez sea tu trabajo lo que te tiene ansioso o tus seres queridos o el futuro. La persona que se preocupa continuamente crea canales emocionales a través de los cuales pueden arraigar miedos más profundos y fuertes.

Sin embargo, la preocupación es en esencia un ataque al carácter de Dios, ya que la mayoría de nuestras preocupaciones se derivan de la idea de que, de alguna manera, Dios no nos ayudará. Cuando nos enfrentamos a la preocupación con la verdad de la bondad, la misericordia y la fidelidad de Jesús, podemos desarmar la naturaleza explosiva de nuestros miedos. Y cuando elegimos deliberadamente confiar en Él para que se ocupe de nuestras circunstancias y nos concentramos en los asuntos que el Señor nos pone delante cada día, podemos experimentar una nueva satisfacción y estabilidad. Así que no te inquietes. En vez de eso, «entrega al SEÑOR todo lo que haces; confía en él, y él te ayudará» (Salmos 37:5, NTV).

Jesús, ayúdame a dejar de preocuparme. Confío en tu sabiduría, tu poder y tu amor. Amén.

Rechaza la preocupación

Confía callado en el Señor y espera en Él con paciencia.
SALMOS 37:7

E s prácticamente imposible disfrutar de la presencia de Dios y preocuparse al mismo tiempo. Así que, si hoy estás preocupado por algo y no sabes cómo dejar de pensar en ello, trata de dirigir tus pensamientos a Dios. Abre las Escrituras y lee cómo Él ha ayudado fielmente a otros en el pasado.

Verás, la ansiedad nos obliga a centrarnos en lo que no podemos controlar, manteniéndonos agitados, intranquilos, frustrados y aferrándonos a soluciones que no funcionarán. En última instancia, eso nos lleva a formas destructivas de afrontar nuestras circunstancias. Sin embargo, cuando centramos nuestra atención en el Señor a través de la adoración y la oración, los efectos de la preocupación disminuyen, porque no hay absolutamente nada fuera del cuidado soberano de Dios. Nos damos cuenta de que podemos confiar en que Él nos ayudará de la misma manera en que ha ayudado fielmente a otros.

Así pues, apártate deliberadamente del ruido interior de la ansiedad y contempla las maravillas de la persona de Dios. Tranquiliza tu alma acercándote al Señor y escuchando lo que tenga que decirte a través de su Palabra. Espera su guía. Él tiene un plan y te mostrará qué hacer si esperas con paciencia ante Él.

....

Jesús, ayúdame a poner mi atención en tu buena y gloriosa grandeza y no en mis problemas. Amén.

¿Quién reina?

Mientras buscó al Señor, Dios le prosperó.

2 CRÓNICAS 26:5

El reinado del rey Uzías sobre Judá comenzó bien. Buscó al Señor, conquistó enemigos, restauró edificios importantes, mejoró la economía agraria y construyó una fuerza de combate superior. Pero algo devastador sucedió en el camino: Uzías desarrolló un espíritu engreído. Aunque sus primeros logros se centraron inicialmente en una relación sana y reverente con Dios, más tarde «su corazón se hizo tan orgulloso que obró corruptamente, y fue infiel al Señor su Dios» (2 Crónicas 26:16). En vez de buscar en Dios dirección y éxito, irrumpió en el templo, donde solo podían entrar los sacerdotes, y quemó incienso, profanando el acto sagrado que representaba la oración. Y el Señor lo castigó.

El orgullo excesivo desvía nuestra atención de Dios y la dirige hacia nosotros mismos. Pone nuestra atención en nuestros propios esfuerzos, donde reina el «yo» en lugar del Señor. Si te has encontrado cada vez más centrado en *tus* metas, *tu* reputación, *tu* autoridad, *tu* éxito, *tus* talentos, *tu* progreso, *tus* sueños, tómate un momento y evalúa dónde está Dios en tu vida. ¿Está Él en el trono o estás tú? El rey Uzías es un ejemplo de advertencia para ti: nada termina bien cuando intentas tomar el lugar del Señor o piensas que puedes hacer tus propias reglas. Humíllate y vuelve al camino recto.

Jesús, por favor, examina mi corazón y purifica cualquier orgullo que encuentres. Amén.

Vence la soberbia

Cuando viene la soberbia, viene también la deshonra;
pero la sabiduría está con los humildes.

PROVERBIOS 11:2

El egocentrismo desmedido es un enemigo mortal en lo referente al poder de Dios. Aunque nuestro camino hacia la autosuficiencia puede estar presente desde nuestra infancia, nuestra trayectoria espiritual se invierte: de la independencia a la dependencia de Cristo. El Señor quiere que lo reconozcamos como nuestro Soberano y como la fuente de todas las cosas.

Por eso el orgullo es un enemigo tan peligroso para nosotros espiritualmente, porque le quita el crédito a Dios y lo deposita en nuestra cuenta. En lugar de glorificar a Cristo, vemos nuestros logros como propios. Pero no nos engañemos: es Dios quien nos concede el éxito. Y el Señor se deleita en ayudarnos a ser prósperos. Sin embargo, nuestros logros nunca deben ir en detrimento de nuestra intimidad con Él.

Por tanto, si sientes que tu corazón se ha endurecido por el orgullo, detente un momento y aprecia la grandeza de Dios. Tal vez seas inteligente, pero por la sabiduría del Señor se estableció el universo. Tú puedes hacer mucho, pero nada es imposible para Dios. Puede que seas capaz de hacer cosas nobles, pero Jesús vino a servirnos y a dar su vida por todos nosotros. De esta manera, desarrollarás una comprensión reverente de quién es Él. Y a medida que exaltes al Señor, Él te honrará.

Jesús, solo tú mereces toda la honra, la gloria y la alabanza.
Amén.

Él está contigo

El Señor estuvo conmigo y me fortaleció.
2 TIMOTEO 4:17

Pablo estaba de nuevo en prisión y sabía que el final estaba cerca: Nerón pronto lo condenaría a muerte. Peor aún, estaba solo. La mayoría de sus amigos lo habían abandonado o se habían dispersado. La ejecución inminente, la pérdida y el abandono pudieron haber sido completamente devastadores, pero no dejaron a Pablo desesperanzado, porque sabía que Dios nunca lo abandonaría.

Quedarse solo requiere fortaleza. Y si, como Pablo, te encuentras en una batalla en la que nadie más te defiende ni acude en tu ayuda, hoy tienes una noticia maravillosa: el Señor está contigo para fortificarte, guiarte, apoyarte y librarte. Dios te ha hablado a través de su Palabra, y sus poderosas promesas pueden atravesar la oscuridad de tu peor noche y vencer tus miedos más profundos con su consuelo y su esperanza inquebrantable.

Esta es una de las razones por las que es tan importante guardar las Escrituras en tu corazón. En el momento justo, el Señor puede traer a tu memoria su Palabra alentadora para que puedas resistir. Si te sientes solo y necesitas un recordatorio de que Dios está contigo, pídele que te guíe a una promesa de las Escrituras. Él será la fortaleza de tu corazón y tu porción para siempre.

....

Jesús, gracias por estar siempre a mi lado. Fortaléceme con tu Palabra. Amén.

Los obstáculos espirituales

Quitémonos todo peso que nos impida correr,
especialmente el pecado que tan fácilmente nos
hace tropezar. Y corramos con perseverancia la
carrera que Dios nos ha puesto por delante.

HEBREOS 12:1 (NTV)

¿Estás aletargado espiritualmente? ¿Está tu alma sin energía? Tal vez te gustaría conocer mejor a Dios y crecer en santidad, pero tu progreso es lento en el mejor de los casos. No lo entiendes, porque no estás holgazaneando, lees la Biblia y oras todos los días. Solo que el ímpetu espiritual no está allí. ¿Qué es lo que sucede?

El versículo de hoy nos da una pista. Muchos creyentes están agobiados por el exceso de equipaje: cargas como la ira, el orgullo, la amargura, la lujuria, la avaricia, los celos y la falta de perdón, por nombrar algunos. Cualquier pecado que tengamos drenará nuestra energía espiritual y eliminará nuestro progreso en la vida cristiana.

Dios está listo para suministrarte su poder y su sabiduría una vez que te des cuenta de que debes liberar tu corazón de esos enredos para recibir su fuerza. Si el Espíritu Santo te está convenciendo de algún área de pecado en tu vida, no lo ignores. No podrás correr la carrera que el Señor tiene para ti hasta que lo obedezcas. Deshazte de los estorbos a través de la confesión y el arrepentimiento. Luego disfruta de la carrera mientras Él da energía a tu vida espiritual y te enseña a remontar el vuelo.

Jesús, revela cada pecado que hay en mí para que pueda arrepentirme y caminar en tu voluntad. Amén.

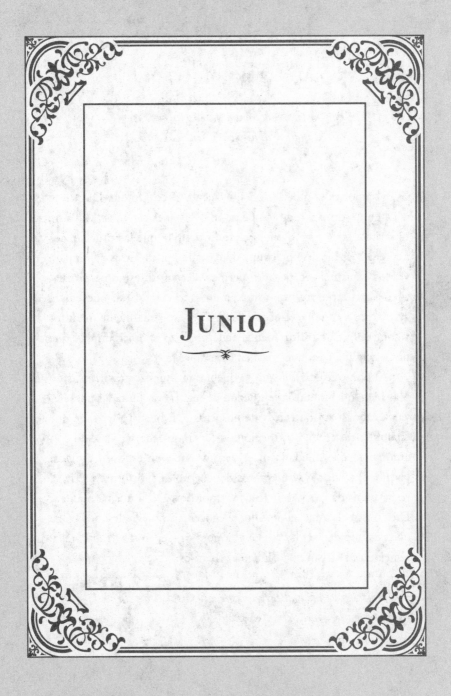

JUNIO

Motivos amorosos

Porque el SEÑOR ama a quien reprende, como
un padre al hijo en quien se deleita.

PROVERBIOS 3:12

E l amor es la motivación subyacente a todo lo que Dios hace en nosotros y todo lo que permite en nuestras vidas. El Padre nunca actúa con ira o enojo cuando permite que las pruebas nos asalten. Más bien, se preocupa demasiado por nosotros como para vernos continuar en pecado, permanecer en un estado espiritual tibio o incumplir sus propósitos en nuestras vidas. Él se mueve para ayudarnos a cambiar, crecer y llegar a ser espiritualmente maduros y completos en espíritu, mente y cuerpo. Esto también implica que nos disciplina para nuestro bien cuando es necesario.

El propósito de Dios no es quebrantar nuestros espíritus, sino más bien, quebrantar la terquedad de nuestras voluntades para llevar a cabo la suya a través de nosotros. Un buen padre sabe que cualquier rastro de obstinación en los hijos debe ser vencido con amor para que puedan crecer y convertirse en esposos, amigos, padres, ciudadanos y miembros del cuerpo de Cristo productivos, respetuosos de la ley, generosos y amorosos. De la misma manera, Dios busca eliminar el orgullo, el egocentrismo y la desobediencia que nos impiden ser las personas amorosas, generosas, fructíferas y semejantes a Cristo que Él ideó al crearnos.

....

Jesús, sé que me amas. Ayúdame a soportar esta prueba de
una manera que te honre. Amén.

Transparentes espiritualmente

Te manifesté mi pecado, y no encubrí mi iniquidad
[…] y Tú perdonaste la culpa de mi pecado.

SALMOS 32:5

Desde los tiempos de Adán y Eva, ha sido normal que intentemos ocultar a Dios nuestras debilidades y fracasos. Pero la autenticidad y el crecimiento espiritual comienzan con una admisión transparente de nuestras luchas. Lo vemos en las cartas del Nuevo Testamento, que se escribieron no solo para animar e instruir a los creyentes en su fe, sino también para revelar y afrontar los problemas que se habían colado en las iglesias. Por ejemplo, los gálatas necesitaban seguir caminando en el Espíritu y no volver a la ley. Los corintios tenían problemas morales. Algunos tesalonicenses estaban confundidos sobre el regreso de Cristo, mientras que otros eran unos entrometidos problemáticos. Esos asuntos debían confrontarse por la salud de los creyentes en esas iglesias.

Este es un principio vital para todos los que quieren progresar en su relación con Cristo: podemos tratar eficaz y victoriosamente nuestros problemas, pero primero debemos llevarlos ante el Señor, no reprimirlos.

Dios te anima a ser sincero con Él. Por lo tanto, no te escondas del Señor, sino sé franco y permite que te guíe a la madurez espiritual.

....

Jesús, te confieso mis pecados, confío en que me guiarás a la victoria. Amén.

Transparentes emocionalmente

Dios mío, mi alma está en mí deprimida;
por eso me acuerdo de Ti.

SALMOS 42:6

Dios ya sabe todo sobre ti. *Todo.* Aun así, te pide que seas sincero con Él acerca de tus emociones, ambiciones, agravios y fracasos para que pueda guiarte a la libertad. Por supuesto, todos albergamos temores y anhelos secretos que pensamos que no podemos discutir con el Padre. Pero mientras guardemos silencio al respecto, los problemas y las heridas seguirán drenándonos.

A lo largo de los Salmos, los escritores registraron sus sentimientos más profundos, sus frustraciones y decepciones. Se preguntaban dónde estaba Dios en su adversidad. Reconocieron que se sentían abandonados. Cuestionaban su justicia. Sin embargo, Dios no se sentía amenazado por nada de eso. Él ya sabía cómo se sentían y respondió a sus preguntas con compasión y sabiduría.

Hasta que no reconozcas ante el Padre los dolores, sentimientos y temores más profundos de tu corazón, no desarrollarás una relación de plena confianza con Él. Así que permite que el Espíritu Santo identifique las áreas de tu vida en las que no has sido completamente franco con Él. Y confía en que el Señor te encontrará en tu punto de necesidad con su gracia y su sabiduría, que sin duda te pondrán en el camino de la recuperación y la plenitud.

....

Jesús, ayúdame a llevar mis profundas necesidades ante ti
para que pueda experimentar la verdad que me hace libre.
Amén.

Sediento de Él

Los manantiales de agua saciarán la tierra sedienta.

ISAÍAS 35:7 (NTV)

¿Te has sentido alguna vez como si tu vida fuera un desierto seco y estéril, como si estuvieras reseco, agotado e incapaz de producir nada fructífero? El profeta Isaías tiene palabras de aliento para ti. Nos habla de una época en la que Israel estaba espiritual y físicamente desolado. El pueblo se había alejado de Dios, se había preocupado por sus propios deseos, objetivos y problemas y había sufrido terribles derrotas. Sin embargo, cuando recobraron el sentido, elevaron su clamor. El Señor los redimió y los hizo fructíferos de nuevo.

Lo maravilloso del Señor es que nunca está lejos: siempre está a nuestro lado. Él es fiel, lo que significa que incluso cuando somos infieles, Él permanece siempre leal. Él ve las áreas que hemos destruido a través de nuestras acciones imprudentes y se propone restaurarnos, dándonos su agua viva y trayendo vida a nuestra esterilidad.

Del mismo modo, el Padre siempre trabaja en el presente, pero con vistas al futuro. La mejor vida no se vive en el pasado, preocupándose por lo que pasó o por lo que fue. Al contrario, se vive ahora, conscientes de una cosa: nuestro Salvador nos ama y siempre obra para nuestro bien y su gloria. Clama a Él y confía en que te restaurará.

....

Jesús, tú eres la fuente de agua de vida. Renuévame y hazme fructificar de nuevo. Amén.

Ansioso de aprobación

¿Busco ahora el favor de los hombres o el de Dios?
GÁLATAS 1:10

Una causa profunda de ansiedad con la que muchas personas luchan proviene del deseo de probarse a sí mismas, especialmente ante los demás. Las cosas que hacen para ser aceptados parecen interminables: el modo de vestirse, cambian su apariencia, compran casas que no pueden pagar, actúan, se involucran en actividades ilícitas, luchan por el poder y buscan estatus social. Y lo hacen porque les preocupa lo que piensen los demás. Se preocupan constantemente por su posición, por lo que trabajan cada vez más horas y programan sus vidas de forma excesiva en un esfuerzo por impresionar a los demás con su productividad y su rendimiento, o al menos para satisfacer su propia necesidad interna de éxito.

¿Eres así? Jesús te dice que lo único que realmente importa es la opinión de tu Padre celestial sobre quién eres. Si Él te aprueba, ese es todo el respaldo que necesitas. Él te da tu identidad y una belleza interior que supera con creces cualquier cosa relacionada con lo que puedas vestir, poseer, conducir o vivir. En cuanto al rendimiento, ¿qué más espera tu Padre celestial que hagas, aparte de lo mejor que puedas? Eres responsable de trabajar de todo corazón en obediencia a Él, honrándolo con todo lo que hagas.

....

Jesús, gracias por aceptarme siempre. Ayúdame a abrazar mi identidad en ti. Amén.

Su vida a través de ti

Ya no soy yo el que vive, sino que Cristo vive
en mí; y la vida que ahora vivo en la carne,
la vivo por la fe en el Hijo de Dios.

GÁLATAS 2:20

Cuando estaba en el seminario, tuve un profesor maravilloso que impactó mi vida. Siempre que enseñaba, lo escuchaba con atención, porque sus acciones y su comportamiento demostraban vívidamente la presencia del Dios vivo. Del mismo modo, las ocasiones que tuve de visitarlo en su estudio fueron memorables, porque era muy piadoso en todo lo que decía y hacía. Siempre salía de mis interacciones con él con la sensación de haberme acercado más a Jesús.

Ese profesor era un ejemplo maravilloso de cómo el hecho de permitir que nuestras viejas costumbres terrenales sean crucificadas con el Salvador puede convertirnos en testigos impactantes. Jesús viene a vivir en nosotros y obra a través de nosotros de una manera que toca y transforma profundamente la vida de otras personas.

Tú puede ser un poderoso testimonio del poder de Cristo, al igual que mi profesor. Si permites que el Señor viva a través de ti, las personas que conozcas podrán tener encuentros transformadores con Jesús. Sin embargo, debes cederle el control a Él. Espero que lo hagas. Porque tener a Cristo viviendo a través de ti es la experiencia más asombrosa que jamás tendrás.

....

Jesús, te entrego mi vieja naturaleza; vive a través de mí, mi
Salvador. Amén.

173

¿Adónde vamos?

«Vete de tu tierra, de entre tus parientes
[…] a la tierra que Yo te mostraré».
GÉNESIS 12:1

Imagina que planeas un maravilloso viaje sorpresa para tus seres queridos. Cargas las provisiones y llenas el tanque de gasolina. Todos se amontonan en el coche y se abrochan los cinturones de seguridad. Finalmente, alguien hace la pregunta: «Eh, ¿adónde vamos?». Y lo único que puedes decir es: «Bueno, no lo sé exactamente».

Esto puede parecer una tontería, pero es precisamente lo que Dios les dijo a Abram y a su familia. Les pidió que dejaran todo lo que conocían y viajaran a una tierra que les era completamente extraña. Por supuesto, incluso entonces, la gente no solía hacer grandes viajes como ese sin saber adónde iban.

Sin embargo, al igual que Abram, cuando Dios nos llama, debemos ir. Y es probable que no nos dé una hoja de ruta; cualquier viaje que nos pida es un campo de entrenamiento para la fe. Pero podemos confiar en que el futuro será más bendecido de lo que podemos concebir, porque el Señor es el que nos guía. Ese fue, desde luego, el caso de Abram. Así que, incluso cuando no tengas un plan de viaje, deja que Dios te guíe a su manera y a su tiempo, porque el destino sin duda merece la pena.

Jesús, no conozco el camino a seguir, pero te obedeceré en cada paso. Amén.

El poder perfeccionado

Por tanto, con muchísimo gusto me gloriaré más bien en
mis debilidades, para que el poder de Cristo more en mí.

2 CORINTIOS 12:9

La naturaleza de la adversidad es la que nos roba los recursos que necesitamos para funcionar adecuadamente: fuerza, energía, concentración y cosas por el estilo. Resulta difícil concentrarse en otro asunto, por lo que nos sentimos física y emocionalmente agotados.

El apóstol Pablo lo entendía perfectamente, por eso, pidió tres veces a Dios que le quitara la espina que tenía clavada en la carne. Era dolorosa y debilitante. Ciertamente, el Señor querría quitársela, ¿verdad? Sin embargo, el Padre permitió que la espina de Pablo perdurara, porque quería disminuir la dependencia de Pablo de su propia fuerza y sabiduría. Y le enseñó que su «poder se perfecciona en la debilidad» (2 Corintios 12:9). El término *perfeccionar* significa completar o cumplir. En otras palabras, cuanto más débil es una persona, mayor es su capacidad para aceptar y exhibir el poder de Dios.

Por esa razón, una de las mejores maneras que tiene el Señor de glorificarse es manifestando su poder a través de un vaso inadecuado. Así que Dios permite la adversidad en nuestras vidas, no para hacernos daño, sino con el propósito de capacitarnos por medio de su fuerza para hacer lo que de otro modo sería imposible. Por lo tanto, acepta tus limitaciones y permite que la habilidad sobrenatural de Cristo trabaje a través de ti.

....

Jesús, me regocijo en mis limitaciones porque sé que tú me
fortaleces en mi debilidad, lo cual te glorifica. Amén.

Fortaleza en la debilidad

Por eso me complazco en las debilidades […] por amor
a Cristo, porque cuando soy débil, entonces soy fuerte.
2 CORINTIOS 12:10

La idea de complacerse en la debilidad contradice el mensaje que nos transmite la sociedad. En una época caracterizada por la búsqueda del poder, no es habitual que la gente se conforme con vivir en un estado de limitación. Pero al examinar la vida de Pablo, difícilmente se tiene la impresión de que fuera un hombre indefenso. Al contrario, se pasó la vida predicando el evangelio a multitudes hostiles. Plantó iglesias en las principales ciudades de Asia Menor y en las ciudades portuarias del mar Egeo. Pablo formó a los primeros pastores y ancianos de esas tempranas congregaciones. Y escribió la mitad del Nuevo Testamento. Eso ciertamente no luce como de un hombre débil.

Entonces, ¿cómo conciliamos la afirmación de debilidad de Pablo con sus asombrosos logros? Muy sencillo. La respuesta está en la frase «por amor a Cristo, porque cuando soy débil, entonces soy fuerte». Pablo se rindió al poder de Jesús para hacer todo lo que él no podía: alcanzar los objetivos del Señor, que eran inalcanzables con sus propias fuerzas. Lo mismo ocurre contigo. Dios siempre hará más a través de ti de lo que puedas imaginar. Así que admite tu debilidad, sométete a Él y deja que Él sea fuerte en ti.

....

Jesús, me someto a ti. Sé fuerte en mí. Amén.

Una práctica habitual

Job [...] era intachable, recto, temeroso de Dios.
JOB 1:1

Job sabía lo que era ser sorprendido por un desastre. Perdió a su familia, propiedades y riquezas en cuestión de instantes. Sin embargo, de alguna manera se las arregló para honrar a Dios con afirmaciones de confianza. ¿Cómo? Sabemos que Job era un hombre piadoso, recto y que hacía sacrificios al Señor. Pero aquí está la clave de por qué pudo resistir: «Esta era una práctica habitual de Job» (Job 1:5, NTV).

Por supuesto, Job tenía preguntas sobre sus pérdidas, pero en última instancia, confió en la bondad y en la soberanía de Dios hasta el final, porque tenía una sólida y cotidiana relación con el Señor. En esto vemos un principio valioso: *nunca subestimes el valor de una rutina que honre a Dios.* Nuestros momentos diarios a solas con el Padre nos fortalecen y nos sostienen cuando nos lanzamos de cabeza a la adversidad.

Así que no esperes a que lleguen los tiempos difíciles para prepararte espiritualmente, eso solo conduce a una batalla más difícil. Prepárate ahora para esas temporadas resguardando tus tiempos de quietud con el Señor. Porque cada día que disfrutas de su presencia, profundizas en su Palabra y oras por lo que te preocupa, Él fortalece tu alma. Puede que no veas los beneficios de inmediato, pero cuando lleguen las pruebas, te sorprenderá ver cómo te ha preparado Él.

....

Jesús, me deleito en encontrarme contigo todos los días.
Gracias por fortalecer mi alma. Amén.

Él es más poderoso

*«Con él está solo un brazo de carne, pero con
nosotros está el Señor nuestro Dios para
ayudarnos y pelear nuestras batallas».*

2 CRÓNICAS 32:8

Cuando Judá se enfrentó a un asedio del brutal ejército asirio, el cual claramente era superior y abrumador en gran manera, el rey Ezequías animó a su pueblo, recordándoles que los simples hombres nunca son rivales para Dios. Dijo: «No teman ni se acobarden a causa del rey de Asiria, ni a causa de toda la multitud que está con él, porque el que está con nosotros es más *poderoso* que el que está con él» (2 Crónicas 32:7). Y fiel a su estilo, Dios envió una respuesta sobrenatural para su problema: «El Señor envió un ángel que destruyó a todo guerrero valiente, comandante y capitán en el campamento del rey de Asiria. Así regresó avergonzado a su propia tierra» (2 Crónicas 32:21).

Esta es la maravillosa verdad que todo cristiano puede abrazar: *Dios mismo pelea nuestras batallas, Él es mucho más grande que cualquier enemigo que podamos enfrentar.* Las dificultades que enfrentamos pueden parecer insuperables, pero Él puede hacer lo imposible. Sean cuales sean nuestros problemas, por grandes o aterradores que parezcan, no se comparan al poder inigualable de nuestro Dios soberano, omnipotente y omnisciente. Sus propósitos se cumplirán, siempre. Así que cuenta con su ayuda hoy.

....

*Jesús, tú eres más grande que cualquier situación que
enfrento hoy. ¡Alabo tu poderoso nombre! Amén.*

La gran búsqueda

Ciertamente el bien y la misericordia me
seguirán todos los días de mi vida.

SALMOS 23:6

¿Comprendes cuán profundamente te ama Dios? David sí. De hecho, reconoció que el Señor nos persigue activamente con su bondad y su amor. Qué manera tan maravillosa de pensar en el Padre. Cada día de tu vida, en la salud y en la enfermedad, su bondad y su misericordia te acompañan sin cesar.

Tal vez hoy estés luchando con este concepto. Ciertamente, Dios dispensa sus bendiciones, pero quizás sientas que lo hace de una manera más mesurada. Es difícil aceptar que Él te persigue para mostrarte su gran amor por ti.

Aun así, te animo a que aceptes la verdad de que tu Padre celestial ha dispuesto incontables maneras de expresarte su bondad y su misericordia. Comienza por hacer este sencillo ejercicio: empieza el día citando en voz alta Salmos 23:6, declarando que Dios te persigue enérgicamente con su bondad y su amor. Repítete esto varias veces al día y continúa así durante los próximos meses. Construirás una nueva mentalidad que anticipa y reconoce la actividad de Dios. Entonces empezarás a ver lo que experimentó David: que el Señor te persigue intensamente para consolarte y mostrarte su amor.

....

Jesús, gracias por perseguirme con tu bondad y tu amor.
Amén.

Una mejor manera

Los que buscan al Señor no carecerán de bien alguno.

SALMOS 34:10

Hoy, abraza este principio crucial y transformador: detrás de cada mandamiento y exhortación de las Escrituras están la bondad y la protección inherentes del Dios vivo. Cuando el Señor nos prohíbe ciertos comportamientos, no es porque se oponga a nuestra felicidad. Al contrario, es porque se deleita tanto en nuestra alegría y nuestro bienestar que nos advierte acerca de lo que puede ser destructivo para nosotros.

Dios comprende que a veces tratamos de satisfacer nuestras necesidades de la manera que nos parece más conveniente. Tal vez intentemos mitigar nuestro dolor o llenar el vacío con sustancias ilícitas, relaciones inapropiadas o formas perjudiciales de entretenimiento. Pero Él también conoce las consecuencias devastadoras provenientes de tales cosas. Por eso, en su profunda bondad con nosotros, nos advierte que no participemos en ellas y nos muestra fielmente lo que en verdad satisfará esos profundos anhelos.

Por eso, acepta hoy que todas las promesas, preceptos y mandamientos del Padre son para tu bienestar, aunque no sepas muy bien cómo. Pídele aquello que realmente anhelas y confía en Él para que satisfaga tu alma.

Jesús, por favor, perdona mis pecados y muéstrame tu mejor manera. Amén.

Ponte de acuerdo con Él

Si confesamos nuestros pecados, Él es fiel y justo para
perdonarnos los pecados y para limpiarnos de toda maldad.
1 JUAN 1:9

El versículo de hoy luce bastante fácil: el Padre nos insta a admitir que hemos hecho algo malo y Él nos perdonará. Sin embargo, Juan escribió este versículo con una palabra griega específica que indica que cuando *confesamos* nuestros pecados, *estamos de acuerdo con Dios* en que hemos violado su ley. En otras palabras, reconocemos que Él no solo tiene la autoridad para ordenarnos, sino que es bueno y justo con sus instrucciones. Él realmente conoce cuál es la mejor manera de vivir para nosotros.

Sin embargo, no confundamos la *razón* por la que el Padre hace tal promesa: no es solo para que lo reconozcamos como Dios, aunque eso es parte de ello. Más bien, Él está más que listo y dispuesto a perdonarte cuando fallas debido a su amor incondicional por ti. Él te quiere de vuelta y quiere para ti una vida más gozosa y fructífera. La confesión restaura tu intimidad con el Señor y elimina los obstáculos a su mejor y más brillante futuro para ti.

Así que agradece cuando el Espíritu Santo se dirija a áreas específicas de tu vida que están en desacuerdo con los caminos de Dios. Acepta su amoroso llamado, ponte de acuerdo con Él y sé limpio.

....

Jesús, estoy de acuerdo contigo. Tú eres Dios y eres digno de
mi obediencia. Amén.

Da la vuelta

La bondad de Dios te guía al arrepentimiento.

ROMANOS 2:4

Ayer hablamos de la confesión. Hoy nos centraremos en el arrepentimiento. *Arrepentirse* y *confesar* no son las palabras más agradables, ¿verdad? Se asocian con faltas y defectos que preferiríamos olvidar o ignorar. Entonces, ¿cómo es que Pablo sugiere que es la bondad de Dios la que nos los revela?

Como vimos ayer, la palabra *confesar* significa *estar de acuerdo con Dios*. Sin embargo, el término griego para *arrepentirse* transmite la idea de dar la vuelta e ir en la dirección opuesta. El Padre considera que nos atraerán las soluciones que este mundo tiene para nuestros problemas, pero también sabe que solo empeorarán las cosas. Una vez que reconocemos que hemos obrado mal, en su bondad Él nos da la vuelta, nos pone en su camino y nos guía hacia lo mejor que tiene para nosotros.

La guía de Dios es importante, porque nuestra inclinación humana cuando estamos en un hoyo es seguir cavando. Pensamos que si nos esforzamos más o hacemos más de lo que está mal, de alguna manera se volverá bien. Somos conscientes de las consecuencias de ese comportamiento; las hemos vivido. Afortunadamente, Jesús nos salva de tales cosas. En su bondad, Él nos muestra cómo ser diferentes. Así que hoy, alábalo por mostrarte un camino mejor. Confiesa, arrepiéntete y dale la gloria.

....

Jesús, quiero elegir tu voluntad en todo. Muéstrame la manera, mi Redentor. Amén.

Cuando estés preparado

«Él es quien revela lo profundo y lo escondido».

DANIEL 2:22

Vivimos en una época en la que se puede acceder a grandes volúmenes de información en pocos instantes a través de internet. Si tenemos una pregunta, podemos simplemente buscar en Google y encontrar lo que necesitamos. Por eso puede ser frustrante y confuso cuando Dios no nos dice de inmediato todo lo que le preguntamos. Después de todo, Él promete: «Clama a Mí, y Yo te responderé y te revelaré cosas grandes e inaccesibles, que tú no conoces» (Jeremías 33:3).

Aunque es cierto que el Padre nos revelará muchas cosas cuando le busquemos en oración, solo Él sabe con lo que podemos tratar. Por su sabiduría y su bondad, mantiene cerrada la cortina en cuanto a algunas de las cosas que nos gustaría saber. ¿Por qué? Porque podemos meternos en muchos problemas con la información equivocada o con la información correcta en el momento erróneo. No estamos preparados para manejar la revelación completa del plan de Dios para nosotros. Así que como nuestro Padre bueno y amoroso, Él solo nos da lo que estamos listos para recibir y nos prepara para el resto.

Por lo tanto, confía en que Él te dirá lo que necesites saber, cuando lo necesites saber y que nunca, jamás, te llevará por mal camino.

....

Jesús, confío en que revelarás tu plan de la mejor manera y en el mejor momento. Amén.

¿Qué demanda Dios?

*¿Y qué es lo que demanda el Señor de ti, sino solo practicar
la justicia, amar la misericordia,
y andar humildemente con tu Dios?*

MIQUEAS 6:8

La vida puede ser complicada, pero tu relación con Dios no tiene por qué serlo. En lugar de relacionarnos con el Señor basándonos en un exigente conjunto de normas, el profeta Miqueas nos dio unas pautas sencillas para ayudarnos a mantener nuestra fe en orden. ¿Qué demanda Dios de ti?

En primer lugar, practicar la justicia. Haz lo que sabes que es justo. No transijas con la verdad ni racionalices lo que la Palabra de Dios instruye. Obedece lo que Dios te ha enseñado a hacer y deja de preocuparte por el resto. *Segundo, ama la misericordia.* Pon a los demás en primer lugar y míralos con compasión, aunque te hayan hecho daño o no estés de acuerdo con ellos. En vez de insistir en tus derechos, confía en que el Señor te defenderá. Dios cuidará tanto de tu reputación como de tus recompensas. *En tercer lugar, anda humildemente con tu Dios.* Estima al Señor por lo que es: el Soberano viviente, eterno y omnisciente de todo lo que existe. Él sabe de lo que habla. Así que haz lo que te diga, reconócelo en todos tus caminos y mantén a Cristo en el centro de tu vida.

Pon estos principios en acción y descansa consciente de que Dios se complace en ti.

....

*Jesús, gracias por mostrarme cómo agradarte y darme el
poder para lograrlo. Amén.*

Triple presencia

La gracia del Señor Jesucristo, el amor de Dios y la comunión del Espíritu Santo sean con todos ustedes.

2 CORINTIOS 13:14

¿Has pensado en alguna ocasión que cada vez que sientes la presencia de Dios te encuentras con la Trinidad? El Señor se revela como trino: es un único Dios, pero existe en las personas del Padre, el Hijo y el Espíritu Santo. Y cada uno de ellos es una expresión especial de su relación contigo como creyente.

Tienes comunión con Dios Padre, que está sentado en el trono del cielo. Él es el Creador y sustentador de todas las cosas, y Él te llama y cuida de ti como su hijo amado. Te relacionas con Dios Hijo, Jesús, tu Salvador y Señor, que luchó contra el pecado y la muerte, y venció a ambos por ti. Él es el Verbo, el agente activo a través del cual el Padre cumple su voluntad, lo que lo convierte en tu Sumo Sacerdote y Redentor perfecto. Y, asimismo, caminas en íntima unión con Dios Espíritu Santo, que mora en ti. Él es tu Consejero y Abogado divino, aquel llamado a estar a tu lado para ayudarte de todas las maneras imaginables, entre ellas dirigirte, iluminarte con las Escrituras y transformarte de adentro hacia afuera.

La Trinidad está contigo. Acepta el privilegio que disfrutas y alaba su nombre.

....

Señor, te alabo con admiración y asombro. A ti sea toda la honra y la gloria. Amén.

Desecha eso

Sea quitada de ustedes toda amargura, enojo,
ira, gritos, insultos, así como toda malicia.

EFESIOS 4:31

¿Estás luchando con recuerdos de personas que te han tratado mal? Te merecieras o no lo que te hicieron, es posible que te duela mucho y que siga teniendo repercusiones. Y puede ser difícil dejar de pensar en ello. Sin embargo, Dios te ordena que deseches la ira y perdones. Pero ¿cómo puedes hacer eso, sobre todo si te han faltado al respeto, te han tratado con crueldad o incluso te han traicionado? No es fácil, pero es necesario.

La mejor manera de evitar que tu corazón sucumba a la amargura es ver la mano del Señor en cada circunstancia que toca tu vida. Cree que Él puede obrar a través de lo que sea que te hayan hecho para tu bien y su gloria, y alábalo. Porque cuando le dices a Dios: «En Tu mano están mis años» (Salmos 31:15), reconoces su soberanía sobre tu vida y sus planes de bien. Le quitas el poder a tus pensamientos destructivos y le das a Él espacio para sanar tus heridas, liberarte de la amargura y de cualquier esclavitud que haya en tu vida. Así que pese a lo que otros hayan hecho, perdónalos, confía en que Dios te vindicará a su tiempo, y agradece que Él siempre tiene la última palabra.

....

Jesús, te obedeceré y perdonaré; ayúdame a hacerlo por
completo. Amén.

Alégrate de crecer

Tengan por sumo gozo, hermanos míos,
cuando se hallen en diversas pruebas.

SANTIAGO 1:2

A primera vista, Santiago parece mostrar una increíble insensibilidad. Cuando me enfrento a una crisis, lo último que quiero es que alguien me diga que me alegre. Sin embargo, Santiago no estaba sugiriendo que nos alegráramos *a causa de* nuestras pruebas. Solo nos engañamos a nosotros mismos cuando decimos diligentemente: «Alabado sea el Señor» cada vez que algo va mal.

Más bien, Santiago fue claro en cuanto a por qué debemos alegrarnos *en medio de* la adversidad. Santiago daba por seguro que sus lectores estaban comprometidos con el crecimiento espiritual y que cuando comprendemos que las pruebas nos ayudan a avanzar con rapidez, nos alegramos por el resultado final: la madurez. Al fin y al cabo, la prueba de nuestra fe produce paciencia, que es necesaria si queremos agradar a Dios y ser como Jesús.

Así que cuando te enfrentes a un desafío, no pienses: *¿Por qué me castiga Dios?* No alteres el proceso de maduración resistiéndote y posponiendo lo que el Señor quiere lograr en tu vida. En vez de eso, reconoce que el Padre ve en ti algo precioso que debes desarrollar. Aprovecha al máximo la dificultad, enfrentándote a ella y aprendiendo todo lo que puedas. Y da gracias a Dios por el crecimiento espiritual que te espera.

....

Jesús, acepto esta lección de madurez espiritual. Enséñame,
Señor; te escucho. Amén.

Sabiduría para crecer

Y si a alguno de ustedes le falta sabiduría,
que se la pida a Dios, quien da a todos
abundantemente y sin reproche, y le será dada.

SANTIAGO 1:5

¿Te cuesta aceptar la relación entre la adversidad y el crecimiento espiritual? Si es así, pídele al Señor que te ayude a entenderla. A eso se refería Santiago al pedir sabiduría, que es la capacidad de ver las cosas desde la perspectiva de Dios. Él te revelará su visión general de tu vida y cómo te está haciendo madurar espiritualmente.

Durante mucho tiempo tuve problemas para aceptar esa conexión entre el sufrimiento y la madurez en la vida cristiana. Pero eso fue un problema de fe de mi parte, en el que me rendí al dolor y al sentimiento de que las cosas nunca cambiarían, en lugar de aceptar los buenos propósitos de Dios en cada paso del camino.

Como a mí, puede resultarte difícil aceptar que el Padre está tan empeñado en llevarte a la madurez que está dispuesto a permitir que sufras. De hecho, puede que ni siquiera te creas merecedor de esta atención por su parte y dividas en tu mente los conceptos de adversidad y crecimiento espiritual. Pero en su economía, las pruebas son un pequeño precio a pagar por los inmensos y eternos beneficios que Él quiere darte. Así que pídele sabiduría para crecer a través de ellas.

....

Jesús, gracias por tu sabiduría para permanecer y crecer.
Amén.

Una perspectiva superior

Por amor de Tu nombre me conducirás y me guiarás.

SALMOS 31:3

En algunos elaborados jardines ingleses, los paisajistas disponen los setos en forma de laberinto. Una persona que deambule entre las líneas de arbustos puede sentirse como si tuviera que encontrar la salida a tientas, porque los arbustos son demasiado altos para ver por encima de ellos. Sin embargo, alguien que observe desde una ventana o balcón superior de la casa puede ver el camino con claridad y orientar al que deambula debajo.

La perspectiva cuenta. Puede que hoy te sientas rodeado por un laberinto de detalles desconcertantes. Aunque puedes ver dónde estás ahora y dónde has estado, no tienes ni idea de lo que hay a la vuelta de la esquina. Pero el Señor puede ver toda tu vida y cada paso que das en el camino. No tienes por qué estar perdido en una situación. Puedes confiar en Jesús para que te guíe.

Por supuesto, apoyarte en Cristo para seguir adelante es más natural cuando no puedes ver el camino por delante, pero es igual de crucial confiar en su instrucción aun cuando creas que tienes todo el panorama. Así que no esperes a quedarte sin instrucción para acudir a Él. Busca la guía del Señor cada día, confiando en que Él ve más allá de lo que puedas imaginar.

....

Jesús, gracias por darme tu perspectiva para el camino que tengo por delante. Amén.

¿Esperar o avanzar?

*Entonces dijo el SEÑOR a Moisés: «¿Por qué clamas a
Mí? Di a los israelitas que se pongan en marcha».*

ÉXODO 14:15

E clesiastés 3:1 enseña sabiamente: «Hay un tiempo señalado
para todo». Aunque no está incluido en la lista, este principio parece igualmente válido: «Hay un tiempo para esperar y un
tiempo para actuar». Esto fue sin duda cierto para el pueblo de
Israel. Cuando Dios dividió el Mar Rojo para que pudieran escapar
del ejército del faraón, se acabó el tiempo de orar sobre el problema.
Era el momento de aceptar la ruta de liberación del Señor.

Entonces, ¿cómo saber cuándo esperar y cuándo seguir adelante? Esperar en Dios siempre es necesario y correcto; nunca te
precipites en una situación sin consultarlo. Sin embargo, si estás
en una posición en la que debes tomar una decisión y has hecho
todo lo que sabes para discernir la voluntad del Señor —has orado,
escudriñado la Palabra, buscado el consejo piadoso y sometido cada
área de tu vida a Jesús— entonces avanza con confianza en lo que
Él te ha mostrado.

Dios conoce el futuro y quiere guiarte, así que ten fe en que te
dirigirá sabiamente. Y cuando te inste a seguir adelante, encomiéndate por completo a Él y hazlo, porque es fiel y nunca te guiará mal.

....

*Jesús, confiaré en ti, ya sea para esperar o para avanzar.
Muéstrame qué debo hacer. Amén.*

Buena planificación

La mente del hombre planea su camino,
pero el Señor dirige sus pasos.

PROVERBIOS 16:9

Algunos creyentes viven esclavizados a la idea de que no deben planear ni mirar hacia el futuro, porque no saben lo que Dios tiene reservado para ellos. La buena noticia es que Dios no diseñó la fe para operar de esa manera. Él te inculcó el deseo de trabajar y ser previsor; Él quiere que anticipes sus buenos planes para el mañana.

Esto no significa que fijes tu agenda de manera inflexible y esperes que Dios la bendiga. Por el contrario, las metas son en realidad una consecuencia natural de las prioridades piadosas, las cosas a las que les das más valor. El primer paso para establecer una lista de objetivos centrados en Cristo es asegurarte de que tu enfoque coincide con el de Él: «Busquen primero Su reino y Su justicia» (Mateo 6:33). Dios promete llenar tu vida de abundancia a medida que aprendas a amarlo a Él primero. Así que, cuando tu sistema de valores es moldeado por el del Señor, estás en el camino positivo hacia un entendimiento piadoso de lo que significa establecer metas personales que se ajusten a sus propósitos. Estás bien preparado para hacer un plan basado en sus principios y alcanzarlo a través de la fuerza, la sabiduría y la dirección que Él provee.

....

Jesús, deseo llevar a cabo tus planes. Guíame, Señor. Te
buscaré ante todo. Amén.

Evalúa tus planes

Misericordia y verdad recibirán los que planean el bien.
PROVERBIOS 14:22

¿Hay planes en tu corazón que quieres asegurarte de que vienen de Dios? Escribe las áreas en las que sientes que el Señor te está guiando a actuar, y luego determina si tus objetivos se ajustan a tu caminar de fe sometiéndolos a los siguientes criterios: ¿glorifica este objetivo a Dios? ¿Seré una mejor persona si sigo este curso de acción? ¿Me hace madurar en Cristo este objetivo? ¿Beneficia a otros de una manera que Dios instruye? ¿Saldrá alguien perjudicado por mis acciones o disfrutarán también otros de las recompensas?

Si puedes responder con un sí a estas preguntas, lo más probable es que vayas en la dirección correcta. De lo contrario, examina tu corazón y permite que las Escrituras ajusten tu camino. En cualquier caso, nunca dejes de buscar al Señor a medida que avances.

Nada es tan refrescante como la satisfacción de saber que estás trabajando para un propósito dado por Dios. Por supuesto, caminar por fe y esforzarse hacia metas centradas en Cristo es un proceso que puede implicar algunas decepciones ocasionales. Pero eso no significa que seas un fracasado o que Dios te haya defraudado. Por el contrario, cuando surjan los obstáculos, trátalos como una experiencia de aprendizaje, sigue aferrado a Jesús y continúa avanzando con una fe firme.

....

Jesús, ayúdame a caminar en obediencia, y que mis planes se alineen con tu voluntad. Amén.

La alabanza transformadora

Engrandécete, oh SEÑOR, en Tu poder;
cantaremos y alabaremos Tu poderío.

SALMOS 21:13

La alabanza es la expresión desbordante de agradecimiento a Dios por lo que Él es y lo que ha hecho. No debe limitarse a las temporadas de bendiciones, sino que es más que apropiada en períodos difíciles, dificultades, pruebas y tiempos de persecución también. De hecho, es posible que no comprendamos plenamente el poder de la alabanza hasta que hayamos visto cómo transforma nuestra adversidad. La adoración invita al Señor a intervenir en nuestras circunstancias, no necesariamente poniendo fin a nuestras luchas, sino cambiando nuestras perspectivas y el panorama espiritual.

Verás, cuando alabas al Padre en tiempos de angustia o estrés, le estás mostrando que realmente confías en Él a pesar de cómo se vea todo. Esta es una de las cosas espiritualmente más poderosas que puedes hacer: estremece al reino invisible de maneras que apenas podemos concebir.

Por supuesto, el enemigo puede tratar de engañarte haciéndote creer que no le preocupas a Dios, porque en primer lugar permitió el problema. Sin embargo, cuando adoras al Señor, afirmas que confiarás en Él sin importar lo que te suceda debido a que crees en su Palabra, la cual declara que Él es fiel y que nunca falla. Así que niégate a flaquear en tu fe. Alábalo ahora mismo. Y alégrate porque la victoria está por venir.

....

Jesús, te alabo, sé que mi vida está segura en tus manos.
Amén.

El servicio sobrenatural

*Pero todas estas cosas las hace uno y el mismo
Espíritu, distribuyendo individualmente
a cada uno según Su voluntad.*

1 CORINTIOS 12:11

¿Sabes que hay un ministerio que Dios ha planeado de antemano que cumplas? Eso pareciera ser cierto para los llamados a ser pastores, ministros y misioneros, pero tal vez dudes que lo sea para ti. Sin embargo, el Padre tiene oportunidades de servir diseñadas especialmente para ti, en las que tu exclusiva combinación de talentos, personalidad y dones espirituales sería perfecta. Él te ha colocado en este tiempo concreto y entre personas específicas para que seas su representante. Es por eso por lo que te hace crecer espiritualmente, para que seas capaz de ministrar a otros con sabiduría sobrenatural, compasión y generosidad.

No pases por alto la importante palabra utilizada en esta última frase: *sobrenatural*. Eso es porque Dios mismo te inspira y te capacita para la tarea por medio de su Espíritu. Mantente conectado a Él y te mostrará qué hacer. Y cuando sirvas a otros bajo la guía del Señor y con el poder de su Espíritu Santo, sus vidas serán transformadas por la eternidad.

Entonces, ¿cómo te ha guiado el Señor para que lo representes ante los demás? No temas lo que Él te está llamando a hacer. Depende del Espíritu Santo para que trabaje a través de ti y confía en que toda la gloria será para Él.

....

*Jesús, serviré como tú deseas. Obra a través de mí, Señor.
Amén.*

Misiones realizadas por Dios

«El Señor irá delante de ti; Él estará contigo».
DEUTERONOMIO 31:8

Imagínate cómo se debió sentir Moisés cuando escuchó la misión que Dios tenía para él. Presentarse en la corte del faraón y exigirle que dejara ir a todos los israelitas. Luego, organizar a más de dos millones de personas para que abandonaran el único hogar que habían conocido e ir a una tierra que nunca habían visitado. La misión que el Señor le encomendó a Moisés era sin duda vasta y complicada, como puede serlo el ministerio al que te ha llamado. Sin embargo, la naturaleza excesivamente inmensa de la tarea es parte del plan, porque quiere que confíes en Él por *completo* para su realización. Si podemos cumplir nuestro ministerio con nuestras fuerzas y nuestra sabiduría, podemos concluir de inmediato que no necesitamos a Dios.

Sin embargo, Moisés no aportó nada a la tarea: tuvo que confiar plenamente en el Señor. Y Dios cumplió una vez tras otra. Moisés no convenció al faraón, ni abrió el Mar Rojo, ni proveyó agua o maná. Fue el Señor quien lo hizo. Moisés solo le obedeció. El ministerio sigue inevitablemente ese patrón. Podemos plantar la semilla del evangelio, pero Dios la hace crecer. Podemos proporcionar vendas y medicinas, pero Él trae la sanidad. Así que cada vez que el Señor te llame, obedece lo que te diga y confía en que hará su parte, cumpliendo la misión de una manera que va más allá de tu imaginación.

....

Jesús, obedeceré tu llamado. Dame el poder para hacer tu voluntad. Amén.

Acorralado

«No teman; estén firmes y vean la salvación
que el SEÑOR hará hoy por ustedes».

ÉXODO 14:13

Cuando te encuentres acorralado y no sepas qué camino tomar, recuerda que es por una razón. Dios mismo está a punto de liberarte. Ese fue el caso del pueblo de Israel cuando acampó a orillas del Mar Rojo. Los egipcios descendieron sobre ellos «con todas las fuerzas del ejército del faraón: todos sus caballos y sus carros de guerra, sus conductores y sus tropas» (Éxodo 14:9, NTV). No tenían a dónde escapar. Pero Moisés les ordenó que permanecieran quietos porque el Señor estaba a punto de salvarlos.

Esta es la orden que Dios te da a ti también cuando estás rodeado de dificultades extraordinarias. No puedes retroceder; no puedes avanzar; no tienes escapatoria por la izquierda ni por la derecha. ¿Qué puedes hacer? Quédate quieto. Recuerda las cosas poderosas que el Señor ha hecho en el pasado para liberar a su pueblo. Él hizo un milagroso corredor de escape a través de las aguas divididas del Mar Rojo. El Dios soberano que puede hacer eso no tiene ningún problema en hacer un camino para ti. Así que mantén tus ojos en Él y espera. Muy pronto, Él abrirá el camino para ti y, cuando lo haga, camina con confianza.

....

Jesús, gracias por ser mi sabio y fiel Libertador. Mantendré
mis ojos en ti. Amén.

Apartado

Te establecerá el Señor como pueblo santo para sí.
DEUTERONOMIO 28:9

Cuando Dios sacó a los israelitas de Egipto, vio que era necesario «desegiptizarlos» para convertirlos en su pueblo escogido. Con ese fin, los condujo a través del desierto, cortó su dependencia de las formas terrenales de provisión y seguridad, los protegió de sus enemigos, les dio la ley y los alimentó con maná. El Señor cambió todas las áreas de sus vidas para que confiaran en Él de todo corazón y se diferenciaran de las naciones que los rodeaban.

¿Por qué llegó Dios tan lejos con los israelitas? Porque quería que fuera obvio para todo el mundo que ellos eran *su* pueblo especial, una nación que sería la plataforma para las más grandes obras del Señor. Y, por supuesto, fue a través de Israel que Dios envió a su Hijo, Jesús, para ser nuestro Salvador.

En este lado de la cruz, el Padre atrae a la gente a Cristo a través de ti, por lo que te instruye a ser apartado también. Es cierto que no es fácil ser diferente o seguir a Dios. Pero no tengas miedo ni te resistas a cómo Él te está transformando. Porque, en última instancia, ser como Jesús es la mejor manera de anunciar «las virtudes de Aquel que los llamó de las tinieblas a Su luz admirable» (1 Pedro 2:9).

....

Jesús, hazme diferente como tú y atrae a otros hacia ti a través de mi vida. Amén.

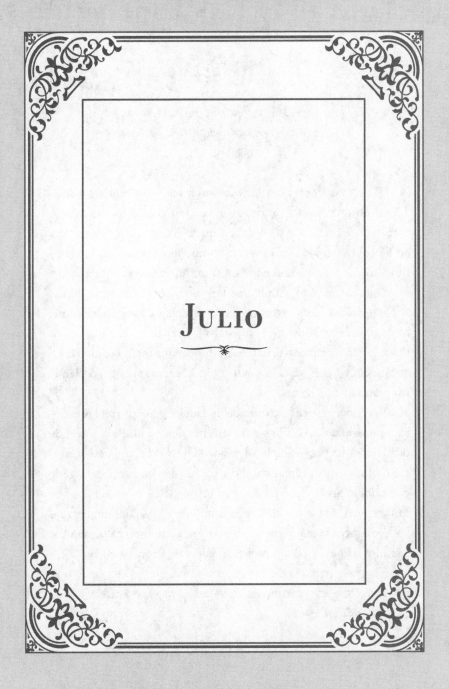

JULIO

Dios, tu fortaleza

*Mi carne y mi corazón pueden desfallecer, pero Dios es
la fortaleza de mi corazón y mi porción para siempre.*

SALMOS 73:26

Más veces de las que puedo recordar me he enfrentado a desafíos que sabía que me superaban por completo. He sufrido el rechazo y la traición de hombres que creía que eran mis mejores amigos. Ha habido ocasiones en las que me han herido tan profundamente y he llorado de manera tan intensa que le he dicho a Dios que estaba listo para morir. Pero cuando he ensayado decirle al Señor lo que podía y no podía hacer debido a mi dolor, Él me ha recordado gentilmente: «No estaba interesado en tu fuerza ni en tus habilidades cuando te llamé. Y tampoco me interesan ahora. Lo que quiero saber es, ¿estás a mi disposición ahora? Si es así, adelante. Mi gracia es suficiente».

Reconoce que tus mayores debilidades y pruebas son las mejores oportunidades de Dios para hacer brillar su gloria a través de ti. El Señor ha permitido la adversidad en tu vida para deshacer tu confianza en tus propias habilidades. Así que en lugar de rogarle que cambie tus circunstancias, ¿por qué no le pides que te llene de su fuerza? Aprende a vivir dependiendo de Él para lo que te falta. Porque a medida que lo hagas, su poder se manifestará a través de ti hacia los demás. Y ellos también aprenderán a confiar en Él.

Jesús, estoy a tu disposición. Permite que tu poder brille a través de mí. Amén.

Ahora es personal

*«No tendrán que enseñar más cada uno a su
prójimo y cada cual a su hermano, diciéndole:
"Conoce al SEÑOR", porque todos me conocerán, desde
el más pequeño de ellos hasta el más grande».*

JEREMÍAS 31:34

En el Antiguo Testamento, el Señor hablaba a su pueblo a través de los profetas. Hombres como Moisés, Isaías, Jeremías y otros exhortaron a Israel a adorarlo, buscarlo, obedecerlo en santidad y servirle de todo corazón. La razón por la que Dios habla hoy es la misma que entonces; sin embargo, su método ha cambiado. En su búsqueda por construir una relación íntima con nosotros, el Padre ahora se comunica directa y personalmente a través de las Escrituras y la presencia iluminadora del Espíritu Santo.

Aunque Dios todavía habla a través de líderes espirituales, se deleita en comunicarse contigo de una manera personal. Por tanto, considera: ¿buscas activamente conocerlo como tu Redentor, Señor y amigo íntimo? ¿Le dedicas tiempo para tener una relación con Él? ¿O confías en otras personas para que te digan quién es Jesús y qué desea de ti?

Desde el principio de tu vida, el Señor ha buscado tener comunión contigo. Ahora es tu decisión. No te pierdas el privilegio de conocer a Dios y establecer una relación cercana con Él. No delegues ese honor a otros. Búscalo por ti mismo, porque de seguro lo encontrarás.

....

*Jesús, quiero conocerte por mí mismo. Gracias por hablar
directamente a mi corazón. Amén.*

Prueba las Escrituras

*Los de Berea [...] Día tras día examinaban las Escrituras
para ver si Pablo y Silas enseñaban la verdad.*
HECHOS 17:11 (NTV)

Tal vez hayas oído la frase: «No creas todo lo que lees». Es un buen consejo y muy sensato. Siempre es sabio tratar la información que recibes con cautela y verificar los hechos antes de repetirlos. Esto es especialmente cierto en lo que se refiere a asuntos espirituales, por lo que 1 Juan 4:1 advierte: «No crean a todo espíritu, sino prueben los espíritus para ver si son de Dios». Pídele al Señor que te ayude a discernir si lo que has oído viene de Él y te mostrará si se alinea con los consejos de las Escrituras.

Eso es lo que hicieron los habitantes de Berea cuando escucharon el mensaje de Pablo sobre Cristo. Como judíos, conocían las profecías sobre el Mesías, así que cuando Pablo insistió en que Jesús era el Libertador que Dios había prometido, volvieron a la fuente: las Escrituras. Debido a eso, los judíos de Berea fueron considerados «más nobles», y «muchos de ellos creyeron» en Cristo como su Salvador (Hechos 17:11-12).

Por lo tanto, cada vez que escuches un sermón o una lección bíblica, hazte el hábito personal de contrastar los principios con la infalible Palabra de Dios. No solo evitarás el error, sino que aprenderás mucho en el camino.

....

*Jesús, que tu Palabra sea la norma por la que juzgue las
demás voces. Amén.*

Libres verdaderamente

*«Así que, si el Hijo los hace libres,
ustedes serán realmente libres».*

JUAN 8:36

Jesucristo es el gran emancipador. Vino a librarnos, no necesariamente de la tiranía política o militar, aunque a veces ocurra, sino de las peores garras del pecado y su destrucción eterna. Cuando abrazas a Cristo como tu Salvador y Señor, eres librado de inmediato de la *pena* del pecado: la muerte eterna. Pero eso es solo el principio. Cristo también vino a liberarte del poder del pecado, que aún esclaviza tus emociones, tu voluntad y tu personalidad.

Eso se debe a que la verdadera libertad es espiritual. La opresión que experimentamos debido al pecado no se puede medicar, combatir ni legislar, porque las medidas terrenales no la afectan. En cambio, esa libertad solo puede recibirse como un don de Dios. Y eso marca la diferencia en el mundo, dondequiera que te encuentres, ya sea con autonomía política o detrás de muros de alambre de púas, en tu casa o en un campo de prisioneros, con éxito o soportando la injusticia. Nadie puede sofocar, regular o ejecutar la libertad de Cristo en ti, la cual trae la emancipación definitiva.

Jesús quiere que experimentes la vida más maravillosa que puedas imaginar: la que expresa a través de ti. Así que vuelve a centrar tu búsqueda de libertad en Él y serás realmente libre.

....

*Jesús, gracias por hacerme verdaderamente libre. Llévame a
la plenitud de tu libertad. Amén.*

Ama a los perdidos

«ME ODIARON SIN CAUSA».

JUAN 15:25

Ver cómo los cristianos de todo el mundo son perseguidos por el solo hecho de confesar el nombre de Jesús puede ser, a la vez, difícil y confuso. ¿Por qué la gente despreciaría a los creyentes, especialmente cuando solo están tratando de mostrar el amor de Dios? Sin embargo, recuerda que este es un mundo caído y pecador. Jesús dijo: «Si Yo no hubiera venido y no les hubiera hablado, no tendrían pecado, pero ahora no tienen excusa por su pecado» (Juan 15:22). Esa convicción que sienten es dolorosa y los deja sintiéndose vulnerables, así que atacan por el deseo de mantener el control. El Señor sabía que esto sucedería. Por tanto, advirtió: «Si el mundo los odia, sepan que me ha odiado a Mí antes que a ustedes» (Juan 15:18). No es a ti, es a Jesús dentro de ti a quien desprecian.

Sin embargo, recuerda que Jesús en ningún momento dijo: «Ódienlos también». Al contrario, debemos seguir su extraordinario ejemplo de amor sacrificado y de servicio. Recuerda: «Siendo aún pecadores, Cristo murió por nosotros» (Romanos 5:8). Cuando todavía éramos impíos para Él, Jesús lo dio todo por nosotros por amor. Así que no importa lo que hagan, ámalos recordando hacia dónde se dirigen sin Él, y con la esperanza de que acepten la verdad que los hace libres.

Jesús, ayúdame a amar a los perdidos y a conducirlos a ti.
Amén.

Trabajo significativo

*Porque Dios no es injusto como para olvidarse de la
obra de ustedes y del amor que han mostrado hacia Su
nombre, habiendo servido, y sirviendo aún, a los santos.*

HEBREOS 6:10

¿Sientes a veces que todo lo que haces en obediencia a Jesús parece pasar inadvertido? Tal vez no ves el fruto o las tareas a las que te llama te parecen ocultas, mundanas o incluso sin impacto para su reino. Recuerda que en su bondad, nuestro Padre celestial ha prometido que ni la más pequeña obra de bondad es en vano cuando se hace en el nombre de Jesús. De hecho, Cristo dijo: «Y cualquiera que como discípulo dé a beber aunque solo sea un vaso de agua fría a uno de estos pequeños, en verdad les digo que no perderá su recompensa» (Mateo 10:42). Ninguna tarea realizada con diligencia pasa inadvertida. Nuestro Padre omnipresente y bondadoso toma nota de cada palabra y esfuerzo.

Así que nunca cedas a la debilitante desesperación de pensar que tu vida no cuenta o que tu contribución al reino es insignificante. Dios es muy estratégico acerca de cómo te dirige y traerá fruto de tu obediencia en el momento adecuado. Recuerda, cosechas lo que siembras, más de lo que siembras y más tarde de lo que siembras. Así que continúa sirviendo con confianza, consciente de que lo que haces importa exponencialmente en la eternidad.

....

*Jesús, gracias porque todo lo que hago en obediencia a ti es
significativo y eterno. Amén.*

Dios puede más

*Y la fe de Abraham no se debilitó a pesar de que él
reconocía que, por tener unos cien años de edad,
su cuerpo ya estaba muy anciano [...] Abraham
siempre creyó la promesa de Dios sin vacilar.*

ROMANOS 4:19-20 (NTV)

Es probable que seas capaz de imaginar que puedes hacer mucho con tu vida, pero ¿has considerado alguna vez cuánto más puede hacer Dios? Este fue el caso de Abram. Como él y Sarai ya habían pasado su edad fértil y seguían sin tener hijos, Abram le pidió al Señor que hiciera heredero a su siervo Eliezer. Pero Dios tenía algo mucho mejor para él. Así que le prometió un hijo cuya descendencia sería más numerosa que las estrellas del cielo. Sin luces en la ciudad que oscurecieran la visión de Abram, él miró hacia arriba en la noche oscura y vio una multitud de estrellas brillantes.

Este era un hombre cuya probabilidad de tener un solo hijo era nula. Pero le creyó a Dios y el Señor hizo mucho más de lo que Abram podía concebir.

Esto nos deja una enseñanza. A menudo, pedimos muy poco cuando el Señor está dispuesto a hacer lo milagroso, por lo que nuestra incredulidad limita lo que el poder sobreabundante de Cristo puede hacer en nosotros. No cometas ese terrible error. Hoy, espera que el Padre haga grandes cosas en tu vida. Y como Abram, demuéstrale que le crees obedeciendo todas sus instrucciones. Sin duda, Él desafiará tus esperanzas de maneras verdaderamente sorprendentes.

*Jesús, confiaré en ti para que proveas más allá de lo que
puedo imaginar. Amén.*

La característica clave

El orgullo del hombre lo humillará, pero el
de espíritu humilde obtendrá honores.

PROVERBIOS 29:23

¿Te gustaría impresionar a Dios? Si es así, tal vez pienses que para lograrlo tendrás que dar más dinero, servir a muchas personas, orar varias horas al día y asistir a muchos estudios bíblicos. Esas son las actividades que a menudo realizamos para ganarnos su amor, a pesar de que nos ama sin condición. Sin embargo, hay una virtud que se nos revela en las Escrituras que realmente conmueve el corazón del Señor. De hecho, es la clave de la oración contestada. ¿Cuál es esa poderosa característica? La *humildad*.

El Señor nos dice: «Pero a este miraré: Al que es humilde y contrito de espíritu, y que tiembla ante Mi palabra» (Isaías 66:2). Dios no está buscando hombres y mujeres que posean una inteligencia, una riqueza o una perspicacia superiores. Está buscando a esos cristianos poco comunes que exaltan a Jesús con todo lo que son, porque lo honran como Rey de reyes y Señor de señores. Así que si realmente quieres que te bendiga con su favor y te use para su reino, deja de esforzarte tanto con tus propias fuerzas. En lugar de eso, humíllate ante Él, admite tu insuficiencia, reconoce su autoridad y sométete a su sabiduría. Su poder fluye hacia aquellos que más se apoyan en Él.

....

Jesús, me humillo ante ti y te rindo todo lo que soy. Amén.

Conocerlo de verdad

*«He sabido de Ti solo de oídas,
pero ahora mis ojos te ven».*

JOB 42:5

Puede que hayas oído decir que una persona no sabe realmente quiénes son sus amigos hasta que se le viene el mundo abajo. Del mismo modo, nunca sabremos lo verdaderamente fiel, fuerte y sabio que es Jesús si no es en la adversidad. De hecho, si nuestras vidas están libres de dolor, confusión y tristeza, nuestra experiencia con Dios seguirá siendo puramente académica. Nuestra confianza en Él nunca aumentaría, maduraría ni se fortalecería. Nuestra relación con Él podría compararse a la que tenemos con un tatarabuelo del que hemos oído historias, pero al que nunca conocimos en persona. Sentiríamos gran admiración, pero no intimidad ni comunión. Ese no es el tipo de relación que Dios quiere con sus hijos.

A través de la costosa muerte de Cristo, el Señor ha abierto el camino para que tengamos acceso directo a Él, y no quiere que nada se interponga entre nosotros. Así que diseña circunstancias a través de las cuales puede revelarse a nosotros de una manera personal y profunda, y podemos unirnos a Él emocional, relacional y espiritualmente. Cuando surjan tiempos difíciles, no desesperes. Por el contrario, alégrate de que Dios está a punto de revelarse a ti de una manera poderosa y prepárate para experimentar su fidelidad directamente.

Jesús, gracias por revelarte a mi vida a través de todas mis circunstancias. Amén.

Combate la ira

Deja la ira y abandona el furor; no te irrites, solo harías lo malo.

SALMOS 37:8

Todos luchamos contra la ira en algún punto de nuestras vidas. Podemos perder la compostura en un momento de acaloramiento o sentirnos legítimamente molestos por una injusticia. Sin embargo, cuando nos enfadamos, es importante que no permanezcamos así, porque la ira es enemiga de la alegría. Cuando estamos continuamente enfadados con los demás, con nosotros mismos o con nuestras circunstancias, nos volvemos vulnerables a la amargura, la depresión, el aislamiento y el desánimo. Nuestra agitación interior hace prácticamente imposible disfrutar la vida o las bendiciones de Dios.

Sin embargo, existe una vía de escape. Por supuesto, el paso más importante es confesar nuestro enojo a Dios de manera genuina. Él nos lleva a pensar en las razones de nuestra animosidad y nos conduce a la raíz de por qué hemos reaccionado como lo hemos hecho. Puede que en realidad estemos respondiendo así a causa de nuestras heridas o por algún mal que nos hayan hecho en el pasado. Por tanto, una vez que Dios ha identificado por qué nos hemos enfadado, puede comenzar el proceso de sanidad, y eso por lo general incluye perdonar a aquellos que nos han herido.

Es probable que los problemas que te hicieron enfadar no desaparezcan, pero puedes afrontarlos con una actitud mucho mejor y una mayor comprensión de ti mismo y de los demás. Así que no sigas enfadado. Acude a Dios y permite que te libre.

Jesús, por favor, líbrame de la ira que llevo dentro y sáname. Amén.

Perdónate a ti mismo

Como está de lejos el oriente del occidente, así
alejó de nosotros nuestras transgresiones.

SALMOS 103:12

¿Te atormentan los pecados del pasado? ¿Has cometido errores que te hacen sentir indigno e inaceptable ante Dios? Si es así, es probable que tengas problemas para disfrutar la vida a plenitud. Gran parte de la depresión que asedia a nuestra sociedad proviene de personas que trabajan bajo una enorme carga de culpa no resuelta. Sin embargo, una vez que confesamos nuestro pecado a Dios, nos perdona completamente y restaura nuestra comunión con Él. Aun así, a veces sentimos de manera errónea que debemos seguir castigándonos.

Si te has arrepentido de tu pecado ante Dios, Él lo borra y no lo recuerda más. Continuar sin perdonarte a ti mismo es inútil e irrespetuoso a la provisión de Cristo.

Por lo tanto, para poner fin a esos viejos pensamientos condenatorios, escribe una confesión a Dios, fírmala y ponle fecha. A continuación, repasa todos los pasajes de las Escrituras relativos al perdón y escribe cada versículo completo. Una vez que lo hayas hecho, relee lo que has escrito y lo que el Padre tiene que decir sobre ti. Luego, a lo largo de tu confesión escribe en letras grandes y en negritas: «Perdonado por Dios gracias al amor y la muerte de Jesús en la cruz». Dios te hizo acepto y te ama incondicionalmente. Créelo y disfruta de todo lo que Él tiene para ti.

Jesús, gracias por perdonarme y ayudarme a perdonarme a
mí mismo. Amén.

¿Por qué orar?

¿Pueden dos caminar juntos sin estar
de acuerdo adonde van?

AMÓS 3:3 (NTV)

¿Alguna vez te preguntas si tus oraciones están haciendo alguna diferencia? Después de todo, Dios hará lo que le plazca. Entonces, ¿por qué orar? ¿Por qué acercarse a su trono cuando Él ya sabe lo que va a hacer?

Recuerda siempre que, sea lo que sea que el Padre esté tramando, lo hará en lo oculto de manera gentil, paciente y silenciosa a lo largo del tiempo. Él transforma tu mente y tus deseos y moldea tu camino a través de tus tiempos en la Palabra, en comunión con Él y otros creyentes, por medio de los sermones que escuchas y en las circunstancias de la vida a fin de posicionarte para sus propósitos. Y lo que sucede a través de tus tiempos en oración es que Él te alinea con su voluntad. Después de todo, necesitas estar de acuerdo con Dios para recibir lo mejor que tiene para ti.

Algunas veces parecerá como si las pruebas u oportunidades surgieran de la nada, y esas pueden ser las que más te motiven a orar. Pero recuerda que, con el tiempo, Él ha estado trabajando con el objetivo de posicionarte para ellas. Él está trabajando activamente a través de las mismas cosas por las que estás orando para revelarse tanto a sí mismo como su voluntad contigo. Así que sigue buscándolo y confía en que lo que estás haciendo es poderoso y vale la pena.

....

Jesús, presento todas mis peticiones delante de ti. Guíame
para que pueda caminar en armonía contigo. Amén.

Sigue orando

«Velen y oren para que no entren en tentación; el
espíritu está dispuesto, pero la carne es débil».

MATEO 26:41

¿Te das cuenta de que cuando no oras, anulas el poder, la sabiduría, la fuerza y las bendiciones que podrías estar disfrutando? Tal vez estás notando los efectos de la falta de oración en tu vida hoy. Quizás estás sintiendo el peso de tu pecado, o simplemente, no puedes deshacerte de una sensación de confusión. También es posible que te sientas inusualmente desanimado, débil o deprimido. Eso es lo que sucede cuando no pasas tiempo con Dios.

Entonces, ¿por qué te hace sentir así la falta de oración? Entiende que el Señor no te está haciendo sentir mal intencionalmente; más bien, este es el resultado natural de estar desconectado de Él. Esto se debe a que la oración es como una línea eléctrica que te conecta a la fuente. A través de ella, recibes su sabiduría y su guía, su identidad y su propósito, su fuerza y su paz, su amor y su aceptación. La oración es el conducto a través del cual recibes todas sus virtudes; y por eso, cuando no la practicas, tienes problemas.

Así que no dejes de orar cuando las cosas no vayan como tú quieres o según tu cronograma. Mantente conectado, puesto que necesitas la presencia y el poder de Dios en tu vida.

....

Jesús, ayúdame a seguir orando y buscándote en todo tiempo.
Amén.

Persigue a Jesús

«Y harán estas cosas porque no han
conocido ni al Padre ni a Mí».

JUAN 16:3

Jesús les advirtió a los discípulos que se acercaba un tiempo en el que los líderes religiosos los maltratarían, expulsándolos de la sinagoga y persiguiéndolos. Les dijo: «Pero viene la hora cuando cualquiera que los mate pensará que *así* rinde un servicio a Dios» (Juan 16:2). De hecho, vemos a Saulo, que más tarde se llamaría Pablo, hacer eso mismo. Perseguía con gran fervor a los creyentes, convencido por completo de que estaba honrando al Señor. Entonces Jesús lo puso de nuevo en el camino, diciéndole: «Saulo, Saulo, ¿por qué me persigues?» (Hechos 9:4).

Imagínate que estás tan ocupado sirviendo a Dios que pierdes completamente de vista quién es Él. Les puede pasar a los mejores y más brillantes de la iglesia. Jesús no cuestiona la sinceridad de tales acciones: reconoce que la gente lo hace porque quiere mostrarle devoción. Sin embargo, también identifica el problema de raíz: en realidad no lo conocen.

Cuando estás tan atrapado en la religión, en tus buenos planes o en la política de la iglesia que pierdes de vista a Dios es realmente peligroso. De hecho, puedes estar frustrando su obra, persiguiendo a Jesús mismo con tus acciones. Así que asegúrate de que tu relación con el Señor es lo primero y lo más importante. Él ciertamente te dirigirá a lo que en verdad lo honra.

....

Jesús, quiero conocerte de verdad y servirte fielmente.
Enséñame tus caminos. Amén.

Mira a Dios

«Para los hombres es imposible, pero no para Dios,
porque todas las cosas son posibles para Dios».

MARCOS 10:27

Cuando te encuentras ante una situación difícil que parece imposible, ¿qué es lo primero que piensas? Para la mayoría de la gente es: «Oh, Señor, ¿qué *voy* a hacer?». Pero esa es la pregunta equivocada. En cambio, lo correcto es preguntar: «Señor, ¿qué *vas* a hacer?». Porque, como bien sabemos, Él es todopoderoso, y nada es demasiado desafiante para Él.

Por supuesto, todos sabemos eso a nivel mental. Pero a menudo, cuando nos encontramos entre la espada y la pared y no sabemos a quién acudir, nos quedamos atrapados por la inmensidad de nuestros aprietos y los desconcertantes detalles que los acompañan. Es natural que nos imaginemos de inmediato los peores escenarios y lo indefensos que somos con nuestros limitados recursos. Nos quedamos atrapados por lo que vemos y oímos en lugar de recordar quién acude en nuestra ayuda.

Por eso debemos entrenarnos para mirar al Señor, no nuestras circunstancias. Porque cuando invitamos a la presencia sobrenatural y poderosa del Dios vivo a que se apodere de nuestra situación, Él se ocupa de nuestras dificultades en maneras que superan nuestra imaginación. Él puede llevarnos a la solución correcta sin importar lo que enfrentemos.

....

Jesús, fijo mis ojos en ti, agradecido porque mis desafíos no
son rivales para ti. Amén.

Sé semejante a Cristo

«Por eso, todo cuanto quieran que los hombres les
hagan, así también hagan ustedes con ellos».

MATEO 7:12

En el versículo de hoy, Jesús enseñó un principio que quizás podamos citar, pero que tal vez nos cueste poner en práctica. Por supuesto, es fácil amar a las personas que son amables y generosas con nosotros, pero cuando son beligerantes, arrogantes o crueles, es otra historia. Algunos creen que el mandato de Cristo de tratar bien a *todas* las personas no es razonable. Pero Jesús nos da poder para llevar a cabo todo lo que nos manda hacer. Así que debemos tomarlo en serio cuando dice que esta es nuestra norma *en cada situación*, no solo cuando es conveniente. Porque todas las personas con las que nos encontramos son esas a las que Él ama y por las que murió para salvarlas, tanto si nos tratan bien como si no.

Para ayudarte cuando la gente es difícil, recuerda siempre el ejemplo de Jesús en la cruz. Mientras los soldados romanos le clavaban las manos y los pies en el madero, Él dijo: «Padre, perdónalos, porque no saben lo que hacen» (Lucas 23:34). Él había venido a comprar el perdón de los pecados, y se mantuvo fiel a su misión incluso en el momento más doloroso. Hoy, tú eres su representante para llevar el mensaje de salvación. Así que trata bien a los demás y, al hacerlo, condúcelos hacia Él.

Jesús, ayúdame a ser tan amable y gentil con las personas
como tú lo eres conmigo. Amén.

Hay consuelo en su dirección

Yo te haré saber y te enseñaré el camino en que debes andar; te aconsejaré con Mis ojos puestos en ti.

SALMOS 32:8

Hoy hay tres cosas que debes saber mientras esperas la instrucción del Señor.

Primero, Dios te *mostrará* su voluntad. Él desea que camines conforme a su plan y asume la responsabilidad de enseñarte cómo hacerlo. Sin embargo, es tu responsabilidad obedecer lo que Él te guíe a hacer.

En segundo lugar, el Padre está comprometido con tu éxito. Desde el momento en que naciste, Dios ha estado trabajando a través de las circunstancias de tu vida a fin de entrenarte para sus propósitos. Así que comprométete a seguir al Señor a donde te guíe con la confianza de que te equipará y te dará el poder para lograr lo que ha planeado que hagas.

Tercero, Dios te redirigirá cuando tomes un camino equivocado. Así que no temas seguir adelante cuando te llame. No importa cuánto te equivoques, el Padre tomará los pedazos rotos de tu vida y, con el pegamento de su amor incondicional, los volverá a unir. Él te sostendrá y te ayudará a volver al camino correcto con su sabiduría y su fortaleza.

Jesús, gracias por enseñarme, guiarme, equiparme e incluso redirigirme por tu gran amor. Amén.

Tú también

Él protege la vida de sus justos y los rescata.

SALMOS 97:10 (NTV)

L as personas de la Biblia eran como tú: se parecían a ti en sus luchas y sus sentimientos, en sus éxitos y sus fracasos, y en sus deseos y sus metas. La tecnología puede haber avanzado, pero el corazón humano no ha cambiado a través de los tiempos. Así que quizás leas sobre el poder con el que Dios obró a través de santos como Abraham, Moisés, David o Josué, y pienses: *Ese nunca podría ser yo.* Pero la verdad es que sus vidas estuvieron marcadas por los mismos desafíos, limitaciones, temores y presiones que la tuya. Ellos no vivían en la cima de una montaña espiritual; escuchar y confiar en el Señor no era más fácil durante su tiempo. En todo caso, tú estás en una mejor posición para servir a Dios, porque el Espíritu Santo vive en ti y tienes todo el consejo de las Escrituras a tu alcance, dos privilegios que los santos del Antiguo Testamento no tenían a su disposición.

El punto es que las Escrituras registraron los momentos asombrosos en que Dios obró a través de los santos, pero sus éxitos se basaron en las formas comunes en que caminaron con el Señor día tras día; con fe en Él y resiliencia en las luchas, angustias, obstáculos y desafíos. El Padre operará de la misma manera a través de ti. Síguelo fielmente a donde te guíe; persevera, y tú también lo verás obrar.

....

Jesús, me entregaré a ti plenamente, cada día. Obra a través de mí, Señor. Amén.

Rendidos a la fe

«Hágase en ustedes según su fe».

MATEO 9:29

¿Sientes que tu vida y tu relación con Jesús carecen de brillo, como si faltara algo crucial? Esta es la condición de demasiados creyentes hoy en día; simplemente no están viviendo a la altura del potencial con el que el Señor los creó. Atrapados por las tradiciones de la iglesia, asfixiados por las preocupaciones por el estatus y reacios a poner a prueba los recursos del Dios todopoderoso al que dicen servir, luchan por aceptar y afrontar el reto de la fe.

Debido a una pobre autoestima y a una falta de confianza en que el Señor es lo que las Escrituras proclaman, muchos se han limitado a aceptar un estilo de vida cómodo y «eclesiástico», eligiendo permanecer ignorantes del plano superior de la vida de Dios, llena del Espíritu y del poder de la resurrección. Sin embargo, ese no tiene que ser tu caso.

Hoy, reflexiona y sé brutalmente sincero contigo mismo: ¿estás viviendo según el potencial que Dios te ha dado? ¿Estás aprovechando los recursos ilimitados del Señor? ¿Tienes el valor de vivir en total obediencia a la voluntad de Dios? Si no es así, entonces debes aprender la gran lección de caminar por fe, no por vista. Abre tu corazón a su plenitud y confía en que sus promesas son suficientes, porque eso es lo que tu alma anhela experimentar.

Jesús, te entrego mi vida de todo corazón. Haz de mí todo aquello para lo que me creaste. Amén.

Espera su plan

Te ensalzaré, oh Señor, porque me has elevado, y no
has permitido que mis enemigos se rían de mí.

SALMOS 30:1

D avid acababa de ser ungido rey de Israel cuando los filisteos
lo atacaron. Lo primero que hizo fue acudir a Dios y consultarlo: «¿Subiré contra los filisteos?» (2 Samuel 5:19). El Señor afirmó
que le daría la victoria a David y le indicó lo que debía hacer. Muy
pronto, Israel derrotó la embestida filistea.

Desesperados, los filisteos intentaron otro ataque. En ese
momento, David podría haber considerado la situación con su
sabiduría humana. Su ejército había ganado fácilmente la primera
victoria, así que si repetían el mismo plan de batalla, probablemente
podrían ganar de nuevo, ¿verdad? Pero David sabía que esa era una
estrategia perdedora: tomar decisiones sin la guía del Señor siempre
invitaba a la derrota. Después de todo, Josué no buscó a Dios en
Hai y perdió terriblemente. Así que David volvió de inmediato al
Señor y este le dijo que *no* atacara al enemigo. En vez de eso, Dios
le dio al joven rey un plan completamente diferente.

Hoy, más allá de la batalla que enfrentes, es tan crucial para
ti esperar en el Señor y su estrategia como lo fue para David. El
tiempo y el plan de Dios siempre son perfectos. Así que comprométete a seguir su guía, porque ciertamente, Él nunca te decepcionará.

....

Jesús, espero tu plan perfecto. Gracias por defenderme.
Amén.

Tu aposento

«Pero tú, cuando ores, entra en tu aposento, y cuando
hayas cerrado la puerta, ora a tu Padre que está en secreto,
y tu Padre, que ve en lo secreto, te recompensará».

MATEO 6:6

Habrá momentos en los que nadie sabrá la respuesta a tus súplicas, excepto Dios todopoderoso. Nadie podrá consolarte, fortalecerte, ayudarte ni animarte como Jesús, y no sabrás a dónde acudir. Por eso es crucial que tengas una habitación, un lugar apartado donde puedas pasar tiempo con el Señor y renovarte en su presencia.

Sí, es cierto que puedes orar en cualquier lugar. Pero tu aposento es donde vas regularmente para estar en silencio y aislado con Dios. Se convierte en tu lugar santo donde luchas tus batallas, peleas con la tentación y tratas con las pruebas ante el Padre.

Busca un «aposento», olvida al mundo y ora. No tiene por qué ser lujoso; de hecho, cuando estaba en el seminario, mi «habitación» de oración era un lugar en la esquina trasera de la sala de estar delimitada con una manta. Pero con el tiempo, ese lugar se volverá muy significativo para ti, porque allí interactúas con Dios. Solo tú, Él y su Palabra. Seguramente, se convertirá en ese lugar sagrado que tu corazón anhela.

....

Jesús, guíame a un lugar especial donde podamos tener
comunión a diario. Amén.

Escapa de la tentación

*Fiel es Dios, que no permitirá que ustedes sean tentados
más allá de lo que pueden soportar, sino que con la
tentación proveerá también la vía de escape.*

1 CORINTIOS 10:13

La palabra *tentación* significa algo diferente para cada persona. Algunos tienen problemas para controlar su lengua, mientras que otros luchan contra adicciones a sustancias ilícitas o comportamientos inmorales. Cualquiera sea tu lucha, debes saber que no eres el único que sufre. Una guerra real se libra dentro de cada creyente, es un conflicto espiritual. El enemigo ataca nuestras necesidades y deseos naturales, que son legítimos y dados por Dios. Por ejemplo, el Señor nos creó con la necesidad de comer, pero podemos ser tentados a consumir alimentos de una manera que dañe nuestros cuerpos. Cada vez que vamos más allá de los límites amorosos que el Padre ha establecido, pisamos terreno pecaminoso.

Sin embargo, así como esta guerra es espiritual, también lo es la forma en que te defiendes. El Espíritu Santo mora en ti y te capacita para elegir la obediencia en lugar de la rebelión. Así que cuando te sientas tentado, acude a Él de inmediato y pídele que te ayude a escapar. Lo más probable es que Él identifique los patrones de pensamiento que necesitan cambiar y puede guiarte a las Escrituras para liberarte, a un amigo cristiano para que rindas cuentas o a alguna otra solución. Lo importante es que Él te guiará hacia la verdadera libertad, que es lo que realmente necesitas.

....

*Jesús, gracias por liberarme de mis pecados. Muéstrame el
camino, Señor. Amén.*

¿Por qué no?

*Entonces la concupiscencia, después que ha
concebido, da a luz el pecado; y el pecado,
siendo consumado, da a luz la muerte.*

SANTIAGO 1:15 (RVR1960)

¿Alguna vez te has preguntado por qué es tan importante resistir la tentación? Después de todo, en Cristo tus pecados son perdonados y borrados por completo. Es cierto que «si confesamos nuestros pecados, Él es fiel y justo para perdonarnos los pecados y para limpiarnos de toda maldad» (1 Juan 1:9). Sin embargo, incurrir en un comportamiento pecaminoso acarrea consecuencias que no necesariamente se borran, algunas de las cuales pueden ser devastadoras hasta para los demás. Por ejemplo, puedes recibir perdón por un adulterio, pero tu relación con tu cónyuge seguirá estando terriblemente dañada. Al ceder a la tentación, puedes perjudicar tu futuro de maneras que serán difíciles de sobrellevar.

En un momento de tentación, nunca pases por alto las consecuencias destructivas del pecado con justificaciones ingenuas como «No está tan mal» o «No le va a hacer daño a nadie» o «Puedo dejarlo cuando quiera». En lugar de eso, di no y busca al Señor de inmediato. Porque cuando lo haces, Dios trabaja a través de tu respuesta para fortalecerte e inculcar su carácter en tu vida. Y cada vez que eres probado y vences, ejercitas tus músculos espirituales y los desarrollas para el éxito en el futuro.

Jesús, por favor, fortaléceme contra la tentación y ayúdame a decir siempre que no. Amén.

¿Poder para qué?

*Rogamos que ustedes sean fortalecidos con todo
poder según la potencia de Su gloria.*

COLOSENSES 1:11

Tal vez leas el versículo de hoy y te entusiasme la idea de tener la fuerza que proviene de la gloriosa supremacía de Dios. Después de todo, ¿quién no quiere poder? Sin embargo, debes comprender que el Señor invierte su poder de una manera específica: «para obtener toda perseverancia y paciencia, con gozo» (Colosenses 1:11). Él no te da poder simplemente para que cumplas tus planes. Más bien, te fortalece a fin de que tengas la resistencia necesaria para tu viaje, más allá de las dificultades que surjan.

Piensa en la progresión. Dios te da su fuerza para que puedas desarrollar paciencia mientras te enfrentas a las pruebas de la vida. La perseverancia que cultivas te ayuda a progresar espiritualmente, haciéndote avanzar en tu vida de oración y devoción, en tu servicio a Jesús y a otras personas, así como en tu adoración. Y cuanto más practiques estas disciplinas, mientras el mundo se tambalea a tu alrededor, más profundo será tu nivel de fe y comunión con Cristo.

Él te da su poder para que puedas crecer exponencialmente más fuerte, más cerca de Él, y estés preparado para sus bendiciones. Así que acéptalo. Persevera, opta por tener fe en Él y conviértete en un recipiente de su glorioso poder.

....

*Jesús, gracias por darme tu fuerza y entrenarme para
perseverar. Esa es la mejor forma de vivir. Amén.*

Nuestra ancla de esperanza

Tenemos como ancla del alma,
una esperanza segura y firme.

HEBREOS 6:19

Los primeros cristianos no tenían las ventajas que tenemos hoy. Por un lado, el Nuevo Testamento aún estaba en proceso de redacción. Contaban con una gran parte del Antiguo Testamento, pero tenían que depender en gran medida de los testimonios oculares de hombres como Pedro, Santiago, Juan y Pablo para conocer las enseñanzas de Jesús. Asimismo, muchos murieron o fueron duramente perseguidos a causa de sus convicciones cristianas. Sin embargo, nunca perdieron la esperanza, ni siquiera cuando se vieron obligados a rendir su adoración en catacumbas subterráneas.

¿Cómo mantenían su fe? Los arqueólogos dicen que uno de los signos más comunes tallados en las paredes de esas cámaras subterráneas era un ancla, el símbolo cristiano primitivo de la esperanza eterna en Dios a través de Jesús. En otras palabras, comprendían que en este mundo tumultuoso, nuestra vida en Cristo es absolutamente segura, incluso cuando nos asaltan huracanes de problemas.

Cuando hayas orado y confiado en Dios, pero parezca que tus pruebas no tienen fin, recuerda quién te sostiene. Jesús no te ha olvidado ni te ha dado la espalda. El Señor ha prometido que nunca te dejará ni te abandonará. Él tiene un plan para tu vida y será el ancla que te mantendrá firme a través de cada tempestad.

....

Jesús, gracias por ser mi esperanza y mantenerme firme en
las tormentas de la vida. Amén.

Una fe inquebrantable

*La fe es la certeza de lo que se espera, la
convicción de lo que no se ve.*

HEBREOS 11:1

Muchas personas actúan con una comprensión mundana de la fe. Si se sienten bien consigo mismos, con su trabajo, su familia y la vida en general, entonces tienen mucha esperanza. Sin embargo, si las cosas no son tan positivas y tienden a empeorar con el tiempo, su confianza en Dios puede desvanecerse. Por supuesto, cuando todo lo que tenemos hoy puede desaparecer mañana, es natural tener dudas. Por eso no debemos ver las cosas desde la perspectiva de lo que tenemos en este mundo.

En vez de eso, la fe que el Padre desea de nosotros se basa en la verdad inmutable de Cristo y en el reino inquebrantable del que somos herederos gracias a Él. Más allá de lo que puedas enfrentar hoy, hay esperanza porque Jesús vive dentro de ti a través del poder del Espíritu Santo. Y Él promete guiarte, protegerte y proveerte para siempre.

Así que cuando tu fe flaquee y comiences a sentirte desesperanzado, es porque has quitado tus ojos de Jesús y los has puesto en tus circunstancias terrenales. Fija tu mirada en Él de inmediato. Cuando Cristo es el centro de tu vida, Él te da una paz profunda que sobrepasa todo entendimiento. Después de todo, Él tiene el control y hace que todas las cosas obren para bien.

....

Jesús, fijaré mi mirada en ti. Fortalece mi fe. Amén.

En sus manos

*«¿Quién es este filisteo incircunciso para desafiar
a los escuadrones del Dios viviente?».*

1 SAMUEL 17:26

C uando Goliat se opuso a los ejércitos de Israel, todos vieron la misma figura imponente y oyeron los mismos insultos blasfemos, pero solo una persona hizo la observación correcta. Saúl y sus hombres solo pudieron ver al gigante como demasiado poderoso para tratar con él. Pero David reconoció, con razón, que Goliat estaba desafiando en realidad al Dios Todopoderoso.

Todos nos enfrentamos a Goliat de vez en cuando. Tal vez sean circunstancias en el trabajo, relaciones en casa o decisiones demasiado importantes para nosotros. Como los soldados de Israel, a menudo nos sentimos abrumados por nuestra propia sensación de incapacidad. Así que nos quedamos inmóviles. Pero debemos desarrollar la actitud de David y darnos cuenta de que, en realidad, es Dios el que conquista todo lo que viene contra nosotros.

Cuando contemples los desafíos de hoy, no cometas el error de medir tu éxito potencial en función de tus capacidades, pues eso significa inseguridad. En vez de eso, recuerda que Dios obtiene mayor honor a través de nuestra disponibilidad que a través de nuestra capacidad. Él no espera que tú resuelvas los detalles de cómo resultarán las cosas. Todo lo que requiere es que te presentes y hagas lo que te mande, confiando en que Él dará en el blanco.

....

Jesús, gracias porque tú peleas mis batallas. Amén.

Construye puentes

*Por tanto, somos embajadores de Cristo, como
si Dios rogara por medio de nosotros.*
2 CORINTIOS 5:20

Te des cuenta o no, una vez que aceptas a Jesús como tu Salvador, te conviertes en su embajador. Dios inmediatamente te da poder a través de su Espíritu que mora en ti para que seas un influyente constructor de puentes hacia aquellos a tu alrededor que necesitan conocer a Cristo. Estás rodeado de personas que no saben acerca de su asombrosa provisión, por lo que se dirigen al infierno a causa de ello. Su deseo es que te acerques a ellos. Tal vez piensan que no necesitan a Cristo y quieren estar solos. Pero debes darte cuenta de que todos quieren amor, aceptación y liberación de sus pecados. Puedes ser el que comparta todo lo que Cristo ha hecho por ellos y lo mucho que le importan.

Por desgracia, a menudo descuidamos esta misión. Pasamos nuestras vidas como cristianos en búsqueda de nuestra propia felicidad, prosperidad, comodidad y autoridad. Pero eso es solo el resultado. Nuestro verdadero propósito es representar a Jesús ante los perdidos y llevarlos a Él. Así como Cristo construyó el costoso y eterno puente entre el Padre y nosotros, hacemos la misma función entre los otros y su asombrosa provisión.

Dios te ha creado para que seas una extensión de la vida, el amor, el poder y la sabiduría de Jesús para los que te rodean. Mírate a ti mismo como Él te ve y sé el mejor embajador que puedas.

Jesús, ayúdame a alcanzar a otros en tu nombre. Amén.

Sigue a Jesús

*«El Espíritu Santo [...] les enseñará todas las
cosas, y les recordará todo lo que les he dicho».*

JUAN 14:26

Muchos de nosotros llevamos toda la vida oyendo la expresión «Sigue a Jesús». Pero ¿qué significa realmente? Hay personas que piensan que por aceptar un estilo de vida moralmente cristiano lo están siguiendo a Él. Pero si tu idea de buscar al Salvador es simplemente ir a la iglesia, escuchar la Biblia cuando el pastor la lee, ofrendar dinero y hacer algunas oraciones, estás errando el blanco.

Cuando Jesús estaba a punto de ser crucificado, explicó a sus discípulos que podrían seguirlo tan de cerca después de resucitar como lo hicieron cuando caminó por la tierra con ellos. ¿Cómo? A través de la presencia de su Espíritu. El Espíritu Santo les daría instrucción para que no se quedaran haciendo sus cosas. Lo mismo se aplica a nosotros. Al seguir a Jesús, no tenemos que averiguar *qué* hacer ni *cómo* llevar a cabo su voluntad: Él nos la revelará.

Dado que Cristo ya no camina físicamente por la tierra, debemos desarrollar una aguda sensibilidad a los impulsos del Espíritu Santo. Una vez que aprendamos a escucharlo y obedecerlo fielmente, nunca dudaremos de cómo quiere Jesús que le sigamos.

....

*Jesús, hazme sensible a tu Espíritu Santo para que pueda
seguirte siempre. Amén.*

Nuevas fuerzas

En Tu mano están el poder y la fortaleza, y en Tu
mano está engrandecer y fortalecer a todos.

1 CRÓNICAS 29:12

David, guerrero poderoso, rey hábil y escritor dotado, conocía la fuente de la verdadera fuerza. Esta comienza y termina con Dios. Para David, el amor y la presencia del Señor eran infinitamente más valiosos que la fama y la fortuna que había adquirido y, de hecho, que todos los tesoros de la tierra. Aquel que una vez fue pastorcillo —el más joven de la casa paterna y, desde una perspectiva humana, el menos prometedor— podía mirar su vida y ver la mano constante del Dios soberano en acción.

¿Qué otra cosa podía explicar su hazaña de matar gigantes, sus victorias militares y su ascenso al liderazgo sino la mano del Señor? Cuando David se escondió de Saúl en esas cuevas oscuras y húmedas, temblando en las frías noches del desierto, Dios lo sostuvo. Cuando David condujo a los hombres a la batalla contra fuerzas superiores, el Señor le dio la victoria. Otros podrían haber sido elegidos; pero David confió en la ayuda de Dios, por lo que el Señor lo honró.

La misma fuerza que Dios le dio a David puede ser tuya hoy. Tal vez no llegues a ser gobernante, líder militar o escritor de salmos, pero el Padre te dará la fuerza que necesitas para las tareas que te asigne. Todo lo que debes hacer, como David, es creer y recibir.

....

Jesús, gracias por fortalecerme. Confío plenamente en ti.
Amén.

Dios puede

«Si permanecen en Mí, y Mis palabras permanecen
en ustedes, pidan lo que quieran y les será hecho».

JUAN 15:7

«Yo no puedo, pero Cristo sí». En esta afirmación reside el secreto para afrontar los retos de la vida, sea cual sea su causa o naturaleza. Puede que no tengas todos los recursos para tratar con la dificultad que hoy tienes ante ti o todas las respuestas a las preguntas que bullen en tu corazón. Pero Dios sí las tiene. En cierto sentido, esto debería ser muy liberador. No tienes que ingeniar tus propias soluciones. La clave de tu éxito está en la sabiduría y el poder de Cristo. Y tú te aferras a su asombrosa provisión cuando aprendes a permanecer en Él.

Permanecer en Jesús simplemente significa caminar con Él, entendiendo que Él es tu vida, que es digno de tu obediencia y que es el que suple fielmente tus necesidades. Al someterte a diario a su Palabra, cuentas con Él para que te dé el poder y la guía que necesitas y el amor que tanto deseas. Ya sea inspiración, resistencia, fortaleza, sabiduría, amor, gozo, paz, paciencia, bondad, dominio propio o cualquier otra cosa que necesites, puedes recibir eso de Cristo, que siempre tiene en abundancia. No puedes crear estos atributos por ti mismo, lo cual está perfectamente bien, porque Jesús puede, y Él es todo lo que necesitas. Con la ayuda de Dios, todo es posible.

....

Jesús, gracias por tener siempre exactamente lo que necesito y
ser más que suficiente. Amén.

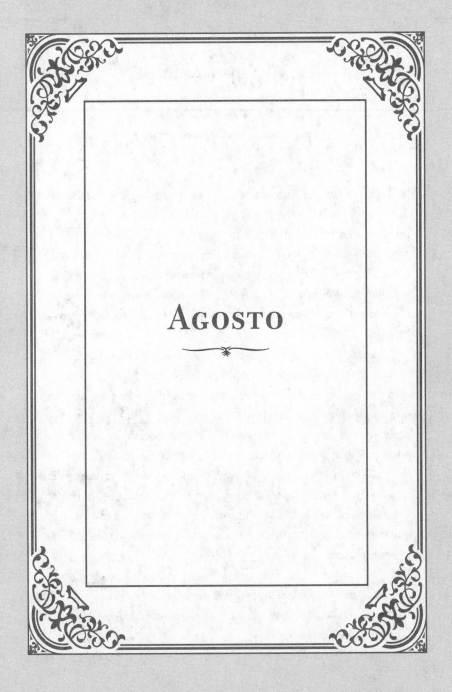

AGOSTO

Cerrado para siempre

Lo que él abre, nadie puede cerrar; y lo
que él cierra, nadie puede abrir.

APOCALIPSIS 3:7 (NTV)

El contrato que necesitas desesperadamente se cae. La vía de bendición financiera que esperabas se cierra de repente. La relación que representaba tanta alegría y posibilidad se vuelve amarga. *Portazo. Portazo. Portazo.* Las puertas que creías que Dios había abierto de par en par se convierten en cortinas de acero. ¿Qué está haciendo el Señor? ¿Qué está tramando? ¿Por qué te permite afrontar este revés cuando todas las señales apuntaban a que aprobaba tus esperanzas?

A pesar de tu decepción, recuerda esto: Dios está guiando soberanamente tus pasos por un camino que le dará a Él la gloria y a ti el mayor beneficio mientras te rindes a su cuidado. La próxima vez que tus esperanzas se vean truncadas, y las puertas de tus aspiraciones se cierren de golpe, recuerda que Él tiene razones cruciales para protegerte que quizás aún no veas. No está tratando de decepcionarte ni de causarte dolor. Más bien, puede que te esté salvando de un desastre y, sin duda, te está preparando para algo mucho mejor. Confía, pues, en la sabiduría omnímoda de Dios, que es el único que conoce el final desde el principio y sabe qué puertas son las mejores para ti.

....

Jesús, esto me duele terriblemente, pero confiaré en ti. Abre
las puertas que están en el centro de tu voluntad y cierra
todas las demás. Amén.

La oración audaz

*Tenemos confianza para entrar al Lugar
Santísimo por la sangre de Jesús.*
HEBREOS 10:19

¿Son tus oraciones débiles y vagas porque dudas de que Dios te ayudará? Si es así, aquí hay tres verdades significativas que pueden revolucionar tu vida de oración.

En primer lugar, tienes total libertad y acceso a Dios, no por tus propios méritos, sino a través de la sangre de Cristo. No tienes que temer que el Señor no te encuentre digno. Puedes acercarte al Padre con confianza, porque Jesús ya te ha abierto el camino a través de su sacrificio en la cruz.

En segundo lugar, puedes confesar la Palabra de Dios. Si alguna vez temes decir algo equivocado al Padre o pedir algo inapropiado, simplemente ora citando la Escritura y podrás estar seguro de que vas en la dirección correcta. El Señor siempre honra su Palabra.

Y, por último, no tienes que idear un plan; Dios lo hace por ti. El Señor es lo suficientemente fuerte para manejar tus pruebas, lo suficientemente sabio para saber lo que en verdad necesitas y lo suficientemente amoroso para ministrarte de la mejor manera posible. No necesitas decirle qué tiene que hacer. En lugar de eso, descansa en su carácter fiel y agradécele por su respuesta.

....

Jesús, me presento ante ti con confianza. Gracias por escuchar y responder mi oración. Amén.

Paso a paso

*Mis pasos se han mantenido firmes en Tus
sendas. No han resbalado mis pies.*

SALMOS 17:5

¿Estás luchando con interrogantes sobre el futuro? ¿Te preguntas por qué Dios no te ha respondido? Después de todo, Él conoce el final de tu historia incluso antes de que nacieras. Entonces, ¿por qué te revela el camino solo paso a paso?

Sin duda, David tenía muchas de esas mismas preguntas. El Señor nombró a David rey de Israel cuando apenas era un adolescente, pero no le reveló cuándo ni cómo ocuparía el trono. En el camino, David obtuvo victorias asombrosas que le hicieron ganar el amor del pueblo de Israel. Sin embargo, también pasó varios años evitando al rey Saúl, que intentó matarlo por celos. ¿Cómo crees que habría respondido si el Señor le hubiera revelado antes el agotamiento y el aislamiento que experimentaría debido a la implacable persecución de Saúl? Al guiarlo paso a paso, el Señor hizo que David atravesara los triunfos sin que el orgullo se apoderara de él y las derrotas sin que la desesperación lo destruyera.

En el camino que tienes por delante habrá días buenos y días difíciles, así que el Padre te pide que afrontes la vida día a día con Él. El Señor te dará la gracia y la dirección que necesitas para el viaje. Confía en su sabiduría sobre lo que debe revelarte. Él te dirá lo que necesitas saber justo a tiempo.

....

Jesús, confiaré en ti paso a paso. Amén.

Una decisión deliberada

El día en que temo, yo en Ti confío.

SALMOS 56:3

¿Te has dado cuenta de que puedes convertir tus preocupaciones en algo positivo? Dios te ordena repetidamente que no temas, que tomes una decisión deliberada cada vez que sientas aprensión. Así que, en lugar de permitir que la ansiedad se instale en ti, considera tus preocupaciones como señales de alarma o desencadenantes que te llevan directamente al trono de la gracia del Padre. De este modo, tus inquietudes pueden servir para hacer crecer y fortalecer tu fe, porque tomas a conciencia la decisión de confiar en Él en medio de ellas.

La oración, impregnada de acción de gracias, es el escenario donde se libra y se gana la batalla contra el temor. Cuando te diriges con sinceridad y confianza al Señor respecto a tus preocupaciones en el momento en que surgen, de inmediato te enfocas en su poder, su sabiduría y su suficiencia. Y debido a que Él puede manejar cualquier cosa que se te presente, el temor se debilita.

Así que cuando tengas miedo, elige confiar en el Señor y encomiéndate a Él en oración y alabanza. Magnifica la presencia y el poder de Dios: piensa en lo que ha hecho en el pasado y en lo que ha prometido hacer en el futuro. No solo huirán tus ansiedades, sino que la paz de Dios ciertamente fortalecerá tu corazón.

....

Jesús, por favor, recuérdame que acuda a ti tan pronto como sienta temor para que pueda expresar de inmediato mi confianza en ti. Amén.

Fortalece a los demás

Dichoso el que piensa en el débil y pobre; el
Señor lo librará en tiempos malos.

SALMOS 41:1 (DHH)

Necesitas entender que la fortaleza que el Señor está construyendo en ti no es meramente para tus tareas o ambiciones personales; es también para ministrar a otros que están heridos y atribulados. No tienes que buscar muy lejos para encontrarlos: se sientan a tu lado en la oficina, viven en tu vecindario y asisten contigo a la iglesia. El Señor utiliza tus pruebas para forjar en ti una auténtica sabiduría, empatía y compasión, de modo que puedas ofrecer amorosamente consuelo y apoyo a otras personas atrapadas en desafíos similares. Él puede obrar a través de tus simples actos de bondad y tus palabras de aliento para levantar a un alma quebrantada con la misma seguridad con la que ha usado a otros para ministrarte en tus tiempos de necesidad.

¿Puedes pensar en alguien que está sufriendo o al punto del agotamiento? Acércate a él con la fuerza y la gracia que Cristo te ha dado. Dedica un tiempo a orar y pregúntale al Padre cómo puedes acudir en su ayuda. No hace falta mucho: tal vez una nota, una llamada telefónica, una visita o un almuerzo. Dios te mostrará qué hacer. Lo importante es que permitas que su poder fluya a través de ti para reanimar a los débiles de corazón.

Jesús, muéstrame a quién quieres que ministre y ayúdame a animarlos en tu nombre. Amén.

Niégate a ti mismo

«Si alguien quiere venir en pos de Mí, niéguese
a sí mismo, tome su cruz y que me siga».

MATEO 16:24

Muchos creyentes hoy en día deciden cómo quieren vivir en función de las siguientes preguntas: «¿Cómo puedo satisfacer mis necesidades? ¿Cómo puedo hacer que la gente me quiera y me acepte? ¿Cómo puedo vivir lo que creo que es una vida plena?». Una vez que determinan lo que quieren, intentan conseguirlo de la manera que consideren mejor. Sin embargo, seguir de verdad a Jesús significa cambiar nuestra pregunta por «Señor, ¿cómo *quieres* que invierta esta vida que te pertenece?». Eso significa que nos negamos a nosotros mismos, dejamos nuestros planes, metas y ambiciones y los ofrecemos como sacrificio al Salvador. Decidimos seguirlo sin importar a dónde nos lleve y pese a lo que tengamos que renunciar.

Si quieres servir a Dios y ser de bendición para los demás, eso implicará negarte a ti mismo, porque tendrás que poner a los otros en primer lugar, ponerte por debajo de su carga y ayudarlos sacrificialmente en su momento de necesidad, tal como lo hizo Cristo. ¿Estás dispuesto? No pases el resto de tu vida preguntándote lo que Dios podría haber hecho a través de ti si hubieras estado dispuesto a obedecerlo. Niégate a ti mismo, toma tu cruz y sigue a Jesús.

....

Jesús, haz de mí una bendición para los demás, ayudándome
a servirlos y a ponerlos en primer lugar. Amén.

Entrégale todo a Él

«Abandona la necedad y vivirás; anda
por el camino del entendimiento».

PROVERBIOS 9:6

Aunque es reconfortante saber que nuestro Padre celestial nunca nos abandonará, es un reto aceptar que seguir a Jesús como nuestro Señor significa que tendremos que abandonar algunas cosas que apreciamos: relaciones, metas, posesiones materiales y fuentes de seguridad terrenal, cosas que Dios ha exigido que dejemos atrás por Él.

A veces resulta muy doloroso abandonar aquello a lo que nos hemos apegado. Es aún más difícil cuando nuestro apego no es necesariamente pecaminoso, sino algo a lo que nuestro Señor nos obliga a renunciar por su propia razón. El gran objetivo del Espíritu Santo es ayudarnos a rendirnos a Cristo en todos los ámbitos de nuestra vida. Entonces, y solo entonces, su poder puede fluir sin obstáculos a través de nosotros hacia las vidas de los demás.

¿Hay alguna posesión, hábito, función, comportamiento o relación en tu vida a la que Cristo no tenga completo acceso y control? ¿Hay algún área que te hayas reservado para ti mismo? Seguir a Jesús requiere que le entregues todo a Él. ¿Puedes decirle sinceramente a tu Señor: «Todo lo que soy y todo lo que tengo es tuyo»? Espero que puedas, porque allí reside la verdadera libertad.

....

Jesús, te entrego todo lo que soy y todo lo que tengo.
Glorifícate en mí. Amén.

Una fuerza invisible

*La prueba de la fe de ustedes [...] sea hallada que resulta
en alabanza, gloria y honor en la revelación de Jesucristo.*
1 PEDRO 1:7

Cuando tu fe es llevada al límite y tus sueños son destrozados, todo en ti puede decirte que te rindas. Pero no lo hagas. Opta por creerle a Dios a pesar de todo lo que te rodee. Cuando experimentes una situación para la que falten respuestas y parezca no haber esperanza, enfrentas una prueba de fe. Sin embargo, ten la seguridad de que nunca habrá un valle tan profundo ni una montaña tan alta que impidan que Dios te ayude. Lo que sucede es que el Señor ve algo en ti que vale la pena desarrollar y ha quitado de tu vista la evidencia de su actividad para que ejercites tu confianza en Él.

Cada prueba de fe que soportas es una oportunidad para que madures espiritualmente y creas en Dios para cosas mayores. Aunque te sea difícil percibir lo bueno en tu prueba, el Señor te está llevando al punto en que puedas decir: «Jesucristo es suficiente». Así que confía en que Él permanecerá siempre fiel. Una vez que te revele lo que ha estado haciendo en lo invisible, podrás compartir con otros tu testimonio de su asombrosa provisión con gozo y autoridad.

Jesús, no te veo, pero seguiré confiando en ti. Amén.

Arrepentimiento y alivio

«Por tanto, arrepiéntanse y conviértanse, para
que sus pecados sean borrados, a fin de que tiempos
de alivio vengan de la presencia del Señor».

HECHOS 3:19

Si Dios ha puesto su dedo en algo en tu vida —trayéndote convicción de algún pecado, relación o actitud impía— no te dejará en paz hasta que trates con ello. No hay manera de que puedas hacer que el Señor lo olvide tratando de convencerlo de que otra cosa es más importante. Su principal preocupación es que te arrepientas.

Así que examina tu vida: ¿qué hay en ti que desagrada a Dios? Sabes lo que es porque su Espíritu Santo te lo trae a la mente. Puedes sentirte tentado a justificarlo, pero no lo hagas. Para seguir teniendo una relación viva, vibrante e íntima con Jesús, tendrás que afrontarlo. No puedes sustituir la obediencia por nada. Puedes pensar que más estudio de la Biblia o servicio en la iglesia hará que el Señor se olvide de esta área rebelde de tu vida, pero Él no trabaja de esa manera.

Así que no pongas más excusas. Confiesa tu pecado y arrepiéntete. Una vez que lo obedezcas, podrás dejar de preocuparte, inquietarte y angustiarte. Sí, puede ser doloroso al principio, pero Dios te ayudará a superarlo. Él te limpiará y, sin duda, vendrá el alivio.

....

Jesús, confieso mi pecado. Enséñame a arrepentirme para
que pueda agradarte. Amén.

Cuenta con Él

«SEÑOR, no hay nadie más que Tú para
ayudar en la batalla entre el poderoso y los que
no tienen fuerza. Ayúdanos, oh SEÑOR Dios
nuestro, porque en Ti nos apoyamos».

2 CRÓNICAS 14:11

Cuando el rey Asa vio al sanguinario ejército de un millón de hombres del rey Zera avanzando para destruir a Judá, rápidamente se dio cuenta de su debilidad y acudió a Dios en busca de ayuda. Si hubiera confiado en la habilidad y el espíritu de lucha de sus soldados, seguramente habría fracasado. Pero confesó su incapacidad y se volvió al Señor. Y Dios le dio la victoria.

Esta debe ser también nuestra primera respuesta siempre que nos enfrentemos a dificultades: debemos acudir de inmediato a Dios para que nos libre. Afortunadamente, el criterio para recibir su ayuda es sencillo: admitir nuestra impotencia.

Así que hoy, sin importar lo que tengas que afrontar, no esperes para clamar a Él. No te sirve de nada centrarte en tus deficiencias, como suelen hacer las personas. Eso no es humildad; es solo contemplación inútil. En lugar de eso, centra tu atención en la suficiencia del Salvador para ayudarte a superar tus desafíos y triunfar. Y recuerda que aunque otros puedan fallarte, Él nunca lo hará, porque es tu amoroso y soberano Señor. Luego, confía plenamente en tu Libertador. Él te ha ayudado hasta ahora, no te defraudará.

....

Jesús, tú eres todo lo que necesito. Líbrame, mi Salvador.
Cuento contigo. Amén.

En la mano de Dios

*«Ahora pues, no fueron ustedes los que
me enviaron aquí, sino Dios».*
GÉNESIS 45:8

Si había alguien a quien le sobraban motivos para tener una actitud rencorosa, era José. Casi todas las personas que conocía lo traicionaron. Sus celosos hermanos lo vendieron como esclavo. Después de ser entregado a un oficial egipcio, la esposa de su amo lo acusó falsamente de acoso sexual. Un siervo al que ayudó y con el que entabló amistad en la prisión del faraón olvidó rápidamente la bondad de José cuando fue liberado. No fue hasta que José tuvo treinta años —unos trece años después de la traición de sus hermanos— que fue elevado a uno de los cargos más altos de Egipto.

Si José se hubiera resentido por sus circunstancias, no habría estado preparado para asumir el alto cargo que le ofreció el faraón. La persona amargada suele aislarse, retraerse y tener poca interacción positiva con los demás. Pero estoy convencido de que la razón por la que José perseveró y triunfó fue su fe en la mano soberana de Dios en medio de sus dificultades. Así se lo dijo a sus hermanos en el versículo de hoy.

Debido a que José confió en el poder del Señor para tornar las aflicciones que experimentó a favor suyo, Dios hizo cosas asombrosas a través de él. Lo mismo puede decirse de ti. Así que no te desesperes ni te dejes llevar por la amargura. Sigue obedeciendo a Dios: Él te levantará a su debido tiempo.

....

Jesús, estoy seguro en tu mano, confiaré en tu plan. Amén.

La manifestación de su poder

Con gran poder los apóstoles daban testimonio de
la resurrección del Señor Jesús.

HECHOS 4:33

¿Ha sido acompañada la verdad de la Palabra de Dios por la manifestación de su poder en tu vida? Tendemos a buscar grandes milagros en respuesta a esa pregunta —como la sanidad de una enfermedad intratable— pero el Señor también muestra su poder de otras maneras. Por ejemplo, Él cambia tus hábitos, actitudes y comportamientos para conformarte a tu nueva identidad en Cristo. Lo creas o no, librarte del hábito de mentir, chismear o hablar de manera abusiva es tan extraordinario como sanarte de una enfermedad.

Esto es importante, porque el poder de Dios se libera en tu vida con el propósito primordial de testificar a aquellos que no lo conocen. ¿Han sido testigos tus amigos y vecinos no salvos de la presencia santificadora del Señor en tu vida, llevándolos al arrepentimiento y la salvación? Tu testimonio fiel acerca del amor de Dios por ellos es un conducto abierto para su poderosa obra. Él opera en formas sobrenaturales en ellos mientras tú lo obedeces. Así que pídele al Señor que te use como una extensión suya, una expresión de su amor y una muestra de su poder para aquellos que te rodean. Esa es una petición que le agrada cumplir.

Jesús, confórmame a tu semejanza para que tu poder en mí
pueda atraer a otros a tu persona. Amén.

El conocimiento de la verdad

«Y conocerán la verdad, y la verdad los hará libres».
JUAN 8:32

Muchos en la iglesia de hoy han llegado a aceptar la idea de que debemos tener las opiniones correctas en cada tema y que debemos usar toda nuestra energía en defenderlas, como si nuestra relación con Dios dependiera de un acuerdo intelectual con Él. Aunque es crucial conocer la verdad y ser precisos en nuestro estudio e interpretación de la Biblia, recuerda una cosa muy importante: la verdad es una persona. Jesús dijo: «Yo soy el camino, la verdad y la vida» (Juan 14:6).

Conocer los hechos o tener creencias correctas es solo una parte de la historia en el conocimiento y el servicio a Cristo. La otra parte es que te conviertas en la persona que Él quiso que fueras cuando te salvó. Jesús dijo: «Si ustedes permanecen en Mi palabra, verdaderamente son Mis discípulos» (Juan 8:31). Mientras permaneces en su Palabra debe hacerse una obra espiritual a través del poder del Espíritu Santo. Él te transforma a su semejanza de adentro hacia afuera. Eso significa que eres como Él en todo sentido: en carácter, misión, motivación y amor. Como Jesús, no te enfocas en conquistar este mundo, sino únicamente en ayudar a otros a conocer a Dios para que puedan disfrutarlo por la eternidad.

Jesús, enséñame tu verdad —en mi mente, cuerpo, alma y espíritu— para que otros también puedan ser libres. Amén.

Cómo servir

«Si alguien me sirve, que me siga».

JUAN 12:26

Una vida de ministerio y un espíritu de servicio son ingredientes clave para aquellos que buscan seguir a Cristo. Pero ¿cómo podemos servir a los demás de manera efectiva en el nombre de Jesús? He aquí cinco cualidades que son importantes en esta búsqueda:

La primera es el *abandono*, que habla de tu total dependencia de Dios para todo en la vida y una entrega absoluta de tus esperanzas, habilidades y posesiones para su uso. La segunda es *permanecer*. Puesto que el Señor es tu fuente de amor, sabiduría y poder, aférrate a Él con todo lo que hay en ti para potenciar tu servicio y hacer que tu ministerio sea eficaz. La tercera es la *conciencia*. Sé sensible a los que te rodean. ¿Ves los desafíos que otros están experimentando y las razones subyacentes por las que están luchando? La cuarta es la *disponibilidad*. ¿Estás atado a tu horario o eres flexible, dispuesto a ser representante del Señor y respuesta a la oración cuando surja la necesidad? Esto habla de desinterés y de considerar que las personas son más importantes que las cosas. La quinta y última cualidad es la *aceptación*. Una de las claves para ministrar a las personas es aceptarlas tal como son, como lo haría Jesús, porque así es como Dios te acepta a ti. Así que sé un gran siervo en su reino aprendiendo a ser amoroso con todos.

Jesús, ayúdame a servirte y honrarte para que otros puedan conocerte como Salvador. Amén.

Una planificación avanzada

Muchos son los planes en el corazón del hombre,
mas el consejo del Señor permanecerá.

PROVERBIOS 19:21

Por muy diligentemente que desees planificar, el futuro es un enigma para todos menos para Dios. Tu propósito supremo, por tanto, es caminar en armonía con el Salvador empleando disciplinas esenciales:

Primero, despojarte de todo estorbo y pecado. La desobediencia voluntaria y los hábitos improductivos obstaculizarán tu crecimiento espiritual. Pide al Padre que te ayude a librarte de esos pesos innecesarios.

Luego, concéntrate en la perseverancia. No dejes que las decepciones ni los reveses te saquen de la carrera. Acepta que estos también son parte del curso que Dios ha planeado divinamente para ti.

Sobre todo, enfócate en Jesús. Evade todo lo que te aleje de Él. Echa tus cargas sobre Él y míralo con fe firme. Busca su rostro diariamente a través de la oración personal y el tiempo constante en su Palabra.

Una devoción confiada, fiel e inquebrantable a Cristo aligerará tu carga, te equipará para lidiar con los tiempos difíciles y te guiará en su voluntad cada día de tu vida, sin importar lo que suceda. Él te llevará más lejos de lo que podrías haber imaginado o planeado tú mismo.

....

Jesús, mi vida está en tus manos. Guíame en tu perfecta
voluntad. Amén.

Vuelve a Él

*Que se vuelvan al Señor, para que les tenga
misericordia. Sí, vuélvanse a nuestro Dios,
porque él perdonará con generosidad.*

ISAÍAS 55:7 (NTV)

La mayoría de los cristianos desean amar a Dios y agradarlo de una manera genuina. Sin embargo, a veces nos sentimos distantes y alejados de Él. Esto puede suceder por muchas razones. Porque nos vemos estancados en el frenético ritmo del trabajo, la escuela, la familia u otras obligaciones significativas. O tal vez quedamos atrapados por un hábito pecaminoso difícil de abandonar, y nuestra culpa es tan grande que nos avergonzamos de acercarnos al trono de la gracia. Sin embargo, el resultado es que nuestros tiempos de comunión con Cristo disminuyen.

Cualquiera sea la razón de tu falta de intimidad con Dios, hay buenas noticias. Jesús te espera para abrazarte con su amor divino e incondicional. Por tanto, haz una pausa, respira hondo y admite si algunas de tus prioridades están equivocadas. Confiesa tus pecados, recibe su infinito perdón, pídele a Cristo que restaure tu alma y ponte de acuerdo con Él sobre los cambios que necesitas hacer en tu vida. A continuación, empieza a buscar de nuevo el reino de Dios. Es probable que tardes en recuperar la intimidad, pero tu comunión con Jesús puede volver a ser dulce y gratificante. Vuélvete a Él ahora. Él te espera con los brazos abiertos.

*Jesús, devuélveme la plenitud de una maravillosa relación
contigo. Amén.*

Ayuda en la tribulación

*Y después de que hayan sufrido un poco de tiempo,
el Dios de toda gracia [...] los perfeccionará,
afirmará, fortalecerá, y establecerá.*

1 PEDRO 5:10

La Biblia es un fascinante libro de realismo. No niega ni ignora nuestros problemas; simplemente nos recuerda la trascendente verdad de la presencia y el poder de Dios durante nuestras frecuentes dificultades. Puede que tengamos que atravesar muchos caminos peligrosos y superar muchos obstáculos, pero con la ayuda del Salvador podemos resistir. Él nos fortalece cuando somos débiles, nos da su paz cuando estamos atribulados y nos guía cuando el camino se ensombrece. Y sea cual sea nuestra suerte actual, podemos estar seguros de que el sufrimiento que soportamos ahora no es para siempre y que el Señor nos conducirá finalmente a una magnífica victoria. Su plan es tan bueno que no alcanzan las palabras para describirlo.

Así que hoy, confía en que Dios acudirá en tu ayuda. Él te sostendrá cuando estés en tu punto de inflexión. Él te vivificará cuando tu cuerpo y tu espíritu estén exhaustos y agotados. Y te dará sabiduría cuando no sepas qué hacer así como esperanza cuando todo parezca perdido. Así que pon tu fe en el Señor y acepta su ayuda, porque Él te verá pasar victorioso por estos días difíciles.

Jesús, gracias por estar en esto conmigo. Te necesito, mi Salvador. Amén.

Invierte en el presente

No te gloríes del día de mañana, porque
no sabes qué traerá el día.

PROVERBIOS 27:1

Si supieras que hoy será tu último día, ¿cómo lo vivirías? Trágicamente, a muchas personas les cuesta encontrar una respuesta a esta pregunta. Muchos dicen: «No haría nada diferente». Algunos se tomarían el día libre y lo pasarían con la familia y los amigos. Otros aprovecharían el tiempo para rectificar errores del pasado. Sin embargo, todos debemos darnos cuenta de que el ayer ya pasó, de que el mañana aún no ha llegado y de que todo lo que tenemos es el presente: este día. Lo que hagamos con las horas que tenemos es increíblemente importante.

Lo que hagas hoy quedará impreso de forma indeleble en las páginas de la eternidad. Entonces, ¿cómo puedes vivir al máximo si te olvidas de lo que queda atrás y no cuentas con el mañana? Debes tener el enfoque adecuado. Así que reflexiona: ¿cuál es el fundamento de tu esperanza? ¿Qué retiene tu afecto? ¿Qué es lo más importante para ti? El misionero C. T. Studd hace esta advertencia: «Solo una vida, pronto pasará; solo lo que es hecho por Cristo perdurará». Cuando te anticipas a estar ante Jesús, la manera en que debes vivir se vuelve muy clara. Así que no malgastes el regalo de tu tiempo. Invierte hoy en Él.

....

Jesús, quiero honrarte con mi vida. Ayúdame a vivir
plenamente para ti hoy y cada uno de mis días. Amén.

Mira el interior

Ustedes, hermanos míos, que creen en nuestro
glorioso Señor Jesucristo, no deben hacer
discriminaciones entre una persona y otra.

SANTIAGO 2:1 (DHH)

E s propio de la naturaleza humana preferir a los que tienen y evitar a los que no tienen; mostrar más respeto por las personas que visten para impresionar y tienen recursos, riqueza, fama y poder que por los que no tienen nada. Sin embargo, las Escrituras dejan claro que Dios tiene un código diferente por el que sus hijos deben vivir. Esto se debe a que el Señor ve a las personas mucho más profundamente de lo que podríamos verlas.

Recuerda lo que se nos dice de Jesús: «No tiene aspecto *hermoso* ni majestad para que lo miremos, ni apariencia para que lo deseemos» (Isaías 53:2). Imagínate perderte al Salvador porque no tenía el aspecto que pensábamos. No debemos juzgar el valor de las personas por su apariencia externa. No tenemos ni idea de quién es más fiel al Señor o quién tiene la capacidad de servirle con más sacrificio.

Por lo tanto, debemos tratar a todos como amados del Señor. Procura mirar más allá de cómo visten los demás y, con la ayuda de Dios, encuentra el tesoro que puede esconderse en su interior. Seguro que harás muchos descubrimientos maravillosos.

....

Jesús, ayúdame a ver a las personas como tú las ves y a
amarlas con tu amor incondicional. Amén.

La oración sin respuesta

Espera al SEÑOR; esfuérzate y aliéntese
tu corazón. Sí, espera al SEÑOR.
SALMOS 27:14

Puede llegar un momento en el que pienses que el Señor ha dejado de responder tus oraciones. Tu reacción natural puede ser desanimarte y cuestionar el amor y la participación de Dios en tu vida. Pero no lo hagas. Es muy probable que estés al borde de un descubrimiento drástico que profundizará, ampliará y fortalecerá tu vida en Cristo.

Cuando te encuentres en esta situación de incertidumbre, ten en cuenta las siguientes precauciones. En primer lugar, no confundas una oración sin respuesta con no ser escuchado. Dios *siempre* presta atención a tus súplicas. Confía en que Él está trabajando en lo invisible en vez de ignorarte. En segundo lugar, si temes que el Señor no te responda, puedes sentirte tentado a buscar información y orientación en otra parte. No lo hagas. Continúa esperándolo. En tercer lugar, sé sincero contigo mismo. La humildad y la transparencia son cruciales para que Dios trabaje eficazmente en ti y a través de ti. Examina tu vida y asegúrate de que estás obedeciendo todo lo que Él te ha ordenado. Si no es así, vuelve a lo último que te dijo y sométete a Él de inmediato.

En todo, confía en que tu Padre celestial te escucha y te responderá en el momento oportuno. Sé fuerte, anímate y espera que Él te muestre lo que debes hacer.

....

Jesús, espero en ti. Guíame para hacer tu voluntad. Amén.

Desacelera

«En quietud y confianza está su poder».
ISAÍAS 30:15

Hace años asistí a un curso de fotografía de una semana de duración. Tuvimos unas horas de trabajo en clase antes de llegar a nuestra primera salida al campo. Como puedes imaginar, estaba ansioso por empezar a sacar fotos de los alrededores. Aún recuerdo la frustración que sentí cuando, con voz firme, mi instructor me dijo: «Cuando llegues al lugar, deja la cámara en el coche durante una hora. Quiero que camines, te detengas, mires y escuches; o te perderás tus mejores tomas». Hice lo que me dijo y cuánto me alegro. No sé lo que me habría perdido si hubiera salido corriendo con la cámara en la mano.

Por supuesto, en nuestra sociedad de objetivos, logros y ritmo acelerado, apenas tenemos tiempo para pensar. Pero cuando corremos por la vida, no vemos las muchas bendiciones que Dios tiene para nosotros. No observamos la belleza que nos rodea, la importancia de nuestras relaciones y lo que Cristo ha hecho por nosotros. Peor aún, nos perdemos lo mejor que Dios tiene para nosotros porque estamos demasiado apurados para esperar en Él.

No cometas ese error. Ve más despacio. Detente, mira y escucha. Y observa todas las formas asombrosas en que el Señor está trabajando a tu alrededor.

....

Jesús, ayúdame a ir más lento para que pueda percibir todas las maneras maravillosas en que estás obrando a mi alrededor. Amén.

El verdadero costo

*«Te falta todavía una cosa; vende todo lo que tienes y
[…] tendrás tesoro en los cielos; y ven, sígueme».*

LUCAS 18:22

El joven rico se acercó a Jesús con la pregunta que muchos de nosotros tenemos de manera inconsciente: «Maestro bueno, ¿qué haré para heredar la vida eterna?» (Lucas 18:18). Pensó que podía hacer lo suficiente para comprar su salvación. Pero su error no tenía que ver con lo que poseía y podía dar, sino con quién era el dueño de su vida. Es el mismo error que cometemos nosotros. En vez de darnos cuenta de que Jesús compró nuestras vidas en la cruz y es dueño de la totalidad de nosotros, pensamos que podemos ofrecerle pequeñas cosas a cambio de la vida eterna.

Jesús le dijo al joven rico que fuera y vendiera todo lo que tenía; al hacerlo, estaba identificando aquello que el hombre percibía como el recurso más importante que tenía. El dinero era más valioso que Dios para él. Aún no comprendía que toda la riqueza de la tierra y todas las cosas buenas que pudiera hacer nunca serían suficientes para una transacción espiritual.

Del mismo modo, entiende que Jesús no está dispuesto a regatear sobre lo que vale tu casa en el cielo. Él ya pagó un gran precio. Y no quiere tus posesiones. Te quiere a ti: tu corazón, tu mente, tu alma y tu fuerza. Por tanto, obedécelo. Y reconoce que Él es tu verdadero tesoro.

....

*Jesús, toda mi vida te pertenece. Gracias por salvarme.
Amén.*

Propósitos más altos

*«Porque como los cielos son más altos que la tierra,
así Mis caminos son más altos que sus caminos».*

ISAÍAS 55:9

S i te encuentras confundido acerca de qué hacer y simplemente no puedes entender todo lo que el Señor está realizando a través de tus circunstancias, no te preocupes. Gran parte de ello se debe a que Él es el Dios omnisciente y todopoderoso, y tú no.

Una vez que eres salvo, te lanzas a la gran aventura de aprender acerca de Él. Su presencia infinita habita en ti a través del Espíritu Santo, que te enseña a tener la mente de Cristo. Aprendes a pensar y actuar como Él. Sin embargo, no te imagines que Dios te revelará todas las cosas; no lo hará, porque tú no puedes con todo eso. Es posible que entonces te quedes perplejo y no sepas qué hacer. Lo cual es bueno porque Él tiene el control y te está enseñando a tener fe. Entre tanto, Dios te revela su camino con paciencia y amor, mientras pasas tiempo con Él en la Palabra y en oración. Él te ayuda a entender su voluntad y todo lo que necesitas saber para que des pasos de obediencia.

Así que cuando no entiendas qué hacer, siéntate a los pies de Jesús y busca su sabiduría. No solo te mostrará qué hacer, sino que se revelará a sí mismo y sus propósitos de maneras que cambiarán tu vida para siempre.

Jesús, confío en tus pensamientos más altos. Muéstrame qué hacer. Amén.

Rendición total

Preséntense ustedes mismos a Dios como vivos de entre los muertos, y sus miembros a Dios como instrumentos de justicia.

ROMANOS 6:13

No podemos ser eficaces en el ministerio al que Dios nos llama si no nos rendimos completamente a Él. El Señor no nos invita a servirle para que podamos cumplir nuestros planes con nuestras propias fuerzas y recibir el reconocimiento de los demás. Por el contrario, Cristo nos llama a seguir entregándonos a Él continuamente; experiencia tras experiencia, día tras día, año tras año. De este modo, el Señor obra a través de nosotros para traer gloria a su nombre y transformación real a las vidas de los demás.

A menudo, esta es la razón por la que Dios permite que nos quebrantemos mientras le servimos. Es para que podamos permanecer en total sumisión y compromiso con Él, madurar espiritualmente y ministrar a otros con poder mientras enfrentan adversidades. No podemos crecer en eficacia espiritual sin depender de Él, ni tampoco podemos participar en un ministerio guiado por el Espíritu sin estar dispuestos a ser su instrumento de paz en los conflictos, dificultades y dolores de los demás.

Por tanto, cuando vengan tiempos de prueba, muéstrate dispuesto a morir al yo, a cambiar y a crecer. Entrégate a Jesús por completo, porque a medida que Él te lleve a servirle, descubrirás sus asombrosos planes para ti. No hay nada más significativo en lo que puedas invertir tu vida.

....

Jesús, te entrego toda mi vida. Obra a través de mí para ministrar a otros. Amén.

Instrumentos de poda

«Todo el que da fruto, lo poda para que dé más fruto».
JUAN 15:2

C uando servimos fielmente a Dios, es posible que nos sorprenda y nos confunda la adversidad que Él permite en nuestras vidas. Después de todo, somos obedientes a Él, ¿no debería recompensarnos en lugar de permitir que padezcamos dolor? No obstante, debes observar que Él no permite desafíos en tu vida con el fin de hacerte daño. Más bien, los permite porque ve tu inmenso potencial de generar frutos y quiere que confíes cada vez más en Él. Si no te podara, acabarías fracasando bajo el peso de tu propio éxito.

Sin embargo, lo que puede desorientarte especialmente es *cómo* te poda el Señor. Dios puede obrar a través de comentarios hirientes, falsas acusaciones, personas que manipulan situaciones para su propio beneficio y grandes desafíos que parecen potencialmente devastadores. Pero recuerda que tú no eliges las herramientas que Dios usa; Él las escoge. Y lo más probable es que la herramienta sea afilada, dolorosa e inevitable. Eso se debe a que la pérdida siempre forma parte del proceso de poda. Sin embargo, trata de que el método no te distraigas. Recuerda que Él siempre obra para tu bien. A pesar de todo, ora: «Dios, soy tuyo. No importa lo que pase, confiaré en ti». Porque Él te hará fructífero si perseveras hasta el fin.

....

Jesús, soy tuyo. Pase lo que pase, confiaré en ti. Quita lo que tenga que irse. Amén.

Presto para aprender

Felices aquellos a quienes tú disciplinas, SEÑOR,
aquellos a los que les enseñas tus instrucciones.

SALMOS 94:12 (NTV)

Cuando las condiciones son constantemente favorables, el crecimiento espiritual a menudo queda relegado a un segundo plano. Sin embargo, la adversidad sirve como un gran instructor, ayudándonos a descubrir más sobre el carácter y la naturaleza de Dios. Aprendemos que Él es bueno, fiel, misericordioso, soberano, generoso y compasivo. Su amor es incondicional, no lo otorga en función de nuestro comportamiento. Y si permitimos que la adversidad nos lleve al seno del Señor, encontraremos refugio y protección contra la tormenta. Así que debemos permitir que nuestras luchas nos impulsen a una intimidad más profunda con el Salvador. Él nunca nos decepcionará, condenará ni nos fallará.

Sin embargo, también descubrirás mucho sobre ti mismo en los tiempos de aflicción. Tiempos oscuros que revelan tu verdadero carácter y tu madurez espiritual. ¿Hay orgullo en ti? ¿Te crees sabio en áreas que no deberías? ¿Guardas rencor a los demás o incluso a Dios? ¿Te has vuelto hacia el Señor o te has alejado de Él? Ese autoexamen, si no se exagera, es provechoso. La adversidad pone al descubierto tu verdadero yo. Te permite evaluar tu sistema de valores y determinar si se alinea con el de Dios o no. También te revela si hay algo más que necesitas aprender sobre Él y menos cosas que debes enfocar en ti mismo.

Jesús, ¿qué deseas enseñarme a través de estos desafíos? Estoy
presto para aprender. Amén.

Con la fuerza de Dios

Pero los que esperan en el SEÑOR renovarán sus fuerzas [...]
correrán y no se cansarán, caminarán y no se fatigarán.
ISAÍAS 40:31

Recuerdo haber conocido a la difunta misionera Bertha Smith en el aeropuerto cuando tenía setenta y dos años. Había ido a recogerla para que diera una charla en nuestra iglesia. Me sorprendió lo animada que estaba. En aquel momento, tenía los próximos cinco años de su vida ocupados con reuniones por todo el mundo.

Al final del primer largo día en nuestra conferencia misionera, la señora Smith seguía con fuerzas, así que le pregunté: «¿No te cansas nunca?». Me contestó: «No actúo con mis fuerzas, sino con las de Dios». Eso fue todo. Nada de teología, solo fe. Dijo: «Esto es lo que hago: le digo a Dios lo que tengo que hacer cada día y le informo que no puedo lograrlo con mis fuerzas. Recuerda que Jesús dijo: "Separados de mí nada pueden hacer". Así que reclamo su poder para cada tarea, le doy las gracias por ello y sigo adelante».

Puede parecer simple, pero funciona. En tu cansancio, tu debilidad, tu fatiga o tu fragilidad, Dios está más que dispuesto a sostenerte y apoyarte. Él te fortalecerá con el poder de lo alto. Por tanto, espera en su fuerza y cuenta con Él.

....

Jesús, esperaré en ti. Fortaléceme, Señor. Amén.

Fuerza en el cansancio

*Él da fuerzas al fatigado, y al que no
tiene fuerzas, aumenta el vigor.*

ISAÍAS 40:29

¿Estás cansado hoy? ¿Han ocurrido muchas cosas que te han dejado sin emociones, energía, motivación, creatividad ni recursos? La mayoría de las veces podemos soportar pequeñas dosis de malestar con nuestras propias fuerzas. Podemos superar un día o incluso unas semanas sin percibir una necesidad sustancial de la ayuda de Dios. Pero cuando se produce una pérdida especialmente dolorosa y agobiante o cuando los retos llegan para quedarse durante mucho tiempo y se niegan a soltarnos, nuestra capacidad para sobrellevarlos se ve gravemente mermada. Es entonces cuando podemos estar dispuestos a recibir el apoyo de Dios. En nuestro agotamiento, necesitamos recordar la verdad vital de que podemos cambiar nuestra debilidad por la fuerza inagotable del Señor.

Es posible que hoy estés cansado, pero puedes seguir adelante cuando las cosas se ponen difíciles si recibes la fuerza de Dios. Él puede ayudarte a perseverar e incluso a prosperar a través del poder del Espíritu Santo que mora en ti. Es bueno que esas dificultades te hayan llevado a terminar con tu autosuficiencia; en realidad, es para tu beneficio el que lo hayan hecho. Porque ahora estás listo para experimentar la total suficiencia de Dios en cada situación. Y cuando Él interviene y te da poder, nada será imposible para ti.

*Jesús, gracias por darme tu fuerza cuando estoy cansado.
Amén.*

Responde bien

*Alégrate en el día de la prosperidad, y en
el día de la adversidad considera: Dios
ha hecho tanto el uno como el otro.*

ECLESIASTÉS 7:14

Cuando te encuentres en una temporada de adversidad, considera algunas maneras en las que estarás tentado a responder y que debes evitar a fin de que permanezcas triunfante.

Primero, niégate a culpar a otros por tu situación. Tus problemas pueden haber sido instigados por otros, pero tú eres el responsable de tu reacción. Jesús te insta a extender el perdón, y te perderás la bendición de Dios si juegas a culpar a otros. *Segundo, no te compadezcas de ti mismo.* La autocompasión es una forma de incredulidad porque no estás confiando en que el Señor tornará tus problemas en bien. Resístela confesando la Palabra de Dios y recordándote a menudo su gran amor y sus propósitos para ti. *Por último, no trates de escapar de tus problemas.* Puede que te sientas tentado a tomar atajos o a encontrar maneras fáciles de salir de las dificultades, pero no lo hagas. Solo conseguirás empeorar las cosas e incluso agravar tu sufrimiento. En lugar de eso, desarrolla tus músculos espirituales comprometiéndote a confiar en Dios pase lo que pase.

Sea cual sea la adversidad con la que luches, puedes estar seguro de que no estás solo. Jesús está contigo. Así que no te rindas. Por el contrario, aférrate a Cristo. Él te ayudará a avanzar, a crecer e incluso a vencer.

....

*Jesús, ayúdame a honrarte en cada situación, ya sea en
tiempos de adversidad o de bendición. Amén.*

Elige el perdón

*«Porque si ustedes perdonan a los hombres
sus transgresiones, también su Padre
celestial les perdonará a ustedes».*

MATEO 6:14

Con cada herida o maltrato que sufras, en definitiva, tienes dos opciones: perdonar completamente al ofensor o negarte a olvidar, creyendo que te deben algo para compensar lo que han hecho. A corto plazo, mantenerlos responsables en tu mente puede parecer la opción más fácil y gratificante, especialmente cuando la persona todavía es cercana a ti.

Sin embargo, probablemente ya sepas que cuando guardas rencor hacia los demás, eso te afectará en gran manera. Y el tiempo no cura esas heridas. Al contrario, si no se curan, se infectan y se convierten en una enfermedad emocional, espiritual, relacional e incluso física más grave. El veneno de un espíritu que no perdona puede dañar a la persona completamente.

La única cura cuando el resentimiento ha echado raíces es el perdón. Ninguna otra cosa logra una sanidad genuina. Por supuesto, puede que temas perdonar lo que te han hecho. Después de todo, si perdonas de verdad a quienes te han hecho daño, ¿alguien les pedirá cuentas? Pero recuerda, no les estás haciendo daño con tu amargura; solo te estás haciendo daño a ti mismo. Así que pídele a Dios que te ayude a dejar eso y perdonar. Confía en que el Señor no solo te sanará mientras le obedeces, sino que también arreglará todas las cosas.

....

*Jesús, decido perdonar. Por favor, libérame de la amargura.
Amén.*

Perdona como Jesús

Sean más bien amables unos con otros,
misericordiosos, perdonándose unos a otros, así
como también Dios los perdonó en Cristo.

EFESIOS 4:32

¿Hay alguien a quien debas perdonar? Tal vez Dios te ha estado convenciendo de que dejes ir el dolor, pero por alguna razón no puedes. Es tan profundo que no sabes cómo afrontarlo. Si has llegado al punto de darte cuenta de que no eres capaz de perdonar con tus propias fuerzas, está bien. Como todo en la vida cristiana, aunque tú no puedas, Jesús puede. Él te permite que dejes tu amargura en función de lo que ya hizo por ti en la cruz.

Considera esto: Cristo sufrió una muerte cruel en tu lugar, cargando con todos tus pecados —pasados, presentes y futuros— para que pudieras tener una relación con Dios. Tómate un momento para pensar en la enormidad de lo que Él hizo por ti. Cada pecado te ha sido perdonado. Si Él pudo perdonarte, ciertamente te ayudará a dejar tu resentimiento. De hecho, tal vez al pensar en la enorme gracia que se te ha mostrado ya te estás dando cuenta de que no tienes derecho a guardar rencor. Por tanto, entrega tu dolor a Jesús y permítele que te ayude. Él te capacitará para perdonar a los demás así como te perdonó a ti.

....

Jesús, por favor, ayúdame a perdonar como lo harías tú.
Amén.

SEPTIEMBRE

Asignaciones difíciles

«Así como estuve con Moisés, estaré contigo.
No te dejaré ni te abandonaré».

JOSUÉ 1:5

A veces el Padre te asignará tareas que te resultarán desalentadoras y hasta imposibles. Josué comprendió eso bien. En un momento crucial de la historia de Israel, el Señor lo ungió para que guiara a millones de hebreos hacia Canaán, donde muchos enemigos aguardaban su llegada. Y tuvo que hacerlo sin Moisés.

Puedes imaginarte cómo se sintió Josué sin el sabio consejo ni la presencia de Moisés para guiarlo y apoyarlo. Sin embargo, el Señor prometió estar con él en cada paso del camino. Y así como había provisto cada triunfo que Moisés experimentó, también le daría la victoria a Josué.

Tal vez haya asignaciones de Dios o desafíos ante ti que te hagan sentir increíblemente solo y abrumado. Sin embargo, Él está contigo como estuvo con Josué y con Moisés. Jesús prometió: «Yo estoy con ustedes todos los días, hasta el fin del mundo» (Mateo 28:20). El Señor nunca te dejará ni te abandonará, ni te llamará a realizar algo sin atender tus necesidades. Por tanto, no temas. Sigue adelante en esta tarea con fe en su provisión y gozo en su victoria venidera.

Jesús, confío en tu llamado y tu provisión. Obedeceré y dependeré de ti en cada paso del camino. Amén.

Fortaleza en la Palabra

Porque todo lo que fue escrito en tiempos pasados,
para nuestra enseñanza se escribió, a fin de
que por medio de la paciencia y del consuelo
de las Escrituras tengamos esperanza.

ROMANOS 15:4

La Palabra de Dios está repleta de situaciones que reflejan tus experiencias y te ofrecen aliento en ellas. Por ejemplo, la conquista de Josué en la tierra de Canaán prefigura la forma en que los creyentes pueden poseer una vida victoriosa. En un sentido literal, no mucha gente invadirá un nuevo territorio, pero todos tenemos asignaciones que el Señor nos ha dado. Podemos ver la importancia de creer en Dios a través del relato de los doce espías que fueron a Canaán (Números 13—14). Diez de ellos vieron a los gigantes que habitaban la tierra, no las abundantes bendiciones que el Señor quería otorgar a su pueblo. Solo Josué y Caleb inspeccionaron la tierra y regresaron con la plena confianza de que el Señor haría lo que había prometido. Finalmente, condujeron a Israel a la victoria.

Confiar en la suficiencia y el poder de Dios es necesario para una vida cristiana triunfante. Por eso, el Señor animó a Josué a meditar en las Escrituras día y noche, con lo que aseguró su éxito (Josué 1:8). Tú también deberías hacer eso. Medita en la Palabra de Dios y piensa en cómo ha ayudado a las personas en el pasado. Seguro que encontrarás aliento para todo lo que estás afrontando hoy.

....

Jesús, háblame a través de tu Palabra para que pueda
obedecerte plenamente. Amén.

Un vaso útil

*«Tal como el barro en manos del alfarero, así
son ustedes en Mi mano, casa de Israel».*
JEREMÍAS 18:6

¿Te has encontrado de repente enfrentando luchas familiares o siendo quebrantado en las mismas áreas? Esto puede servir para que seas despojado de tu vieja naturaleza y las asperezas de tu carácter puedan suavizarse. El proceso suele ser doloroso y difícil, pero también es positivo. Si realmente quieres ser todo lo que el Padre ideó que fueras, debes someterte a Él en los tiempos de prueba, permitirle que te revele por qué estás pasando por esa temporada desafiante y lo que quiere que aprendas.

Así que enfréntalo con fe. Dios está trabajando en tu vida, moldeándote en la persona que sabe que puedes ser, a fin de que le des gloria y seas de máxima utilidad en la construcción de su reino. Así que, decide qué prefieres ser: un vaso de tu propio diseño, de valor efímero, conforme a tu mente finita, creatividad limitada y fuerza insuficiente, o un vaso creado por Dios, basado en su infinita sabiduría, su amor y su poder, uno de uso ilimitado y de valor eterno. Al elegir ser transformado por el Señor, debes inevitablemente ceder a los desafíos y permitirle que haga de ti una nueva vasija y te renueve como lo desee.

Jesús, me rindo ante ti. Hazme como tú quieras. Amén.

Medita para obtener la victoria

«Este libro de la ley no se apartará de tu boca, sino que meditarás en él día y noche, para que cuides de hacer todo lo que en él está escrito. Porque entonces [...] tendrás éxito».

JOSUÉ 1:8

Meditar es considerar cuidadosa y deliberadamente las Escrituras: pensar realmente en lo que significan, su importancia para generaciones pasadas y cómo quiere el Padre aplicarlas a tu vida hoy. Cuando te detienes en versículos específicos que se relacionan con tus desafíos y concuerdas con Dios, absorbes la verdad que te libera y disfrutas de la victoria.

Esto es importante porque hay muchas batallas que enfrentarás en esta vida, por lo que necesitas la sabiduría y el poder de Dios para lucharlas. Josué experimentó eso cuando combatió la inexpugnable ciudad amurallada de Jericó (Josué 6). Jericó cayó, no por la estrategia de Josué ni por la fuerza de los israelitas, sino por el poder de Dios. Israel obedeció al Señor y Él hizo caer los muros.

Lo mismo es cierto para ti con cualquier obstáculo que enfrentes hoy. Medita en la Palabra y conoce el plan de Dios para ti. Despójate de la incredulidad, la decepción y los temores que entorpecen tu disfrute de la vida que te ha prometido. Permítele que pelee tus batallas. Abraza la verdad y triunfa.

....

Jesús, enséñame tu plan. Me humillo ante ti y confío en tu poderosa mano para obrar. Amén.

Un fundamento seguro

Nadie puede poner otro fundamento que el
que ya está puesto, el cual es Jesucristo.
1 CORINTIOS 3:11

¿Sobre qué cimientos está construida tu vida? ¿Has puesto tu confianza en tu propio ingenio y tu sabiduría o en tu fuerza y tus posesiones? ¿O has permitido que Dios sea el fundamento sobre el cual estás establecido?

Solo podrás soportar las tensiones de la vida en proporción a la fuerza del cimiento en el que te apoyes. Por lo tanto, es esencial que edifiques tu vida sobre el Señor. Recuerda que Él es el Soberano inquebrantable del universo, el Dios de amor que se interesa personal y sacrificialmente por ti. Él es justo, sabio y te conoce por dentro y por fuera. Él está contigo en todo momento, y su poder ilimitado siempre se encuentra a tu disposición.

El problema es que si no conoces realmente a Jesús, no le creerás. La verdadera calidad de tu fe se hace evidente cuando tocas fondo y no tienes a nadie a quien recurrir excepto a Dios. Ese es el crisol, el fuego donde tu confianza en Él es probada hasta el punto de inflexión, y no puedes esperar ese momento para creer. Debes aprender ahora a caminar en perfecta confianza en Él cada día. Así que no te demores. Aumenta el fundamento de tu fe al conocerle mejor.

....

Jesús, tú eres mi único y verdadero fundamento, y el
cimiento de mi vida. Amén.

Supera los obstáculos

«Y ahora, oh Señor, Dios nuestro, líbranos, te ruego, de su mano para que todos los reinos de la tierra sepan que solo Tú, oh Señor, eres Dios».

2 REYES 19:19

¿Te has dado cuenta de que puedes estar en el centro absoluto de la voluntad de Dios, haciendo exactamente lo que Él quiere que hagas, y tener una gran oposición? ¿Significa que Él ya no se complace contigo o que le has fallado de alguna manera? No. ¿Significa que el Señor ya no te ama? No. ¿Significa que no puede manejar la situación en la que te ha metido? Por supuesto que no.

Más bien, significa que Dios ha permitido un desafío por el cual, si respondes correctamente, vas a profundizar tu fe y fortalecer tu relación con Él. Y el Señor será glorificado una vez que elimine los obstáculos. Cuando los impedimentos, el antagonismo, los adversarios y las barreras aparezcan, no es momento para entrar en pánico y desanimarse ni tirar la toalla y darse por vencido. Es el momento de fijar los ojos en Jesús, confiar en Él y confesar tu inquebrantable confianza en aquel que tiene el control. Porque es su responsabilidad quitar lo que se interpone en el camino, no la tuya. Y cuando lo haga, todos reconocerán que fue Él quien triunfó.

Jesús, gracias por superar todos los obstáculos en el camino de tu voluntad. Amén.

¿Dónde está tu tesoro?

*«Acumulen tesoros en el cielo, donde ni la
polilla ni la herrumbre destruyen».*

MATEO 6:20

A lo largo de la historia, ha habido personas que han visto a la iglesia como un lugar para lograr ganancias personales en cuanto a posesiones y poder. Algunos incluso señalarían la abundancia en esas áreas como prueba del favor de Dios. Pero su mentalidad se basa en una comprensión mundana en la que el objetivo es construir un imperio en la tierra centrado en el hombre, en vez del reino de los cielos centrado en Cristo.

Sí, el Padre te dará bendiciones que puedes usar aquí y ahora. Y Dios siempre quiere lo mejor para ti, pero eso no significa que tu vida siempre se caracterizará por la facilidad, la comodidad, la riqueza o el placer en este mundo.

Por el contrario, debido a que el Padre te conoce mejor que tú mismo, Él hace lo que sea necesario para que madures espiritualmente y obra a través de ti para cumplir su misión, la que llenará tu vida de satisfacción, propósito y significado. Por eso es que las bendiciones del Señor pueden venir en forma de adversidad, dificultad, pérdida o dolor, para refinar tu carácter y enseñarte. Solo Dios sabe lo que se necesita para transformarte y darte la bendición definitiva de una vida significativa y eternamente fructífera. Pero puedes estar seguro de que los tesoros que Él te da son mucho mejores y nunca se desvanecerán.

....

*Jesús, he dispuesto mi corazón para servirte. Tú eres mi
tesoro. Amén.*

Confiesa plenamente

*¡Cuán bienaventurado es aquel cuya
transgresión es perdonada!*

SALMOS 32:1

Saúl desobedeció deliberadamente a Dios y, peor aún, le mintió al profeta Samuel. Pero nadie burla al Señor y, muy pronto Samuel le comunicó a Saúl el temido mensaje de que Dios lo había rechazado como rey. ¿Se arrepintió Saúl? Sí, pero nunca aceptó del todo la culpa de sus actos e intentó justificarlos diciendo: «He desobedecido tus instrucciones y el mandato del SEÑOR, porque tuve miedo del pueblo y por eso hice lo que ellos me pidieron» (1 Samuel 15:24, NTV).

Sin embargo, fíjate en las palabras del rey a quien el Señor nombró para gobernar después de Saúl. David también pecó gravemente, pero dijo: «Mi pecado está siempre delante de mí. Contra Ti, contra Ti solo he pecado, y he hecho lo malo delante de Tus ojos» (Salmos 51:3-4). ¿Puedes ver la diferencia entre estas dos confesiones? Saúl se negó a reconocer el pecado como suyo. Pero David lo admitió. Reconoció plenamente que había obrado mal y pidió perdón a Dios.

Ese es el tipo de arrepentimiento que el Señor quiere de ti. Él conoce tu corazón y tus debilidades, y quiere que las admitas. ¿Por qué? Porque te ama y quiere que experimentes el alivio, la paz y la libertad que vienen al ser completamente perdonado.

....

*Jesús, revela cualquier rebelión en mi corazón para que
pueda admitir mi error y arrepentirme. Amén.*

Concéntrate en la meta

Corran de tal modo que ganen.
1 CORINTIOS 9:24

¿Ha puesto Dios una meta en tu corazón? El camino puede ponerse difícil, pero no te rindas nunca. Al contrario, muévete en la dirección que Él te muestre con rapidez y valentía.

El apóstol Pablo ciertamente hizo eso. Cuando el Señor lo llamó a predicar el evangelio a los gentiles, completó tres exitosos viajes misioneros a pesar de la persecución, los adversarios, los naufragios, los encarcelamientos y un sinfín de problemas. ¿Cómo lo hizo? Pablo lo explicó utilizando la analogía de un corredor: fijó su mirada en la línea de meta y corrió hacia ella con todas sus fuerzas. En otras palabras, no permitió que los desafíos externos lo distrajeran. Evitó la posible derrota mirando más allá de sus luchas y enfocándose en la bondad y la soberanía de Dios.

Nadie compite en la carrera de la vida sin enfrentarse a muchas pruebas y tribulaciones. Pero la clave para vivir triunfante, independientemente de las circunstancias, es apoyarse en la fidelidad de Cristo y no dejarse atrapar por las distracciones del entorno. Al final, todas las adversidades que Pablo experimentó le sirvieron para madurar y fortalecer su camino espiritual. Recuerda este principio cuando te encuentres en apuros por todos lados: Dios obrará para tu bien si perseveras. Por tanto, fija tus ojos en Jesús y sigue corriendo.

....

Jesús, esta es tu meta; te seguiré de todo corazón hasta la línea de llegada. Amén.

La fe y las metas

«Oh Señor, Dios de mi señor Abraham,
te ruego que me des éxito hoy».

GÉNESIS 24:12

Génesis 24 relata una maravillosa historia acerca de la manera en que la fe y las metas operan juntas. Abraham le dijo a su siervo Eliezer que fuera a la tierra de su familia a buscar la esposa adecuada para su hijo Isaac. El siervo sabía exactamente lo que tenía que hacer, pero también sabía que no podría tomar la decisión correcta con su propia sabiduría. Por eso, antes de seguir adelante, Eliezer oró para que Dios estableciera un plan de acción y le concediera éxito. Entonces confió en el Señor para su misión. No pasó mucho tiempo antes de que llegara de regreso a casa con Rebeca a su lado.

La verdadera satisfacción de la aventura de Eliezer, y de la tuya también, está en ver al Señor actuar en los detalles de la vida: las diferentes partes se unen de una manera que no puede explicarse más que por su guía divina. ¿Deseas experimentar la dirección de Dios de esa forma? Él quiere mostrarte lo que debes hacer. Así que no dejes pasar otro día sin buscar su plan para mañana y confiar en que Él guiará tus pies a lo largo del camino. Nunca es demasiado tarde para disfrutar de la asombrosa dirección del Dios que te ama y tiene un plan perfecto para ti.

....

Jesús, quiero conocer tu plan y caminar en él triunfante.
Guíame, mi Salvador. Amén.

Dios, nuestro refugio

*Confíen en Él en todo tiempo, oh pueblo; derramen
su corazón delante de Él; Dios es nuestro refugio.*

SALMOS 62:8

Hay ciertas pruebas tan devastadoras que nos dejan sin aliento por muy bien preparados que estemos espiritualmente. Nos sentimos incapaces de resistirlas porque nos hacen sentir como si nuestro mundo se desmoronara. Solo hay una cosa que hacer en esos momentos de sobresalto: refugiarse en Jesús.

A lo largo de los Salmos, vemos repetidamente que Dios desea ser nuestro escondedero, fortaleza, escudo, roca y libertador. Él es aquel a quien podemos acudir cuando el mal amenaza con destruirnos. Él es nuestro lugar de protección cuando sobreviene una catástrofe y nos sentimos extremadamente vulnerables. Y es nuestro refugio inquebrantable hasta que pasen las tormentas y la destrucción. Cualesquiera que sean los tiempos peligrosos, el Señor es nuestro santuario indefectible en medio de ellos.

Sin embargo, siempre es mejor acudir a Él tan pronto como los problemas estremezcan tu mundo. Verás, las emociones debilitantes, en particular el miedo, crecen excesivamente rápido durante esas épocas y, cuanto más tiempo alimentes esos sentimientos, más poderosos se vuelven. Pero cuando te refugias en Él, te consuela y te cuida, te fortalece y te da esperanza para el futuro. Así que corre hacia Él y encuentra la seguridad que anhelas.

....

*Jesús, te necesito. Sé mi refugio infalible y mi libertador.
Amén.*

Obtén la sabiduría de Dios

El principio de la sabiduría es el temor del Señor.
PROVERBIOS 9:10

¿Estás en un dilema sobre cómo solucionar un problema? No tienes que retorcerte las manos preguntándote: *¿Qué voy a hacer?* Siempre que quieras saber la verdad sobre tus circunstancias o cómo proceder, recuerda que nadie entenderá mejor lo que ocurre que Dios. Así que lo mejor y más sabio que puedes hacer es buscar su punto de vista sobre tu situación.

El versículo de hoy te recuerda que mostrar reverencia hacia el Señor es el comienzo para obtener la sabiduría que necesitas. Le temes al reconocer su poder soberano y su posición como Señor de tu vida. Y buscas su perspectiva en tus desafíos al meditar en las Escrituras, absorbiendo su punto de vista sobre los asuntos con los que estás luchando. Reflexiona sobre el modo en que suele actuar Dios en circunstancias como la que estás afrontando. Luego aplica su Palabra a tu situación.

Por supuesto, cuando el Señor revele su instrucción, puede que pienses: *Eso no es lo que la mayoría de la gente hace.* Pero si quieres la sabiduría y el poder de Dios, debes dar el salto y confiar en Él haciendo lo que diga. Porque entonces el Señor resuelve tus problemas de la manera en que solo Él puede hacerlo.

....

Jesús, te exalto como Señor. Por favor, muéstrame qué debo hacer. Amén.

Tu pronta ayuda

«Cuando venga el Consolador [...] el Espíritu de
verdad que procede del Padre, Él dará testimonio de Mí».
JUAN 15:26

Has dicho alguna vez: «No necesito ayuda. Si quiero que se haga bien, lo tengo que hacer yo mismo». Todos en algún momento hemos pensado esas palabras o al menos hemos actuado con ese sentimiento. Sin embargo, esa actitud a menudo nos encamina a la frustración y el fracaso. Eso se debe a que, cuando se trata de la vida cristiana, debemos confiar en el poder y la sabiduría de Dios más que en los nuestros.

El Padre sabe que necesitas ayuda, por lo que en su bondad y sabiduría te ha dado un ayudante sin igual: el Espíritu Santo. ¿Cómo te ayuda? Te enseña lo que necesitas saber (Juan 14:26). Te consuela con su presencia (Juan 14:16-18). Te guía en tu caminar diario con Jesús (Juan 16:13). Ora por ti en tu debilidad y fortalece tu interior (Romanos 8:26-27; Efesios 3:16). Produce en ti el carácter de Cristo (Gálatas 5:22-23). Y te capacita para testificar y servirle (Hechos 1:8; 1 Corintios 12:1-11).

No importa lo que estés enfrentando hoy, no tienes que hacerlo solo. El Ayudador está listo para darte una mano sobrenatural. Clama a Él y permite que Dios te revele lo mejor de sí mismo.

....

Jesús, gracias por tu Espíritu Santo y por todas las maneras
en que me ayudas. Amén.

Finales y comienzos

*El que está sentado en el trono dijo: «Yo
hago nuevas todas las cosas».*

APOCALIPSIS 21:5

Con Dios, nunca hay final. El final de una cosa marca el comienzo de algo nuevo. Por ejemplo, el final de cada día es de inmediato reemplazado por la inauguración del siguiente. Dejamos de trabajar para descansar. Para el creyente, la conclusión de la vida en la tierra es el comienzo de la vida en el cielo con nuestro Señor.

Por eso, como cristianos, nuestra vida no tiene un final real, sino finales y comienzos que marcan nuestro camino. Después de todo, vamos a vivir eternamente, así que nunca hay una consumación sin un comienzo que le siga. Las oportunidades pueden llegar a su fin, pero siempre dan paso a otras nuevas. Y realmente no tenemos que preocuparnos por el mañana, porque Cristo, que es nuestra vida, recorrerá con nosotros todo el camino, haciendo nuevas todas las cosas. ¿Necesitamos más?

Mucha gente arrastra su ayer a su hoy, solo para estropear su belleza y perder las posibilidades que contiene. ¿No nos dio Dios la noche para separar un día de otro? Así que deja el ayer donde pertenece y aprovecha al máximo la vida que el Señor te ha dado ahora. Ciertamente, Él hará algo nuevo justo cuando lo necesites.

......

*Jesús, gracias porque cuando las cosas llegan a su fin es
debido a que tienes un nuevo comienzo para mí. Amén.*

Basta de peleas

*«Que gocen de una unidad tan perfecta que
el mundo sepa que tú me enviaste».*

JUAN 17:23 (NTV)

Uno de los mayores testimonios que podemos dar los creyentes es la unidad en nuestra fe. Como cristianos, formamos una iglesia con un Señor y Salvador. Tristemente, uno de los obstáculos más grandes a nuestro testimonio es la división que con tanta frecuencia se ve dentro del cuerpo de Cristo.

Por ejemplo, en Corinto, muchos creyentes se habían dividido en partidos rivales: algunos fieles seguidores de Pablo, otros de Pedro y Apolos. Nosotros también podemos tener preferencia por un pastor o evangelista en particular. Lo que es especialmente destructivo, sin embargo, es cuando los líderes cristianos se burlan públicamente unos de otros por cuestiones superficiales. Al poco tiempo, sus seguidores también se comportan con odio hacia los otros. Lamentablemente, el enemigo utiliza esta división para comunicar al mundo que la paz que Cristo vino a traer carece de poder.

Podemos ser libres de este peligroso comportamiento cuando recordamos quién fue crucificado por nosotros. Sí, debemos respetar a los líderes justos. Sin embargo, nuestra devoción, adoración y obediencia pertenecen solo a aquel que compró nuestra salvación a través de su sangre derramada. No tenemos que defender a Jesús, Él se encarga de eso. Solo fuimos llamados a representarlo bien. Y los demás sabrán que somos suyos no por nuestros argumentos, sino por nuestro amor.

....

*Jesús, ayúdame a ser siempre tu amoroso representante y
promotor de la unidad. Amén.*

Luz de amor

*La Luz brilla en las tinieblas, y las
tinieblas no la comprendieron.*

JUAN 1:5

La idea de que Dios ve los detalles íntimos de tu vida en su totalidad y alumbra las partes oscuras puede resultarte desconcertante. El Señor percibe claramente tus pecados, tus pensamientos desagradables y tus heridas. Tal conocimiento puede ser vergonzoso y aterrador.

Sin embargo, recuerda, has sido completa y eternamente perdonado a través de la muerte sacrificial de Cristo. Su mirada penetrante no es para condenarte o avergonzarte; al contrario, es para identificar lo que continúa hiriéndote, cómo te derrotas a ti mismo y las formas en que permaneces en esclavitud.

Si alguna vez te has preguntado: *¿Qué me pasa?* o *¿Por qué me sigue pasando esto?* o *¿Qué estoy haciendo mal?*, el Señor lo sabe y quiere ayudarte. Puede que otros te rechacen, pero Él nunca te abandonará. No estás solo en este mundo. Dios te ve y te ama profundamente. Él vigila cada detalle íntimo de tu existencia para atender tus necesidades más apremiantes y tus heridas más profundas. Así que permítele que ilumine las cosas que preferirías dejar en la oscuridad. Él hablará a tu espíritu, calmará tus miedos, traerá entendimiento a tu confusión y te liberará de todo lo que te perturba.

Jesús, gracias porque la luz que derramas en mi vida me hace libre. Amén.

Él te ve

Tú eres Dios que ve; porque dijo: ¿No he
visto también aquí al que me ve?

GÉNESIS 16:13 (RVR1960)

E n este mundo con tantas voces, a menudo podemos sentir que nadie nos ve, no en verdad. Puede que haya gente que nos quiera, pero ¿comprenden realmente los sacrificios que hacemos o lo que nos motiva? A veces, la respuesta puede ser un triste y solitario no.

Sin duda, así se sentía Agar. Había sido entregada al marido de su dueña Sarai, Abram, para que diera a luz a su hijo. Cuando quedó embarazada, Sarai se puso celosa y se enfadó, por lo que maltrató a Agar. Así que la esclava huyó, sin ningún lugar ni a nadie a que acudir: una mota humana en el vasto desierto. Si alguien se sentía insignificante, esa era Agar.

Sin embargo, el Señor habló a Agar y le prometió que su descendencia sería bendecida. Ella describió el encuentro exclamando: «Tú eres Dios que ve». Sus lágrimas no escaparon al ojo del Padre que todo lo ve, y las tuyas tampoco. Él conoce tu situación, tus sacrificios, tus remordimientos, tu vergüenza, tu soledad y tu dolor. Se percata de cuánto te esfuerzas, y te dice que lo que haces por amor a Él es importante. Así que no desesperes y no te rindas. Tú eres muy importante para Dios. Levántate, confía en Él y sigue adelante.

....

Jesús, agradezco mucho que mi vida sea importante para ti.
Amén.

Confabulación y oraciones

«Tu Dios, a quien sirves con perseverancia, Él te librará».

DANIEL 6:16

Una confabulación estaba en marcha. Daniel gozaba de la simpatía del rey Darío y estaba a punto de ser ascendido al mando de todo el reino. Así que el grupo de comisionados ideó un plan para deshacerse de él. El problema era que no podían encontrar ningún motivo para acusar a Daniel, porque era un hombre piadoso. Así que le tendieron una trampa. Convencieron a Darío para que promulgara una ley que prohibía hacer petición a nadie excepto al rey durante treinta días, y la pena por violar el decreto era la muerte en las garras de los leones. Por supuesto, Daniel se negó a orar a otro que no fuera Yahvé y por ello fue arrojado inmediatamente al foso de los leones.

Adoptar una postura de fe a veces conlleva consecuencias negativas, al menos desde una perspectiva terrenal. Los incrédulos pueden enfadarse por la vida piadosa de un cristiano o por cómo Dios bendice a los que le sirven. Si alguna vez has sido acosado por otros porque representas a Jesús, entonces entiendes algo de lo que Daniel experimentó. Pero así como Dios cerró la boca de los leones, también puede silenciar a tus detractores. Por tanto, sigue orando y confiando en Él. El Señor te librará y convertirá sus confabulaciones en vasijas para su gloria, tal como lo hizo con Daniel.

....

Jesús, mi vida está en tus manos. Ayúdame a ser un buen representante de tu nombre. Amén.

Tu Maestro

Porque Dios es quien obra en ustedes tanto el querer
como el hacer, para Su buena intención.

FILIPENSES 2:13

Podemos esforzarnos tanto por tener éxito en la vida cristiana y centrarnos tanto en nuestros esfuerzos por crecer espiritualmente que perdamos de vista el papel de Dios. Intentamos ser como Jesús, pero cuanto más nos esforzamos, más frustrados nos sentimos. Sin embargo, el Señor no nos ha salvado para que nos hundamos en la incertidumbre y la ansiedad. No nos deja solos para que tracemos nuestro propio camino hacia la madurez espiritual. Por el contrario, el Salvador que nos redime es también el Maestro que nos muestra cómo seguirlo y servirlo.

Desde el momento en que confías en Jesús para que te salve, Él comienza la obra de la *santificación*, el proceso de toda la vida para desarrollar en ti la semejanza a Cristo. A través del poder sobrenatural y la presencia del Espíritu Santo, Él te convence de pecado, te libera de la esclavitud, sana tus heridas y te enseña a caminar a su manera.

Dios nunca se da por vencido contigo y no dejará de transformarte, así que no te rindas. Cuando sientas que ya no tienes fe y que no sabes qué hacer, recuerda que Él promete obrar en ti por su buena voluntad. Así que confía en que Jesús te enseñará todas las cosas.

....

Jesús, gracias por enseñarme a ser tuyo. Amén.

Confronta tus hábitos

Anden por el Espíritu, y no cumplirán el deseo de la carne.

GÁLATAS 5:16

A medida que creces en Cristo, vas descubriendo algunas tendencias conductuales negativas que parecen aflorar repetidamente. Por ejemplo, tal vez hables con dureza sobre determinadas personas o respondas con enojo a cierto tipo de circunstancias. Quizás recurras a un mal hábito cuando surgen situaciones estresantes. Al igual que el apóstol Pablo, puede que quieras hacer lo correcto y honrar a Dios, pero invariablemente cedes a esas prácticas destructivas (Romanos 7:14-24). Es sumamente frustrante, porque te sientes fuera de control. Y lo que empeora aún más las cosas es el persistente temor de que el Señor te abandone a causa de tus frecuentes fracasos.

En primer lugar, ten la seguridad de que el Padre nunca te abandonará y hay esperanza en tu lucha. En segundo lugar, debes saber que la clave no está en esforzarse más, sino en ceder a la ministración del Espíritu Santo. Como ves, este problema está más allá de tu fuerza y tu sabiduría, pero bien dentro de la capacidad de Cristo para liberarte. Debes escucharlo por medio de la oración y a través de su Palabra y estar de acuerdo con lo que Él te muestre. Esta entrega voluntaria a la presencia poderosa del Espíritu de Dios te pondrá en el camino a la libertad de tus peores hábitos.

Jesús, me rindo. Que tu Espíritu Santo me enseñe la verdad que me hará libre. Amén.

En los altibajos

«Con llanto vendrán, y entre súplicas los guiaré.
Los haré andar junto a arroyos de aguas, por
camino derecho en el cual no tropezarán».

JEREMÍAS 31:9

Si tuviéramos que hacer mapas topográficos de nuestros caminos espirituales, podrían parecerse a una cadena de montañas con muchos picos espirituales y abruptos descensos que se transforman en valles espirituales. Eso se debe a que el Padre nos guía a través de periodos de bendiciones y adversidades para que confiemos en Él en el trayecto. Sin embargo, mantener un caminar constante con Jesucristo a través de todos los altibajos es uno de los retos más difíciles que enfrentamos.

Piensa al respecto. ¿Cuál es el principal culpable que perturba tu confianza en Dios? ¿Acaso no son las circunstancias cambiantes, las situaciones externas de la vida que suben y bajan? En cierto modo —y muy a menudo— influyen en nuestra relación con el Señor y en cómo lo percibimos. Sin embargo, como creyentes, tenemos la inmutable y firme presencia de Jesucristo dentro de nosotros. Él puede lidiar con cualquier cosa que surja en nuestro camino. Y si permanecemos en un diario y deliberado caminar con Dios, nos estabilizará en nuestro viaje, sin importar lo que suceda. Así que mantente cerca de Él y confía en que te sostendrá, fortalecerá y guiará tanto en la prosperidad como en la adversidad.

Jesús, afianza mi confianza en ti tanto en las montañas
como en los valles. Amén.

Deja de correr

Aun antes de que haya palabra en mi boca, oh Señor,
Tú ya la sabes toda. Por detrás y por delante me
has cercado, y Tu mano pusiste sobre mí.

SALMOS 139:4-5

A veces las lecciones de la vida parecen demasiado difíciles para que nosotros lidiemos con ellas. El Señor nos llama a una tarea imposible, permite que nuestros sueños se hagan añicos, señala algo importante en nuestras vidas a lo que debemos renunciar o permite una pérdida tan profunda que nos deja tambaleándonos.

En ese momento, tal vez nuestro instinto sea huir de Dios, resistiéndonos a lo que demanda de nuestras vidas y escapando a lo que exige de nosotros. No podemos afrontarlo todo. Nuestros corazones son demasiado débiles, nuestros miedos demasiado reales, nuestro sufrimiento demasiado profundo. No queremos rendirnos a Él, no queremos someter nuestra voluntad a la suya. Decimos: «Señor, sé lo que quieres que haga, pero no puedo. Tiene que haber una manera mejor». Pero ¿cómo podemos huir de la presencia del Dios infinito, que está en todas partes, haciéndonos señas constantemente para que volvamos a sus brazos?

No puedes y eso es a propósito. Amigo, Jesús no te deja solo, porque te ama. Sabe que esta situación es difícil para ti y quiere ayudarte. Así que no tengas miedo de enfrentarte a Él. Hay fuerza, sanidad y esperanza con el Señor. Así que deja de huir. Vuélvete a Él y vive.

....

Jesús, dejo de correr. Gracias por ayudarme. Amén.

La persona adecuada

*«Porque los ojos del Señor recorren toda la tierra para
fortalecer a aquellos cuyo corazón es completamente Suyo».*

2 CRÓNICAS 16:9

Con demasiada frecuencia he oído a la gente suponer erróneamente que el Señor solo quiere obrar a través de personas
dotadas de un gran talento natural. Pero eso es bíblicamente
infundado. A lo largo de la Biblia y de la historia, individuos
aparentemente insignificantes son por lo general, utilizados de
manera extraordinaria por Dios. El profeta Amós era pastor de
ovejas. Muchos de los discípulos eran pescadores. William Carey,
el misionero, era zapatero. Eran personas comunes en sí mismas,
pero servían a un Dios extraordinario.

La ecuación espiritual para ser útil a Dios es:

Humildad + Incompetencia + Voluntad = Utilidad

El Señor está buscando personas que estén dispuestas a confiar
en Él para que pueda glorificarse a través de ellas. Así que si has
decidido que Dios no puede usarte porque no tienes las conexio-
nes, la apariencia, los recursos, las habilidades ni el conocimiento
correctos, por favor reconsidéralo. Él puede trabajar a través de ti
para lograr sus maravillosos propósitos. Pon tu vida en las capaces
manos de Cristo. Verás las formas impresionantes en que Él puede
obrar a través de ti.

....

*Jesús, estoy dispuesto. Obra a través de mí, Señor, y
glorifícate. Amén.*

Edificación en el quebranto

*De hecho, dentro de nosotros mismos ya teníamos la
sentencia de muerte, a fin de que no confiáramos en
nosotros mismos, sino en Dios que resucita a los muertos.*

2 CORINTIOS 1:9

E s probable que hoy te preguntes por qué Dios permite que te enfrentes a desafíos tan fuertes y que ponen a prueba tu alma. A veces puedes sentir como si la vida misma te fuera drenada. Sin embargo, debes entender que el propósito del Señor es quebrantar tu voluntad, no tu espíritu. Su objetivo no es destruirte, sino edificarte poderosamente, llevándote a una posición de máxima plenitud, madurez y servicio para su reino.

Sin embargo, eso significa que debes rendirle el completo dominio de tu vida. Y puede que te resulte muy difícil ceder el control, a la mayoría de nosotros nos pasa. Pero Dios usa el quebrantamiento que sientes en la adversidad para llevarte al punto en el que no tengas nada que decir excepto: «Señor Jesús, ¿qué quieres que haga?».

Dios no comete errores en ese proceso de maduración y transformación. Él sabe con precisión a qué áreas debe apuntar en tu vida. Sí, puede ser doloroso. Pero Él es eficiente, no desperdicia nada. Él reconoce qué circunstancias serán efectivas y qué herramientas utilizar. También sabe cuánta presión puedes soportar mientras te perfecciona y te fortalece, para tu bien y su gloria.

*Jesús, eres la vida de mi alma. Ayúdame a resistir y a
servirte. Amén.*

Libre por su misericordia

«Yo tampoco te condeno. Vete; y desde ahora no peques más».
JUAN 8:11

Cuando los fariseos se marcharon, Jesús miró con compasión a la mujer que yacía a sus pies. Había sido sorprendida en adulterio y era obvio que Él era un hombre de Dios. Cuán expuesta y avergonzada debió sentirse en su presencia, hasta que el Salvador la perdonó.

Ella se maravilló por la manera en que Él la rescató y restauró su dignidad. El adulterio era un acto que la ley castigaba con la muerte por lapidación. Pero Jesús no condenó a la mujer. Por el contrario, desenmascaró a sus acusadores diciendo que el que estuviera libre de pecado arrojara la primera piedra. Mientras cada uno dejaba caer las piedras en sus manos, ella se dio cuenta de que le debía su vida a Cristo.

Quizás haya algo en tu vida que desearías poder borrar. Solo pensarlo te produce sentimientos de condena y tristeza. Sin embargo, así como Jesús libró a la mujer, también te libra a ti. Si hay algo que has hecho, debes saber que cuando te arrepientes, llevándolo a Dios en oración y buscando su misericordia, Él es fiel para perdonarte. Y te ama tanto que no volverá a sacar el tema nunca más.

....

Jesús, confieso mis pecados y me arrepiento. Gracias por perdonarme. Amén.

Hay poder en tu testimonio

*Mi mensaje y mi predicación no fueron con
palabras persuasivas de sabiduría, sino con
demostración del Espíritu y de poder.*

1 CORINTIOS 2:4

¿Alguna vez has tenido dificultades para decidir qué decir al compartir tu fe? Hay tantos enfoques de la evangelización que puede resultar confuso. ¿Qué preguntas debemos hacer? ¿Qué versículos de las Escrituras es mejor utilizar? Sin embargo, Pablo nos enseña claramente que compartir las buenas nuevas de la salvación no tiene nada que ver con presentaciones ingeniosas o elocuentes.

La principal preocupación de Pablo era no oscurecer la sencilla verdad del evangelio con discursos astutos, que solo llamarían la atención sobre sus propias habilidades. Más bien, quería que el énfasis estuviera puesto en Cristo. Porque el éxito de la evangelización no se basa en fórmulas ni métodos, sino en el poderoso mensaje de la muerte, sepultura y resurrección de Jesús, el único que puede salvar.

Así que cuando testifiques a otros acerca de tu fe, no te preocupes por lo que dirás. En vez de eso, sé fiel y háblales a los demás de Jesús. Luego, depende del Espíritu Santo para convencer a otros acerca de la cruz de Cristo y atraerlos a Él. Porque la fe del oyente no descansa «en la sabiduría de los hombres» —ni en tu entrega— «sino en el poder de Dios» (1 Corintios 2:5).

....

*Jesús, atrae a las personas hacia ti mientras testifico sobre
todo lo que has hecho por mí. Amén.*

Cuidado con las consecuencias

*Felices son los que obedecen sus leyes y lo buscan
con todo el corazón. No negocian con el mal y
andan solo en los caminos del Señor.*

SALMOS 119:2-3 (NTV)

Si alguien lo tenía todo, era Salomón. Sin embargo, aunque tuvo todo a su favor —abundantes riquezas, sabiduría sin igual y gran autoridad— fracasó terriblemente en su papel de monarca de Israel y perdió el reino (1 Reyes 11:11-13). ¿Qué fue lo que falló?

Lo que acabó envenenando el corazón de Salomón en cuanto al Señor fueron sus matrimonios con mujeres que servían a otras deidades, algo que Dios había prohibido terminantemente. Poco a poco, «sus mujeres desviaron su corazón tras otros dioses, y su corazón no estuvo dedicado por completo al Señor su Dios» (1 Reyes 11:4). Verás, *siempre* hay consecuencias cuando ignoramos a Dios y abrazamos el pecado. Eso se describe en las Escrituras como hacer *concesiones*: servir a dos señores y dividir nuestra lealtad. Sin embargo, estamos llamados a vivir por completo bajo el señorío de Cristo, porque ese siempre es el camino infalible hacia el verdadero éxito.

La cura para la transigencia es arrepentirse del pecado y buscar a Jesús de todo corazón. Comienza ahora, porque hacer concesiones siempre tiene un precio terrible: puede arruinar completamente tu vida, como lo hizo con la de Salomón. Sin embargo, nunca perderás cuando te comprometes genuinamente y obedeces a Dios.

....

*Jesús, revélame si hay algún área en mí en que esté
transigiendo, para que pueda servirte solo a ti. Amén.*

Entrégalo todo

Amarás al Señor tu Dios con todo tu corazón,
con toda tu alma y con toda tu fuerza.

DEUTERONOMIO 6:5

A menudo no nos cuesta definir algo, pero describirlo es otra cosa. Por ejemplo, entregarte. ¿Cómo explicarías todo lo que eso significa? Bueno, en términos de la vida cristiana, significa transferir completamente la posesión, el control y el uso indiviso de todo tu ser —espíritu, alma y cuerpo— al Señor Jesucristo, a quien perteneces legítimamente por derecho de creación y redención.

En primer lugar, debe ser un acto *deliberado* de tu parte. Al igual que una pareja de novios declara su compromiso mutuo mediante los votos matrimoniales, tú necesitas ser intencional en tu devoción singular y sincera a Jesús. En segundo lugar, debe ser *voluntario*. Nadie puede obligarte a servir a Dios ni a actuar como tu apoderado. Debe ser una elección personal. Tercero, es *definitivo*. A los ojos del Señor, cuando te comprometes con Él, la transacción se completa de una vez y para siempre. Y como el crecimiento siempre desempeña un papel, la entrega es una *progresión*. Es un acto continuo en el que te entregas cada vez más a Él a medida que maduras.

Por lo tanto, reflexiona: ¿se ha profundizado tu compromiso con Jesús a lo largo del tiempo que le has conocido? ¿Le has entregado todo a Él?

....

Jesús, te lo entrego todo de manera deliberada, voluntaria,
definitiva y progresiva. Amén.

La paz que conquista

«Estas cosas les he hablado para que en Mí tengan paz».

JUAN 16:33

Europa temblaba cuando los amenazadores ejércitos de Hitler se anexionaban Austria y ponían la mira en Checoslovaquia. Intentando apaciguar al temido dictador, el primer ministro inglés Neville Chamberlain viajó a Alemania y, el 29 de septiembre de 1938, firmó el infame acuerdo de Múnich. A su regreso, Chamberlain anunció triunfante: «Creo que esta es la paz para nuestro tiempo». Menos de un año después, Alemania había conquistado Checoslovaquia e invadido Polonia, y la Segunda Guerra Mundial había comenzado.

¿Fue el discurso de paz de Jesús como el alarde optimista de Chamberlain? Después de todo, la guerra, la violencia, el odio y la persecución siguen existiendo. Sin embargo, cuando Jesús prometió que nos dejaría su paz, no ignoró la realidad del conflicto en nuestras vidas. Por eso, inmediatamente después nos dijo: «En el mundo tienen tribulación; pero confíen, Yo he vencido al mundo» (Juan 16:33). Te *enfrentarás* a la adversidad; de hecho, puede que hoy estés soportando alguna. Pero cuando surjan circunstancias abrumadoras que amenacen con estremecer tu tranquilidad, Cristo promete que será tu sabio y victorioso defensor. Él es poderoso para triunfar sobre cualquier situación a la que puedas enfrentarte.

Jesús, gracias por ser mi defensor y mi paz en cada situación. Amén.

Cuida tus palabras

Regocíjense en el Señor siempre. Otra vez lo diré: ¡Regocíjense!
FILIPENSES 4:4

Cuando enfrentas desafíos, la forma en que reaccionas emocionalmente es muy importante, pero la manera en que respondes *verbalmente* es igual de crucial. Las palabras son como recipientes que transportan nuestras ideas. Cuando emitimos declaraciones, nos afectan tanto a nosotros como a las personas con las que hablamos. Por lo tanto, debemos tener mucho cuidado con lo que expresamos cuando nos enfrentamos a un desafío, porque las actitudes y las respuestas negativas pueden ser devastadoras. Frases como «No hay nada que pueda hacer al respecto» o «No puedo seguir» debilitan tu fe y son un testimonio terrible. Pero una buena confesión de la asombrosa sabiduría y fuerza de Dios tiene un efecto poderoso en nosotros.

Cuando el apóstol Pablo estaba en prisión y se enfrentaba a una posible muerte, comprendió eso. Así que, en lugar de quejarse, dijo que no había perdido la paz con Dios en medio de su difícil situación, sino que había aprendido el secreto de la satisfacción. ¿Cuál era? «Todo lo puedo en Cristo que me fortalece» (Filipenses 4:13). Se regocijó en el Señor su Dios y fue un magnífico testigo.

Tú también puedes serlo. Habla con fe sobre tus circunstancias y exalta a Cristo sin importar lo que suceda. No solo hará una diferencia en tu propio corazón, sino que también bendecirá a todos a tu alrededor.

....

Jesús, por favor, ayúdame a permanecer optimista y a tener un espíritu de adoración, para honrarte tanto con mis palabras como con mis acciones. Amén.

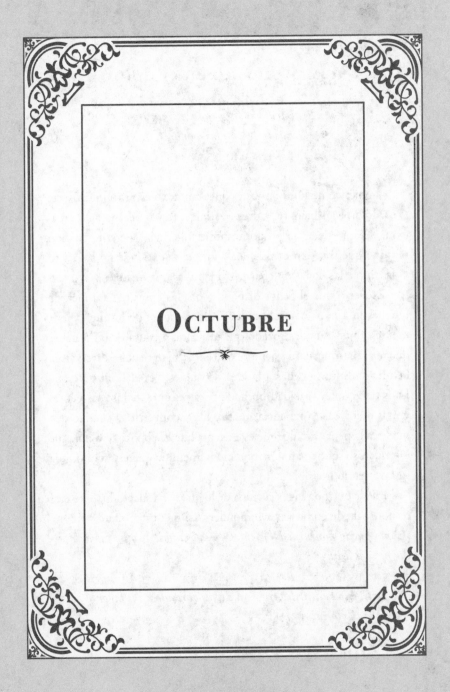

OCTUBRE

Hay propósito en el dolor

*Realmente no le agrada afligir ni
causar dolor a los hombres.*

LAMENTACIONES 3:33 (DHH)

El objetivo de Dios nunca es quebrantar tu espíritu ni causarte dolor. Más bien, tu Padre celestial, el Rey soberano de la creación, siempre tiene un propósito positivo, crucial y eterno cuando permite que sucedan cosas malas, lo que se extiende no solo a tu vida, sino a las de las muchas personas a las que influyes y ayudas.

Es cierto que el Señor dispone todas las cosas para el bien de quienes lo aman. Así que, independientemente de lo que experimentes y por muy destrozado que te sientas a causa de las pruebas que te asaltan, recuerda siempre que el Padre te tiene reservada una bendición. Nunca cedas a la idea de que este es el final o de que Dios tiene una capacidad limitada para redimir incluso las peores y más dolorosas experiencias de tu vida y convertirlas en algo que merezca la pena. En lugar de eso, acepta que Él conoce tu dolor, que es poderoso, que te ama incondicionalmente y que está obrando a tu favor en lo invisible.

Puede que no tengas la culpa de lo que te ha sucedido, pero eres responsable de cómo vas a responder. Así que pregúntate siempre: *¿Cómo puedo honrar a Dios en esta adversidad? ¿Cómo puedo acercarme más a Él?*

Jesús, esto es difícil, pero sé que estás obrando a mi favor y para tu gloria. Amén.

Elimina el orgullo

*Delante de la destrucción va el orgullo, y delante
de la caída, la arrogancia de espíritu.*

PROVERBIOS 16:18

¿Eres el tipo de persona que espera que la gente te trate de una manera particular por ser lo que eres? ¿Miras a alguien por encima del hombro? Tu primera reacción puede ser: «Claro que no». Pero piénsalo bien. Es probable que muestres tu superioridad autopercibida de muchas maneras. Puede ser que consideres que tu opinión siempre es lo suficientemente importante como para expresarla o es mejor que la de los que te rodean. Tal vez te guste mantener el control diciendo a los demás exactamente cómo deben hacerse las cosas. Quizás a veces, te sorprendas a ti mismo tratando a las personas que prestan servicio como inferiores.

Si algo de eso te ocurre, debes comprender que Dios odia este tipo de arrogancia. Para Él, eso es autoidolatría, es la adoración sutil de uno mismo. Eso significa que Cristo no está en el centro de tu vida, lo cual es un verdadero problema. Es más, cuando las personas luchan con el egoísmo, a menudo tratan de usar al Señor en vez de servirlo, y eso nunca termina bien. Así que si percibes alguna ambición egoísta o alguna vanagloria dentro de ti, elimínala. Humíllate ante Dios, confiésalo como tu Señor y pídele que te ayude a amar y apreciar a los demás. El orgullo siempre precede a la caída pero, en la humildad hay honor.

*Jesús, quita todo orgullo de mi corazón. Me humillo ante ti.
Amén.*

Orgullo y bendición

La altivez del hombre será abatida, y la
soberbia de los hombres será humillada.

ISAÍAS 2:17 (RVR1960)

D ios no bendecirá el orgullo. El hecho de que haya personas arrogantes y hábiles para manipular sus circunstancias no significa que el Señor las favorezca. Al contrario, «Dios resiste a los soberbios» (1 Pedro 5:5), y pronto les pedirá que rindan cuentas. Sin embargo, es crucial que comprendas que el hecho de que alguien haya creado hábilmente su imagen y haga que parezca que todo es perfecto en su mundo no significa que realmente sea así. La mayoría de las veces, los arrogantes y narcisistas son personas muy miserables, que siempre buscan el control, que intentan sin cesar demostrar su valía y siempre envidian a los demás.

Jesús tiene algo mejor para el que le pertenece. La respuesta de Dios a nuestra ansia de reconocimiento, posición y poder es humillarnos para permitirle a Él que le dé a nuestra vida verdadero significado, valor y sentido. En Él tenemos vida abundante. Que el Padre nos conceda a cada uno de nosotros la sabiduría de identificar el orgullo en nuestras vidas, para que podamos confesarlo y arrepentirnos. Porque es cuando nos humillamos ante Él —cediéndole el control, aceptando la identidad que nos da y viendo a los demás como mejores que nosotros mismos— que realmente nos bendice y nos eleva.

....

Jesús, sé que las verdaderas bendiciones vienen a través de la
humildad. Me someto a ti y te obedezco. Amén.

Salidas de emergencia

El Señor, pues, sabe rescatar de tentación a los piadosos.

2 PEDRO 2:9

En la mayoría de las grandes tiendas y edificios públicos, las salidas de emergencia están claramente marcadas para que en caso de incendio u otra urgencia, la gente sepa cómo escapar del peligro. Lo mismo sucede en la vida cristiana: Dios ha provisto vías de escape para cuando te sientas tentado a pecar. A veces, vienen en forma de interrupciones: algo o alguien te distrae lo suficiente como para destruir el señuelo que te atrae. Otras veces, aparecen como obstáculos en el camino: la conexión de internet se cae o tu instrumento de pago no funciona.

Sin embargo, también hay señales de salida que son diferentes para cada persona. Esto se debe a que hay diversos pensamientos y estímulos que personalmente nos impulsan a desobedecer a Dios. Pablo amonestó: «Llevar cautivo todo pensamiento a la obediencia a Cristo» (2 Corintios 10:5, RVC). Él sabía bien que la tentación comienza en nuestra mente, así que si podemos usar la Palabra de Dios para contrarrestar el patrón de pensamiento que nos puso en el camino del pecado, venceremos.

El punto es que el Señor «proveerá también la vía de escape» (1 Corintios 10:13), pero debes estar dispuesto a abordarla. Así que busca las señales de salida y confía en que te ayudará a liberarte cuando te sientas tentado a pecar contra Él.

....

Jesús, ayúdame a tomar siempre tus salidas divinas para que pueda huir de la tentación. Amén.

Tu amable defensor

«Tomen Mi yugo sobre ustedes y aprendan de
Mí, que Yo soy manso y humilde de corazón,
y HALLARÁN DESCANSO PARA SUS ALMAS».

MATEO 11:29

Si alguna vez piensas que Dios es un capataz inflexible que solo espera para castigarte, sustituye de inmediato ese pensamiento por la verdad. Jesús es amable y amoroso contigo. Sí, el Señor te disciplinará a veces por tu bien, pero lo hace como un Padre bondadoso, no como un enemigo vengativo. Él es bueno contigo. Dios sabe que necesitas su ternura, en especial cuando tu corazón está roto o te hallas bajo ataque.

Recuerda cuando el Señor le habló a Elías con un suave susurro. El profeta estaba asustado y agobiado. Entonces Dios le mostró el poder con el que lo protegería, a través de un torbellino y un terremoto que desgarraron las montañas. Pero también le habló a Elías a través de una brisa apacible. Su voz tranquila le recordó al profeta que lo cuidaba.

Jesús es tierno contigo como un pastor lo es con sus ovejas. Esto no significa que sea débil, ineficaz o pusilánime. Él sigue siendo el fuerte guerrero, el Rey de reyes todopoderoso que finalmente triunfará sobre todo enemigo. Más bien, eso significa que siempre te tratará de una manera amorosa. Así que acude a Él y encuentra descanso para tu alma.

Jesús, gracias por ser tan tierno, amoroso y amable conmigo.
Amén.

Espera en Él

Nuestra alma espera al SEÑOR; Él es
nuestra ayuda y nuestro escudo.

SALMOS 33:20

Hay ocasiones en las que acudes al Señor en oración, le preguntas por alguna preocupación y sientes la seguridad de que responderá a tu petición. Pero luego experimentarás un largo período de silencio. Para empeorar las cosas, durante ese tiempo, Dios puede darte pocas indicaciones de lo que está haciendo y puede parecer como si nada estuviera sucediendo. Entonces te preguntas: *¿He oído bien?*

¿Qué debes hacer cuando el Señor crea esos vacíos en tu vida? Una de las lecciones más básicas que debes aprender es dejar que Dios sea Dios. Él obrará en lo invisible y de maneras que no puedes imaginar. Debes dejar el «cómo» y el «cuándo» en sus manos y reconocer que son su responsabilidad. No trates de interferir ni de manipular tus circunstancias, ya que solo harás un desastre. Él te mostrará cuándo y si quiere que actúes.

Recuerda que el Señor siempre reserva lo mejor para aquellos que están dispuestos a esperar en Él con fe, incluso cuando no vean suceder nada. Así que piensa: ¿quieres lo mejor de Dios? Si es así, confía en Él, permanece cerca de Él y espera. Porque los que confían en el Señor nunca serán decepcionados.

....

Jesús, esperaré en ti. Fortalece mi fe para que siempre pueda
honrarte. Amén.

Elévate en el Espíritu

*Habiendo comenzado por el Espíritu, ¿van
a terminar ahora por la carne?*

GÁLATAS 3:3

En el versículo de hoy, Pablo nos plantea una excelente pregunta de autoevaluación. Si estuviera presente, el apóstol podría formular su comentario de esta manera: «Sé que dices que tu salvación se basa completamente en tu fe en la muerte expiatoria de Cristo en la cruz, pero me parece que estás poniendo mucho énfasis en lo que haces o dejas de hacer, y no tanto en *lo que* eres o a *quién* perteneces».

Verás, cuando aceptamos a Jesús como nuestro Salvador, Él toma nuestro espíritu muerto y nos da uno nuevo y vivo. Esto no es algo que podamos lograr por nosotros mismos: Él debe hacerlo en nosotros. Pero a veces, erróneamente, volvemos a nuestra naturaleza carnal. Somos como la oruga que sufre la metamorfosis y se convierte en mariposa. Sin embargo, en lugar de volar, sigue arrastrándose por el suelo, completamente inconsciente del don y el poder que ahora tiene a su disposición.

Tu vieja naturaleza es impotente para alcanzar todo lo que Dios tiene para ti, así que ¿por qué te esfuerzas de manera tan improductiva en tu carne? No lo hagas. En lugar de eso, asegúrate de que estás caminando por el Espíritu. Permite que el Señor te cambie de adentro hacia afuera, porque Él ciertamente te enseñará a elevarte.

....

*Jesús, enséñame a caminar en el Espíritu y a experimentar
todo lo que tienes para mí. Amén.*

Haz lo que Él diga

«Porque Tú lo pides, echaré las redes».
LUCAS 5:5

Como pescador experimentado, la opinión profesional de Pedro era que lo que Cristo le estaba pidiendo no funcionaría. La mayor parte de la pesca que se hacía en el mar de Galilea era nocturna, en aguas poco profundas, no en el día, como insistía el Maestro. Pero era Jesús quien se lo pedía, así que obedeció.

Tal vez te encuentres ante una situación parecida. El Señor te ordena proceder de una manera que, según tu experiencia, no tiene sentido. Pero es el omnipotente y omnisciente Soberano de la creación el que te está guiando, y confiar en Él significa mirar más allá de lo que puedes ver hacia lo que Él sabe, y Él lo sabe todo. Así que lo mejor que puedes hacer es obedecer a Dios y dejarle a Él las consecuencias. Pedro lo hizo y recogió tal cantidad de peces que sus redes empezaron a romperse.

A lo largo de tu vida, algunas de las instrucciones del Señor te parecerán abrumadoras, ilógicas e incluso imposibles. Pero cuando el Todopoderoso te dice que hagas algo, debes hacerlo simplemente basándote en quién te está instruyendo, confiando en que Él te guiará. Así que rema mar adentro y echa las redes. Haz lo que Dios te diga. Porque no querrás perderte todo lo que desea hacer por ti.

....

Jesús, haré lo que tú digas y confiaré en ti. Amén.

Produce lo que permanezca

*El mundo pasa [...] pero el que hace la voluntad
de Dios permanece para siempre.*

1 JUAN 2:17

Este mundo es pasajero, pero hay bendiciones eternas cuando sirves a Jesús. Por lo tanto, es crucial que hagas el compromiso: «Señor, elijo obedecerte, con la ayuda del Espíritu Santo, en favor de tus propósitos». Este es un compromiso valioso, porque someterte a Cristo significa que estás transfiriendo la autoridad de tu vida de tu reino al suyo. Su voluntad se convierte en tu estilo de vida, en la forma en que respondes a las circunstancias a las que te enfrentas. Y lo haces sabiendo que todo lo que inviertas aquí se desvanecerá, pero cuando tu tesoro está en el cielo, perdura para siempre.

Por tanto, cuando tomes decisiones, pregúntate: «¿Honra la elección que estoy haciendo, la promesa que hice de obedecer al Señor?». No hay manera de que hagas la voluntad de Dios si te has reservado el derecho de dirigir tu propio camino. Así que cada día, espera en el Señor en oración. Hay cosas que Él requerirá de ti en el servicio a su reino celestial que tú no sabrás cómo cumplir y no tendrás los recursos para lograrlo. Pero Él sí los tiene. Así que recibe su instrucción y te capacitará para «que [tu] fruto permanezca» (Juan 15:16).

Jesús, ayúdame a servirte y a producir frutos que permanezcan. Amén.

Créele a Dios

«En verdad les digo que cualquiera que diga a este monte: "Quítate y arrójate al mar", y no dude en su corazón, sino crea que lo que dice va a suceder, le será concedido».

MARCOS 11:23

Hay un principio espiritual que causará cambios positivos y poderosos en tu vida si lo aplicas con diligencia. A través de este, tu vida de oración, tus conversaciones con otras personas y la forma en que Dios obra a través de ti serán transformadas. ¿Cuál es ese principio? *Créele a Dios; no dudes de lo que dice.*

En el versículo de hoy, Jesús habló de mover montañas, obstáculos en tu vida que ninguna excavadora o dinamita podría quitar. Sin embargo, estas montañas son oportunidades para tu fe. Considera cómo respondes a ellas. Quizás, cuando te enfrentas a esos desafíos, le dices a Dios lo que quieres que haga, lo comentas con tus amigos o acudes a un consejero para que te aconseje. Haces todo lo que sabes hacer, pero la montaña sigue en pie. De hecho, parece hacerse más grande, más abrumadora y cada vez más inamovible a medida que pasa el tiempo. El problema es que has intentado moverla con tus fuerzas.

Como instruye el Señor en Salmos 46:10: «Estén quietos, y sepan que Yo soy Dios». Resiste la tentación de concluir que Él ya no se dedica a mover montañas. En vez de eso, decide confiar en que si Él dice que te ayudará, realmente lo hará. Deja de dudar y créele.

....

Jesús, te alabo por mover esta montaña. Amén.

Con fe, sin dudar

Pero que pida con fe, sin dudar. Porque el que
duda es semejante a la ola del mar, impulsada
por el viento y echada de una parte a otra.

SANTIAGO 1:6

¿Hay momentos en los que luchas por mantener tu fe en Dios, en especial cuando pasa el tiempo o aumentan los problemas? Santiago advierte que no debemos permitir que las circunstancias hagan tambalear nuestra confianza en Dios. ¿Qué puedes hacer para fortalecer tu fe y que las tormentas de la vida no la hagan añicos?

Primero, fija tu atención en Jesús. Si te centras en tus circunstancias y en las imposibilidades que tienes ante ti, te enfrentarás a la derrota. Pero el omnipotente Creador del universo siempre te llevará a la victoria. *Segundo, medita en la Palabra.* A lo largo de las Escrituras se reitera que el Señor es fiel a sus promesas y siempre defiende con éxito a su pueblo. Por lo tanto, sigue leyendo la Biblia para que Dios te recuerde su ayuda, renueve tu mente y transforme tu vida. *Por último, independientemente de cómo te sientas o lo que veas, decide confiar en Dios.* Cuando conozcas la instrucción del Señor, simplemente llévala a cabo; no mires atrás, ni observes con preocupación a tu alrededor. En lugar de eso, ten fe en que cuando Él dice: «Te fortaleceré, ciertamente te ayudaré, sí, te sostendré con la diestra de Mi justicia», lo dice en serio (Isaías 41:10).

Jesús, por favor, perdóname por vacilar. Ayúdame a
permanecer fuerte en la fe. Amén.

Búscalo con asombro

Cuando veo Tus cielos, obra de Tus dedos, la
luna y las estrellas que Tú has establecido.

SALMOS 8:3

¿Alguna vez has notado que las personas que tienen la hermosa cualidad de la piedad a menudo temen y honran a Dios en un nivel profundo? Parecen conocerlo y amarlo genuinamente de una manera muy personal e íntima. Tienen un sentido de temor, una reverencia por el Señor que sobrepasa todo lo demás en sus vidas. Tal vez a ti también te gustaría tener esa característica, pero ¿por dónde empezar cuando el objeto de estudio es Dios mismo? ¿Cómo te acercas a una tarea tan inspiradora?

Por supuesto, comienza escudriñando su Palabra de rodillas en oración. Sin embargo, también se necesita un sentido de asombro puro ante lo que Él es. Piensa en esto: te estás acercando al trono glorioso y eterno de aquel que creó los cielos y la tierra. Imagina todo lo que Él ha visto: cómo creó cada organismo, planta, persona, montaña y planeta con su mano sabia y omnipotente. Considera cómo es consciente de la partícula más pequeña y al mismo tiempo controla el vasto funcionamiento del universo. ¡Eso es completamente asombroso!

Así que si en verdad quieres conocer a Dios, búscalo con un corazón sensible e inquisitivo. Él se te revelará y te mostrará «cosas grandes e inaccesibles, que tú no conoces» (Jeremías 33:3).

....

Jesús, quiero conocerte profundamente. Revélate a mi vida.
Amén.

Preparados para la acción

Así que preparen su mente para actuar y ejerciten el control propio. Pongan toda su esperanza en la salvación inmerecida que recibirán cuando Jesucristo sea revelado al mundo.

1 PEDRO 1:13 (NTV)

Cuando surgen tiempos difíciles, uno de los primeros afectados es tu pensamiento. Puedes sentirte confundido, abrumado, preocupado o incluso aturdido cuando te sobrevienen los desafíos. Por lo tanto, es crucial estar bien mentalmente cuando estás a punto de sufrir persecución o tiempos difíciles.

Por tanto, ¿cómo preparas tu mente para actuar? Debes decidir que no permitirás que la ira, la falta de perdón, los celos, el miedo o la duda te acosen. Cuando te enfrentes a situaciones que escapan a tu control, esas actitudes negativas pueden paralizarte e incluso derrotarte por completo. Por otro lado, si respondes con la actitud mental correcta —viendo tus circunstancias desde la perspectiva de Dios y entendiendo quién eres en Cristo (elegido y protegido por Él, nacido de nuevo a una esperanza viva y fortalecido por el Espíritu Santo que mora en ti para hacer su voluntad)— entonces puedes caminar victorioso a través de tus dificultades, consciente de que no durarán para siempre.

Así que mientras te preparas para los tiempos difíciles, enfócate en tu actitud y en cómo responderás con fe. Porque cuando piensas como Dios, basado en tu identidad en Cristo, nada podrá estremecer tu confianza.

....

Jesús, ayúdame a preparar mi mente para que pueda honrarte pase lo que pase. Amén.

Nuestro pronto auxilio

Pero para mí, estar cerca de Dios es mi bien;
en Dios el Señor he puesto mi refugio.

SALMOS 73:28

Una de las creencias fundamentales a las que siempre puedes aferrarte es que Dios siempre está presente, en todas partes y en todo momento. No importa cuántos adversarios o problemas parezcan rodearte, el Señor es aún más real, por lo que está presto y disponible para ayudarte.

Elías comprendió esto, y por eso continuó teniendo confianza aunque estaba rodeado de ochocientos cincuenta profetas de Baal y Asera. Imagínate la escena del monte Carmelo: el único siervo fiel de Dios se enfrentó solo en la fe a un ejército de adivinos paganos. Sin embargo, Elías se dio cuenta de que no eran un verdadero desafío para él, porque contaban con deidades falsas, hechas por manos humanas con madera y piedra. Pero la defensa de Elías era el inquebrantable e inconquistable Dios de Israel. Y una vez que el Todopoderoso mostró su poder incuestionable, todo el pueblo reconoció: «El Señor, Él es Dios» (1 Reyes 18:39).

¿Te sientes tú también rodeado de desafíos? El Señor te cubre con su presencia. Por eso, aunque puedas ver tus problemas y no ver a Dios, no tienes por qué temer. Puedes enfrentarte a tus dificultades con fe y confianza en tu Redentor, porque Él es «nuestro refugio y fortaleza, *Nuestro* pronto auxilio en las tribulaciones» (Salmos 46:1).

....

Jesús, gracias porque siempre eres mi pronto auxilio. Amén.

Tu herencia

*¿No escogió Dios a los pobres de este mundo para ser ricos en
fe y herederos del reino que Él prometió a los que lo aman?*

SANTIAGO 2:5

La mayoría de nosotros probablemente hemos soñado con cómo
serían nuestras vidas si heredáramos grandes fortunas. Pero
¿cómo deberían cambiar nuestra forma de pensar y de vivir cuando
comprendemos que somos herederos de un reino ante el cual palidecen incluso las propiedades terrenales más costosas?

La asombrosa verdad es que el Señor te ha nombrado beneficiario de su maravillosa herencia. Romanos 8:16-17 declara: «El
Espíritu mismo da testimonio a nuestro espíritu de que somos hijos
de Dios. Y si somos hijos, somos también herederos; herederos de
Dios y coherederos con Cristo». ¿De qué es dueño el Señor? Todo
le pertenece a Él. Como Creador del cielo y de la tierra y de todo
lo que hay en ellos, el Señor es el único propietario del universo, y
está en sus manos proveer todo lo que necesitas.

Por lo tanto, considera, ¿vives como indigente, siempre
temiendo las carencias o soñando con lo que otros tienen? Deja de
hacer eso. Tienes una herencia que nunca se desvanece, porque eres
el heredero indiscutible del Padre celestial. Así que alábalo y regocíjate de que en Cristo ya tienes todo lo que realmente necesitas.

*Jesús, gracias por hacerme tu coheredero y proveer lo que
necesito. Amén.*

El contentamiento

No que hable porque tenga escasez, pues he aprendido
a contentarme cualquiera que sea mi situación.

FILIPENSES 4:11

¿Has luchado alguna vez contra el contentamiento? Tal vez vives en buenas condiciones, con lo suficiente para comer y ropa para vestir. Pero algo sigue fallando, algo falta. Podemos aprender mucho del apóstol Pablo, que estaba en la cárcel sin muchos elementos necesarios ni libertades personales, pero aun así fue capaz de mantenerse esperanzado y contento.

Pablo no era un optimista temerario que negaba la realidad. Había soportado muchas penurias físicas, rechazo y persecución. Incluso había sido encarcelado injustamente por su fe en Jesús. Sin embargo, todavía podía decir: «En todo y por todo he aprendido el secreto tanto de estar saciado como *de* tener hambre, de tener abundancia como de sufrir necesidad» (Filipenses 4:12). ¿Cómo resistió Pablo? Dependiendo de la fuerza de Cristo para todo.

Pablo no actuó con un espíritu de temor o desilusión. Sabía que recibiría lo mejor de Dios para él si permanecía en Él cada día y confiaba en que le proveería lo que necesitara. Tú también puedes confiar así. La insatisfacción que sientes en tu alma se debe a tu enfoque. Así que aprende de Pablo y fija tus ojos en Jesús. Todo lo que necesitas o deseas está en Él.

....

Jesús, ayúdame a encontrar todo lo que necesite o desee en ti.
Amén.

315

Paz en la tormenta

Y la paz de Dios, que sobrepasa todo entendimiento,
guardará sus corazones y sus mentes en Cristo Jesús.

FILIPENSES 4:7

Algunas personas creen que cuando alcanzan cierta edad o nivel de madurez espiritual, las tempestades de la vida amainan o al menos disminuyen en intensidad. Sin embargo, la verdad es que enfrentaremos pruebas hasta que veamos a Jesús cara a cara en el cielo. Afortunadamente, cuando el Señor no decide poner fin a las tormentas que nos azotan desde afuera, es fiel para calmarlas desde adentro. Podemos tener su paz en medio del torbellino.

Jesús nos aseguró que ya ha vencido todo lo que podamos enfrentar. Entonces, ¿cómo nos apoderamos de la paz que nos ofrece? «Por nada estén afanosos; antes bien, en todo, mediante oración y súplica con acción de gracias, sean dadas a conocer sus peticiones delante de Dios» (Filipenses 4:6).

En otras palabras, opta por confiar en el Señor. Entrégale todo lo que te preocupa a Él, a aquel que puede manejarlo. Y da gracias porque te acompañará en tus momentos más oscuros. Él tiene el control absoluto, eterno e inquebrantable, y tú eres su amado, estás rodeado de su cuidado. Eso te dará una tranquilidad mayor que la que pueda ofrecerte cualquier cosa en esta tierra.

....

Jesús, tú eres mi paz. Gracias por ayudarme siempre. Amén.

Tiempo de recuperación

Cercano está el Señor a los quebrantados de
corazón, y salva a los abatidos de espíritu.

SALMOS 34:18

Cuando pasamos por pruebas que son especialmente difíciles, podemos experimentar un tiempo en el que todo lo que somos capaces de hacer es procesar lo que ha ocurrido. Durante ese tiempo, algunas personas se dedican a su trabajo o a sus aficiones, otras se convierten en ermitaños y muchas resuelven sus sentimientos hablando con sus seres queridos. En tales ocasiones, podemos preguntarnos si hemos defraudado a Dios porque no estamos sirviendo a su reino como solemos hacerlo. Nuestro razonamiento es que no estamos a la altura de nuestras propias expectativas, por lo que probablemente también le estemos fallando a Él.

Sin embargo, recuerda que Jesús te ama incondicional y compasivamente. Al igual que las operaciones físicas requieren recuperación, lo mismo ocurre con la cirugía espiritual. Necesitas tiempo para sanar. Así que no temas que Él se decepcione de ti. Eso significaría que su amor se basa en tu rendimiento, lo cual no es así. Por supuesto, Él no acepta el comportamiento pecaminoso; eso lo entristece, por ello te impulsará a volver a su camino. Más, el punto es que puedes estar libre de culpa mientras te tomas el tiempo para procesar y aplicar las lecciones espirituales que Él te ha enseñado. Y cuando el tiempo de recuperación termine y vuelvas a ponerte en marcha, Él estará a tu lado, dándote fuerzas para afrontar el futuro con valentía.

Jesús, gracias por ser mi gran médico y ayudarme a
recuperarme. Amén.

Tu amigo

*«Los he llamado amigos, porque les he dado a
conocer todo lo que he oído de Mi Padre».*

JUAN 15:15

Horas antes de su muerte en la cruz, Jesús reveló la sorprendente intimidad de nuestro vínculo con Él: nos llama *amigos*. Esta es una de las verdades más preciosas, inolvidables, reconfortantes y tranquilizadoras que se pueden encontrar en la Palabra de Dios. Aunque servimos al Señor, no somos esclavos ni cautivos. Aunque Él es nuestro Dios, no está distante ni es inaccesible para nosotros. El Todopoderoso no nos mira a través del lente de la ira, sino del corazón amoroso. Él es nuestro amigo.

Y como tu gran amigo, Jesús te acepta tal como eres, pero también te ayuda a crecer hasta convertirte en todo lo que puedes llegar a ser. Siempre está a tu disposición y quiere que seas completamente sincero con Él en todo momento. Él ha pasado por todo tipo de pruebas y las ha superado, y está deseoso de ayudarte a que también las superes. No pasa por alto tus deficiencias ni tus pecados; más bien, como verdadero amante de tu alma, hace lo que es mejor para ti. Él está más cerca que un hermano y da su vida por ti. Por lo tanto, reconoce el gran regalo que se te ha dado a través de una relación con Él y trátalo a cambio como tu amigo.

Jesús, gracias por ser mi mejor y más cercano amigo. Amén.

Intervención

«Bendito sea el Señor, Dios de Israel, que te envió hoy a encontrarme [...] y bendita seas tú, que me has impedido derramar sangre hoy y vengarme por mi propia mano».

1 SAMUEL 25:32-33

D avid estaba enojado. Él y sus hombres habían protegido a los pastores y los rebaños de un hombre rico llamado Nabal y los habían tratado muy bien. Sin embargo, cuando los hombres de David pidieron sustento, Nabal —que era conocido por ser «áspero y malo en *sus* tratos» (1 Samuel 25:3)— se negó a retribuir el favor. De hecho, fue tan insultante que cuando David se enteró, ordenó inmediatamente a sus hombres: «Cíñase cada uno su espada» (1 Samuel 25:13).

Sin embargo, el Señor obró a través de la sabia y piadosa esposa de Nabal, Abigail, para impedir que David lo matara, un acto que habría tenido terribles implicaciones cuando asumiera el trono de Israel. Eso es un buen recordatorio de cómo Dios, en su bondad, intervendrá y nos guardará de hacer el mal también. Si alguien hiere nuestros sentimientos, nos enfadamos y de inmediato queremos tomar represalias. Pero, de alguna manera, el Señor nos detiene y nos recuerda las dolorosas consecuencias a las que podríamos enfrentarnos.

Tu Salvador está dispuesto a hacer todo lo posible para evitarte problemas. Por eso, cada vez que te sientas tentado a hacer algo que sabes que se opone a la voluntad de Dios, acude al Señor y pídele que te detenga, te ayude e intervenga en tu favor.

....

Jesús, gracias por librarme del mal. Amén.

Refinamiento

Porque la fe de ustedes es como el oro: su calidad debe ser probada por medio del fuego. La fe que resiste la prueba vale mucho más que el oro, el cual se puede destruir.

1 PEDRO 1:7 (DHH)

La refinación de los metales preciosos —especialmente la plata y el oro— comienza a bajas temperaturas. Eso se debe a que ciertas impurezas responden rápidamente al calor y, a medida que suben a la superficie, pueden eliminarse. Luego, se aumenta el calor y otros contaminantes ascienden a la parte superior del caldero de metal fundido para eliminarlas. Solo bajo temperaturas extremadamente intensas los contaminantes más tenaces se separan del metal y emergen a la parte superior, donde pueden extraerse.

El proceso es el mismo para nosotros. Dios purifica nuestras vidas por grados; nos refina capa por capa. Si el Padre pasara de inmediato a las fortalezas más profundas del pecado, no podríamos soportarlo. Estaríamos tan abrumados que no solo se quebrantaría nuestra voluntad, sino que también se destrozaría nuestro espíritu.

A menudo, es por eso que las pruebas parecen intensificarse a medida que maduras en tu fe. Sin embargo, no desesperes ni temas. Dios no te ha rechazado. Al contrario, ha visto la veta de fe pura que posees y trabaja a través del fuego de la adversidad para asegurarse de que brille en ti para su gloria.

....

Jesús, gracias por refinarme lentamente, capa por capa, en tu sabiduría. Amén.

Todo es verdad

«Estas son palabras verdaderas de Dios».
APOCALIPSIS 19:9

Cuántas veces, después de leer un relato bíblico en el que el Señor actúa poderosamente en la nación de Israel o en la iglesia primitiva, te has sorprendido pensando: *¡Nunca dudaría de Dios si tuviera una experiencia así!* Toda la narración bíblica está repleta de ejemplos de su insondable poder. Desde Génesis hasta Apocalipsis, desde la creación hasta su juicio final y su gobierno definitivo sobre toda la tierra, nos enfrentamos a la verdad de que el Señor es Dios y redime fielmente a su pueblo.

Es devastador, por lo tanto, cuando tratamos la Biblia erróneamente como un libro de cuentos y mitos más que como la Palabra inspirada por Dios. Lo que leemos en las Escrituras no es una historia creativa, ni siquiera una narración parcial de los acontecimientos. Es la verdad absoluta, el relato real, fidedigno, histórico y verificado de testigos presenciales de la obra del Señor en el mundo y la vida de su pueblo.

Una vez que aceptemos las Escrituras como verdaderas y vislumbremos la majestuosidad de Dios, quedaremos asombrados. Nuestra respuesta será como la de los que estaban alrededor del trono proclamando: «¡Aleluya! Porque el Señor nuestro Dios Todopoderoso reina» (Apocalipsis 19:6). ¿Quieres experimentar el poder de Dios en tu vida? Deja de centrarte en tus circunstancias y cree en aquel que está sentado en el trono.

....

Jesús, ¡te creo! ¡Tú reinas sobre todo! Amén.

¿Cuál es tu motivación?

Teme al Señor tu Dios y sírvele a él.

DEUTERONOMIO 6:13 (NTV)

¿Estás verdaderamente comprometido con Jesús? Si es así, ¿qué motiva tu devoción a Él? ¿Intentas conseguir lo máximo para ti? ¿O realmente lo amas y lo respetas por lo que Él es? Es importante entender esto, porque habrá temporadas en las que someterse a Él será muy difícil. En esos momentos, cuando tu fe se pone a prueba y no estás seguro de si debes seguir la dirección del Señor, considera esta pregunta: *¿Preferirías obedecer a Dios y permitirle que te bendiga, o desobedecerlo y pasar el resto de tu vida preguntándote qué habría hecho en ti y a través de ti si hubieras confiado en Él?*

Esa es una pregunta aleccionadora, ¿te parece? Hay momentos en los que muchos cristianos recuerdan haber estado frente a una decisión crucial y, debido a una voluntad inquebrantable o una debilidad humana, optaron por servir a su yo y no a Dios. Fueron débiles porque sus motivos eran erróneos. Y se quedaron impotentes preguntándose qué habría hecho el Señor a través de ellos si se hubieran sometido a su autoridad.

No cometas el mismo error. Asegúrate de que tu devoción a Jesús se base en un fundamento seguro.

....

Jesús, te amo y respeto tu autoridad. Ayúdame a honrarte siempre. Amén.

Da el paso

*«Arrepiéntanse y apártense de todas sus transgresiones,
para que la iniquidad no les sea piedra de tropiezo».*

EZEQUIEL 18:30

¿Hay algún asunto sin resolver que sigue saliendo a la superficie cuando pasas tiempo con Dios? ¿Hay algún deseo rebelde, un pecado oculto o alguna relación que necesitas reparar o eliminar? Desecha ese obstáculo: no te está sirviendo. Solo te está impidiendo descubrir la alegría, el significado y la libertad que realmente anhelas.

Es probable que sea doloroso dar ese paso de obediencia debido a la dependencia que has formado. Puede que incluso te des cuenta de que tu pecado te impide ser útil al Señor, pero no puedes detenerte porque tienes miedo. Entiende, sin embargo, que al otro lado de tu decisión, la gracia de Dios cubre tus heridas y te da libertad, contentamiento y una mayor revelación de lo que puede lograr a través de ti.

Por lo tanto, el reto es mirar aquello que te mantiene en esclavitud a la luz de la eternidad y sopesar su valor. Cuando eso se compara con la inmensidad de los recursos ilimitados del Señor —a saber, amor, misericordia, poder, sabiduría, fuerza y todo lo demás—, se hará evidente cuán inútil es la trampa terrenal que te aprisiona y cuánto vale dar ese paso de obediencia hacia Dios. Así que hazlo y sé libre.

....

Jesús, me arrepiento. Guíame a la libertad. Amén.

Persevera en la oración

Perseveren en la oración, velando en
ella con acción de gracias.
COLOSENSES 4:2

¿Qué significa perseverar en la oración? La expresión griega indica que debemos *persistir, mantenernos constantes* y *negarnos a rendirnos*. En otras palabras, no debemos detenernos demasiado pronto, sino seguir intercediendo.

Por supuesto, esto es difícil porque la mayoría de nosotros somos bastante impacientes con Dios. Hacemos una petición y esperamos su respuesta instantánea. Si no la obtenemos, nos damos por vencidos, pensando: *El Señor debe estar enfadado conmigo o supongo que no es su voluntad.* Sin embargo, Jesús nos enseña que debemos «orar en todo tiempo, y no desfallecer» (Lucas 18:1). Eso se debe a que nos involucramos en una batalla espiritual cuando hacemos negocios con Dios. Nos unimos al Señor en su guerra contra las fuerzas de las tinieblas. Así que podemos esperar ser acosados, puesto que el enemigo quiere evitar que nos arrodillemos.

Sin embargo, creo que muchos de nosotros veríamos al Señor hacer mucho más en nuestras vidas si perseveráramos en la oración. No se trata solo de pronunciar algunas palabras y esperar un mensaje instantáneo como respuesta. Es una batalla que libramos en los lugares celestiales, donde podemos ver que el reino de Dios siempre prevalece.

....

Jesús, gracias por el don de la oración. Ayúdame a seguir
intercediendo hasta que me des la victoria. Amén.

Un testimonio vivo

Adoren a Cristo como el Señor de su vida. Si alguien les
pregunta acerca de la esperanza que tienen como creyentes,
estén siempre preparados para dar una explicación.
1 PEDRO 3:15 (NTV)

Uno de los grandes problemas de esta época es que muchos del pueblo de Dios actúan de una manera en la iglesia y de otra el resto de la semana. De modo que su testimonio no tiene impacto ni poder en el mundo, que es el que más lo necesita.

Así que considera esto: ¿saben las personas perdidas con las que interactúas, que eres creyente sin que tengas que decirlo? No deberías tener que aclarar: «Soy cristiano, así que no cuentes chistes soeces cerca de mí». Al contrario, tu vida debería estar tan poseída por Jesús que tu sola presencia lo diga. Porque hay algo poderoso y convincente en un creyente verdaderamente lleno del Espíritu que las personas no pueden dejar de notar la diferencia. Lo ven y lo oyen cuando interactúan contigo. Y quieren lo que tú tienes, así que te preguntan por tu esperanza. Es entonces cuando puedes decir: «Déjame contarte cómo ha obrado el Señor Jesús en mi vida».

La vida cristiana no es un acto, sino una unión con Dios tan íntima que Jesús vive libremente a través de ti. Así que camina con Él de tal manera que nadie dude a quién perteneces.

....

Jesús, que tu presencia sea tan poderosa en mí que otros
quieran conocerte. Amén.

Modelos de pensamiento

Transfórmense mediante la renovación de su mente,
para que verifiquen cuál es la voluntad de Dios.

ROMANOS 12:2

Mucho antes de que los martillos, las sierras y las excavadoras lleguen a la obra, el contratista tiene un plano arquitectónico del edificio terminado. Las tuberías, las vigas, las paredes, las ventanas y las puertas se instalan de acuerdo al plano detallado. Nuestro crecimiento como cristianos es sorprendentemente similar. Por supuesto, Dios tiene un plan específico para hacernos madurar. Pero es probable que no nos demos cuenta de que nuestro comportamiento visible es inevitablemente producto del plano mental que estamos siguiendo. En otras palabras, lo que hacemos es una expresión de nuestro modo de pensar: cada acción comienza con un pensamiento.

Por eso Jesús dijo: «Porque de adentro, del corazón de los hombres, salen los malos pensamientos, fornicaciones, robos, homicidios, adulterios» (Marcos 7:21). El verdadero cambio, por lo tanto, debe proceder de adentro hacia afuera. Debemos reemplazar nuestro modelo interno.

Esto significa que tenemos que ser conscientes de los patrones de pensamiento que se han arraigado profundamente en nuestros sistemas psicológicos y emocionales, porque no se puede confiar en ellos. Y eso solo puede ocurrir cuando el Espíritu Santo nos los revela a través de la ingesta diaria del agente de cambio sobrenatural de Dios: la verdad divina. Afortunadamente, Cristo hace posible que nuestras mentes sean transformadas para que podamos vivir según su modelo de vida.

....

Jesús, transforma mi mente para que pueda vivir según tu
plan. Amén.

¿Has perdonado?

*«Perdónanos nuestros pecados, así como hemos
perdonado a los que pecan contra nosotros».*
MATEO 6:12 (NTV)

¿Hay alguien a quien realmente desprecies? Antes de contestar de manera ligera o rápida que no, examina con sinceridad tu corazón preguntándote a ti mismo:

1. ¿Recuerdo algunas injusticias de las que no puedo deshacerme?
2. ¿Hay alguien que me haya herido tan terriblemente que sea incapaz de desearle lo mejor?
3. ¿Me ha herido alguien al punto de que desee que sufra tanto o más que yo?

¿Ha aflorado algo al hacerte estas preguntas? ¿Qué nombre te viene a la mente de inmediato? ¿Qué cara te imaginas? A menudo, reprimimos los recuerdos de los males que nos han hecho en el pasado, pensando erróneamente que si los olvidamos, desaparecerán. Pero lo cierto es que el trauma emocional permanece. Así que si te persiguen recuerdos de malos tratos pasados, debes afrontarlos y resolverlos optando por el perdón. No intentes reclamar un presunto «derecho» a aferrarte al rencor. Como creyente en Jesús que ha sido perdonado completa y misericordiosamente, esa no es una opción, nunca. En lugar de eso, demuestra que has crecido a semejanza de tu Salvador perdonando a los demás como Él lo ha hecho contigo.

Jesús, sé a quién tengo que perdonar. Ayúdame a honrarte y a dejar el dolor. Amén.

Amados y dignos

Miren cuán gran amor nos ha otorgado el
Padre: que seamos llamados hijos de Dios.

1 JUAN 3:1

La gente obtiene su valor a partir de todo tipo de cosas: estatus social, ocupación, poder, posición, autoridad, destreza intelectual, familia, popularidad, belleza, estado físico, posesiones, logros e incluso vivir en el vecindario «correcto». Y puede que los juzguemos por ello, sobre todo si su enfoque es distinto del nuestro. Pero si somos sinceros, admitiremos que todos luchamos con nuestro sentido del valor.

El Padre, sin embargo, quiere que nuestro concepto de nosotros mismos se base completamente en su amor. Él nos creó, nos acepta, nos convierte en su familia y nos halla dignos en Cristo. Pero llegar a entender eso puede ser difícil. Cuanto más nos aferramos a aquello en lo que confiamos en lugar de reconocer el valor que Él nos da, más difícil puede llegar a ser la vida. A veces, el Señor debe quitar dolorosamente las otras cosas en las que confiamos para que podamos experimentar lo mejor de Él. ¿Por qué tememos tanto a dejar ciertas cosas? Porque no queremos perder el control. Tememos que Dios no se preocupe lo suficiente por nosotros como para satisfacer nuestras necesidades, cumplir nuestros deseos o darnos contentamiento. En otras palabras, nuestros problemas de confianza se deben a una falta de comprensión de su amor.

Jesús, necesito comprender mejor tu amor perfecto e
incondicional. Enséñame, Señor. Amén.

El verdadero enemigo

Estén alerta. Su adversario, el diablo, anda al
acecho como león rugiente, buscando a quien devorar.

1 PEDRO 5:8

¿Te das cuenta de que tienes un enemigo? Sí, hay gente en el mundo a la que no le caes bien, pero hay uno que es mucho más peligroso que ellos. Por supuesto, Satanás nunca saldría y te diría que es tu mayor amenaza. Pero las Escrituras dejan claro que el enemigo y sus fuerzas persiguen sin descanso a los creyentes. Su objetivo es impedir que conozcamos y sirvamos a Jesús como nuestro Salvador y Señor.

El problema es que el enemigo se presenta como un ángel de luz, una astuta falsificación de la verdad de Dios. Él tiene cuatro objetivos: interponerse entre tú y Jesús, hacerte dudar de las Escrituras, tentarte a pecar y destruir tu funcionalidad para el reino de Dios. Demasiados creyentes son engañados por sus tácticas, exponiéndose a ataques al participar en actividades que parecen inofensivas en apariencia, pero que en realidad proporcionan una alternativa destructiva a la satisfacción de sus necesidades según los propósitos de Dios. No caigas en esa trampa. El adversario es inteligente, sutil y estratégico, por lo que usará cosas que son «buenas» para evitar que disfrutes lo mejor de Dios. Así que cuídate de él y asegúrate de mantenerte al paso con el Señor.

....

Jesús, revela y quita cualquier fortaleza que el enemigo esté
usando para separarme de ti. Amén.

Tienes la ventaja

«Miren, les he dado autoridad sobre
todos los poderes del enemigo».
LUCAS 10:19 (NTV)

¿Alguna vez has temido servir a Jesús porque no quieres provocar la oposición espiritual? Si es así, hay buenas noticias para ti. Aunque el enemigo quiere socavar el plan de Dios en tu vida, su poder es limitado: no es omnipresente ni omnipotente y, ciertamente, no sabe todo lo que Dios hace. Por esa razón, prefiere derrotarte tentándote con lo que socavará tu eficacia en el reino y haciéndote temer engañosamente lo que sucederá si te niegas a seguir a la multitud.

Por eso, Jesús habló a los discípulos de la autoridad que tenían sobre el enemigo y de la necesidad de evitar la mentalidad de este mundo al llevar a cabo su misión. Como creyentes, uno de los principios más importantes que debemos aprender es que la victoria de Cristo en la cruz destruyó por completo el poder de Satanás sobre nosotros. No tenemos que encogernos de miedo, al contrario, podemos enfrentarnos al enemigo triunfantes siempre que la fuente de nuestra fuerza sea Jesús. Así que sigue adelante en lo que Él te ha llamado a hacer y no tengas temor. Obedece a Dios y deja todas las consecuencias en sus manos, porque Él te guía a la victoria.

Jesús, tú eres más sabio y más fuerte que cualquier enemigo;
confiaré en ti. Amén.

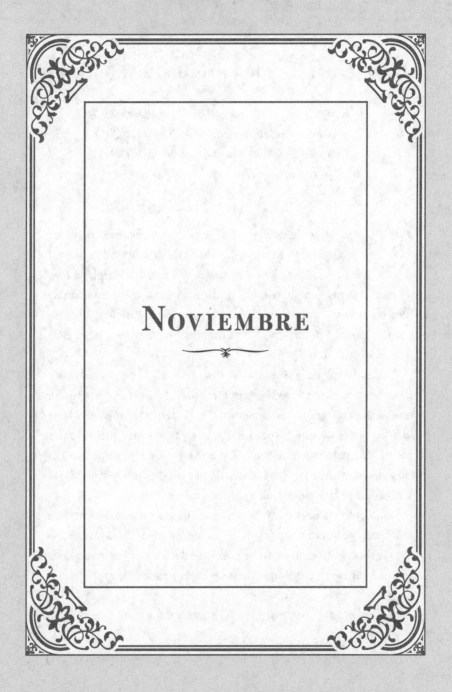

NOVIEMBRE

Las personas y los propósitos de Dios

Si alguien dice: «Yo amo a Dios», pero aborrece
a su hermano, es un mentiroso. Porque el que
no ama a su hermano, a quien ha visto, no
puede amar a Dios a quien no ha visto.

1 JUAN 4:20

Tal vez hayas descubierto que uno de los mayores enemigos de la alegría en tu vida sean los conflictos con los demás. Los problemas relacionales en tu trabajo, tu familia, tu iglesia o tu comunidad pueden contribuir significativamente a tu sensación de descontento y abatimiento. Tratar con personas difíciles ya es un reto de por sí y tratar con tus pensamientos negativos sobre ellas puede ser aún más difícil.

Quizás no puedas soportar a estas personas, ya no puedes más y no sabes qué hacer. Pero Dios promete darte la sabiduría y la fuerza que necesitas para tratarlas con gracia. El paso más importante es darte cuenta de que Él permitió que esas personas fueran parte de tu vida para sus propósitos. Así que en vez de permitir que sus acciones se conviertan en el centro de tu pensamiento, pregúntale al Señor qué te está enseñando o proveyendo a través de ellas.

Cuando las palabras y las acciones inapropiadas e hirientes de los demás te llevan a acudir al Señor, pueden ser agentes involuntarios de tu crecimiento espiritual. Así que decide volverte hacia Dios porque esa es la manera de sentar las bases para el triunfo.

Jesús, ayúdame a perdonar a los demás y a honrarte a ti.
Amén.

Refúgiate en Él

Tú eres mi escondedero; de la angustia me preservarás;
con cánticos de liberación me rodearás.

SALMOS 32:7

Hoy, cualquiera sea el desafío o enemigo que te asalte, refúgiate en el Señor. Pídele que sea tu protección y tu defensa. Encomiéndate a su cuidado, consciente de que Él es fiel y solo permite las pruebas que en última instancia servirán para tu bien.

Perseguido intensamente por el celoso rey Saúl, David encontró consuelo, paz y gozo refugiándose en Dios. El Señor fue el apoyo y el escondite de David. ¿Eran siempre sensatas para David, las acciones de Saúl? En absoluto. Pero mucho de lo que Saúl hizo fue realmente desgarrador. A través de todo eso, sin embargo, el Señor le enseñó a David a confiar por completo en Él y lo preparó para un servicio mayor.

Lo mismo puede ser válido para ti. Orar de manera específica por tu problema y permanecer en la Palabra de Dios son las maneras más prácticas en que puedes encontrar refugio en la adversidad. A través de esos momentos de comunión, Dios te enseña a encomendarte a Él. ¿Te librará de todo lo que te aflige? Con el tiempo, tal vez lo haga. Ninguna prueba dura más de lo que es útil en su plan divino. Pero lo importante es que sigas honrándolo y haciendo lo que te ordena. Dios te exaltará cuando hagas de Él tu refugio.

....

Jesús, tú eres mi refugio y mi escondedero. Gracias por
protegerme. Amén.

Un nuevo encuentro

*Que sean renovados en el espíritu de su mente, y se vistan
del nuevo hombre, el cual, en la semejanza de Dios, ha
sido creado en la justicia y santidad de la verdad.*

EFESIOS 4:23-24

Si quieres tener gozo y alcanzar el éxito en la vida cristiana, es vital que tengas encuentros nuevos con el Señor. Debes tener esas experiencias con el Salvador que renueven tu alma, te dan fortaleza y te llenan de esperanza. Reconócelo, tu relación personal con Jesús puede volverse aburrida, convertirse en una rutina insatisfactoria, estancarse en la tradición y carecer de vitalidad espiritual. La tiranía de lo urgente puede frustrar tu intimidad con Cristo. Así que necesitas encontrarte con Él en toda su gloria y retomar el camino.

Si deseas un toque fresco de Dios, el paso más importante que puedes dar es pasar tiempo ininterrumpido, enfocado y valioso con Él. Dedícale toda tu atención, corazón, alma, mente y fuerza, sin otro fin que no sea conocerlo. Admite que no has sentido su presencia como antes. Sé completamente sincero y no trates de racionalizar ningún área a la que Él te inste al arrepentimiento. Comprométete a dar los pasos que te indique. Y confía plenamente en que te aceptará y se te revelará. Después de todo, Él anhela que lo invoques y siempre quiere darte lo que tu alma necesita para ser restaurada.

....

*Jesús, te necesito. Ayúdame a tener un nuevo encuentro
contigo. Amén.*

Rendición de cuentas

Por tanto, confiésense sus pecados unos a otros,
y oren unos por otros para que sean sanados. La
oración eficaz del justo puede lograr mucho.
SANTIAGO 5:16

A la mayoría de las personas no les gusta admitir sus defectos y sus luchas ante los demás. Menos aún que nos digan lo que tenemos que hacer. Sin embargo, a lo largo de las Escrituras aprendemos que debemos confesarnos tanto con Dios como con los demás: somos responsables los unos ante los otros de nuestras acciones y de nuestro crecimiento espiritual. Por lo tanto, reflexiona: ¿hay alguien cercano a quien le hayas dado permiso para aconsejarte, desafiarte y reprenderte cuando sea necesario? ¿Tienes al menos una amistad que implique transparencia, confesión, oración, apoyo espiritual y aliento mutuo? Si no es así, te conviene encontrar una.

Rendir cuentas a alguien constituye un sabio control y equilibrio para tu vida. A través de ello, Dios proporciona una medida de protección, permitiendo que otros aborden áreas de debilidad que podrían resultar en una eventual ruina y mantenerte a raya. Eso te prepara para el día en que te presentes ante el Señor a dar cuenta de tu vida.

Por tanto, si no tienes un compañero ante el cual confesarte, búscate uno. Sé sincero y sensible en cuanto a tus limitaciones, fracasos y faltas. Oren juntos y apóyense espiritualmente. Porque Dios bendice en gran manera este tipo de edificación mutua.

....

Jesús, por favor, ayúdame a encontrar un compañero sabio y
justo, y que yo pueda ser esa persona para alguien más. Amén.

Considera la crítica

Por senda de vida va el que guarda la instrucción,
pero el que abandona la reprensión se extravía.

PROVERBIOS 10:17

¿Te han criticado últimamente? Las palabras bruscas y despectivas de los demás pueden ser muy hirientes. Pero ya sea que la reprimenda resulte merecida como si no, puedes crecer espiritualmente con la respuesta adecuada. Cuando ignoras la censura sin más, limitas tu capacidad de crecer espiritual, emocional y mentalmente. Es posible que no examines un punto ciego de tu vida o que no abordes una deficiencia que debes mejorar con urgencia. Eso se debe a que, al igual que las luces rojas del tablero de un automóvil, las críticas nos advierten de problemas potenciales que si no se corrigen, pueden hacer descarrilar nuestras relaciones y nuestros planes. Pero cuando le presentas las reprimendas de los demás a Dios y le preguntas si hay algo valioso en ellas, Él puede trabajar a través de sus palabras, incluso las desagradables, para tu bien.

Por tanto, cuando otros te reprendan, no levantes un muro y digas: «Así soy yo, te guste o no». Y no ataques a quienes te reprenden. En vez de eso, di: «Muchas gracias». Muestra un espíritu enseñable y acepta las críticas tal y como son. Luego, afronta tus debilidades y examina tu corazón con la ayuda de Dios. Él puede transformarte si estás dispuesto a afrontar los aspectos desagradables de tu personalidad y tu comportamiento.

....

Jesús, ayúdame a recibir siempre las palabras de los demás
con tu sabiduría. Amén.

La procrastinación

A aquel, pues, que sabe hacer lo bueno y
no lo hace, le es pecado.
SANTIAGO 4:17

¿Alguna vez has dejado para mañana lo que deberías hacer hoy? Tal vez hay algo que Dios te ha llamado a hacer, alguien con quien necesitas ponerte en contacto o una tarea importante que te atemoriza. De alguna manera, no encuentras el momento adecuado para hacerlo, mientras los días siguen pasando. Quizás lo estás postergando porque ciertas partes de la tarea te resultan incómodas o te causan ansiedad. O puede que te sientas incapaz y estés agotando el tiempo por miedo al fracaso o las críticas. Sea cual sea el caso, sientes continuamente la presión de la tarea que se cierne sobre ti.

La buena noticia es que la procrastinación tiene solución. La causa fundamental de tu indecisión se debe a cómo te sientes contigo mismo, pero puedes afrontarla recordando que eres un hijo del Dios vivo, capacitado para servirle a través de la sabiduría y el poder de su Espíritu que mora en ti. Tienes todo lo que necesitas para alcanzar todas las metas que el Señor ha puesto ante ti. Por lo tanto, no debes temer. A través de Cristo, puedes hacerlo. Por tanto, deja de luchar con tus ansiedades y haz el trabajo. Comienza a vivir con la alegría y la seguridad de los recursos ilimitados de Dios.

Jesús, sé lo que debo hacer; ayúdame a completar bien la
tarea. Amén.

La Palabra para la guerra

Porque las armas de nuestra contienda no son carnales,
sino poderosas en Dios para la destrucción de fortalezas.
2 CORINTIOS 10:4

Cada mañana cuando te levantas, te des cuenta o no, estás en guerra. Muchos creyentes reconocen esto, pero no lo toman tan en serio como deberían. Cuando hablamos de guerra espiritual, sin embargo, debemos recordar que enfrentamos a diario una batalla real y personal con fuerzas espirituales que tratan de derrotarnos. No reconocer eso ha resultado en dolorosas pérdidas incluso para los cristianos más consagrados. Justo cuando piensan que tienen un área pecaminosa vencida, se levanta de nuevo para dominarlos otra vez.

Tal vez hayas experimentado eso y te preguntes: *Si la Escritura es tan poderosa como Dios lo promete, ¿por qué todavía enfrento la derrota?* El problema no es que la Palabra carezca de poder, sino que no siempre entendemos cómo revestirnos de ella para luchar con eficacia. No es simplemente algo que podemos citar cuando nos sentimos vulnerables, aunque eso es lo ideal. Más bien, es un arma defensiva y ofensiva que debe convertirse en una parte activa y cotidiana de cada área de nuestras vidas. Y si la usas correctamente, no solo te protegerá, sino que hará huir a todos tus enemigos.

....

Jesús, muéstrame la forma de usar tu Palabra como un
arma efectiva de guerra espiritual. Amén.

Reinos en guerra

*Porque Él nos libró del dominio de las tinieblas y
nos trasladó al reino de Su Hijo amado.*
COLOSENSES 1:13

Desde la caída de Satanás, hay dos imperios sobrenaturales en guerra: el reino de Dios y el dominio de las tinieblas. Eso significa que nacimos en conflicto, atrapados en medio de la lucha por el poder entre esos dos dominios. Aunque no seamos capaces de verlo, es algo real y continuará hasta que Cristo regrese como Rey de reyes y Señor de señores.

Es probable que no reconozcas ese conflicto en tu propia vida, pero sin duda está presente en todas las Escrituras y ha impregnado todos los ámbitos de la sociedad. De hecho, ver las noticias y observar el mal y el sufrimiento presentes en todo el mundo es casi suficiente para hacernos cuestionar si el enemigo está ganando. Sin embargo, no temas. Dios siempre saldrá victorioso.

Teniendo eso en cuenta, ¿cómo debes vivir? Debes prepararte para la batalla espiritual, fortaleciéndote en el Señor y en el poder de su fuerza. Eso se hace poniéndote toda la armadura de Dios (Efesios 6:10-18), pero también comprendiendo que la obediencia al Señor es imperativa. Por lo tanto, desecha todo lo que el enemigo pueda usar en tu contra para su beneficio y marcha al unísono con el Salvador.

....

Jesús, ayúdame en todo para servirte a ti y a tu reino. Amén.

Traza bien

Procura con diligencia presentarte a Dios
aprobado, como obrero que no tiene de qué
avergonzarse, que traza bien la palabra de verdad.

2 TIMOTEO 2:15 (RVA)

Si quieres tener una fe sólida y firme, debes cimentarte en las Escrituras. Eso no sucede automáticamente con solo leer. Al contrario, debes ser diligente para entender la Palabra de Dios a través del estudio, la oración, la reflexión y la meditación.

La frase que Pablo usó en el versículo de hoy, «traza bien», significa delinear una línea recta como lo haría un arador a través de un campo. Es decir, cuando leemos la Palabra de Dios, hay una línea recta que va de la verdad hasta nuestras vidas. No debemos hacer que gire ni torcerla para adaptarla a nuestra conveniencia. Muchas personas manejan la Biblia al revés. Deciden cómo quieren vivir y luego escogen versículos sin contexto que parecen apoyar sus decisiones. Pero eso no funciona. Por el contrario, debemos examinar el consejo completo de las Escrituras —no solo un par de pasajes aislados— y basar nuestras vidas en lo que dice su Palabra.

La mayoría de las personas quieren oír lo que les hace sentirse mejor consigo mismas. Pero la intención de la Biblia es transformar, ya sea a través de la instrucción, el estímulo y —cuando se requiera— la convicción. Así que disponte en todo momento a concordar con la Palabra, aunque te duela. Así fortalecerás y purificarás tu fe.

....

Jesús, ayúdame a aplicar tu verdad a mi vida con diligencia
y precisión. Amén.

Completo

*Y ustedes han sido hechos completos en Él, que
es la cabeza sobre todo poder y autoridad.*

COLOSENSES 2:10

En una escala del uno al diez, ¿qué tan completa dirías que es tu vida? ¿Qué persona, ocupación, posesión o logro la haría más significativa y satisfactoria? Estas pueden ser preguntas difíciles y complicadas si tenemos en cuenta tus circunstancias actuales o cómo te han juzgado los demás. Sin embargo, consuélate con el hecho de que una vez que pones tu confianza en Cristo como Salvador, te vuelves «completo en Él». La palabra *completo* en el griego original significa «lleno», como cuando no hay espacio para nada más. No careces de nada, no te falta nada para lograr la plenitud o la aceptación.

Reflexiona en esto: Jesús, que es «la plenitud de la Deidad» (Colosenses 2:9), es el Soberano del universo y la suma de toda santidad y perfección, sin defecto ni carencia. Él habita en ti y suple todas tus necesidades. En Él está toda la sabiduría, la fuerza, la provisión, la instrucción, el amor, el gozo, la paz, la paciencia, la bondad, la mansedumbre, el dominio propio, la fidelidad, el consejo y el consuelo que puedas necesitar. Por lo tanto, cuando tienes a Cristo, lo tienes todo. No careces de nada que tenga valor eterno.

Así que, realmente, no importa lo que otros digan que necesitas ni lo que la sociedad dice que mejorará tu vida. Cristo es tu vida, Él es mucho más que suficiente.

....

*Jesús, muchas gracias porque no me falta absolutamente
nada en ti. Amén.*

El paso de fe

Porque en el evangelio la justicia de
Dios se revela por fe y para fe, como está
escrito: MAS EL JUSTO POR LA FE VIVIRÁ.

ROMANOS 1:17

Da el paso de fe. No importa lo que Dios te haya mostrado que debes hacer, deja de permitir que el miedo y la indecisión te detengan. Simplemente, sigue adelante, confiando en que Él sabe lo que está haciendo aunque no estés seguro. Esto no depende de tu habilidad, conocimiento o capacidad, así que ya no uses eso como excusa. El Señor te ha dirigido de esta manera para que puedas ver cuán abundantemente suficiente es Él para todo en la vida.

Esta es la manera en que experimentas más a Dios y avanzas en la vida cristiana. Tu conducta, comportamiento y estilo de vida —todas las áreas de tu persona— deben revelar una expresión de confianza en Jesús que se desarrolla, progresa y aumenta de manera constante. ¿Pueden otros verte y reconocer que estás creciendo en tu semejanza a Cristo y tu fe en Él?

Has vivido confiando en tus sentidos limitados, pero ya es el momento de confiar plenamente en la sabiduría, la fuerza, el conocimiento y el amor ilimitados de Dios. Así que prepárate leyendo las Escrituras, orando y recordando cómo te ha ayudado en el pasado. Luego haz lo que sabes que el Señor desea de ti. Él hará lo que sea necesario para guiarte a la victoria a medida que le obedeces.

....

Jesús, te obedeceré. Guíame, Señor. Amén.

Espera confiando

Alma mía, espera en silencio solamente en
Dios, pues de Él viene mi esperanza.

SALMOS 62:5

Cuando esperas en el Señor por alguna petición u oportunidad, es probable que creas que estás perdiendo el tiempo. Es más, puede parecerte que toda tu vida está en suspenso. Al igual que David, tal vez grites: «¿Hasta cuándo, oh SEÑOR? ¿Me olvidarás para siempre?» (Salmos 13:1). Pero así como Dios no abandonó a David, tampoco te ha abandonado a ti. El Señor hizo una obra muy importante en la vida y el carácter de David durante los tiempos de espera, lo que también hará en ti.

Por lo tanto, entiende que tu vida no está en pausa. Al contrario, debes posicionarte activamente para la instrucción continua de Dios. Esperar en el Señor requiere fuerza y valor, no es tiempo para ser pasivo, irresponsable o perezoso. Más bien, debes decidir minuto a minuto ser obediente al Padre y a sus propósitos sin importar cuánto tiempo tome tu petición. No te impacientes ni te apresures a buscar una solución por tu cuenta, solo entorpecerás el plan de Dios y prolongarás el retraso. En vez de eso, confía en el tiempo perfecto del Señor y permítele hacer su obra esencial en ti y en tus circunstancias. Él ciertamente hará más de lo que imaginas.

....

Jesús, tú eres mi esperanza. Te buscaré con todo lo que hay
en mí y esperaré en ti. Amén.

Habla con fe

*No salga de la boca de ustedes ninguna palabra
mala, sino solo la que sea buena para edificación
[…] para que imparta gracia a los que escuchan.*

EFESIOS 4:29

Debemos tener siempre cuidado con lo que decimos, porque nuestras palabras tienen un efecto extraordinario en nosotros y en los demás. Lo que verbalizamos también lo oímos, por lo que nos afecta física, mental, emocional y espiritualmente. Elige hablar negativamente todo el tiempo, y tu día será mucho peor que si decides ser positivo. Por tanto, reflexiona: las palabras que estás expresando ¿potencian o contribuyen a lo que sea que quieras conseguir?

Puede que digas: «Pero tú no lo entiendes. Mi vida es difícil. Quejándome es como libero mis sentimientos». Sin embargo, debes recordar que tus palabras comunican tus creencias. Si siempre hablas de derrota, ahí te quedarás. Por eso David oró: «SEÑOR, pon guarda a mi boca» (Salmos 141:3). Él sabía que «la muerte y la vida están en poder de la lengua» (Proverbios 18:21, RVR1960). En vez de eso, cuando te enfrentes a tus angustias y tus cargas, intenta hacer una confesión de fe. Cuando te encuentres en una situación difícil, di: «Señor, gracias por tus promesas, porque sé que vas a verme pasar por esto y que será para bien». Eso hará toda la diferencia en tus circunstancias.

*Jesús, pon guarda a mi boca y ayúdame a hablar siempre
con fe. Amén.*

Cada parte de ti

*Habiendo amado a los Suyos que estaban
en el mundo, los amó hasta el fin.*

JUAN 13:1

Era antes de la Pascua, Jesús sabía que su hora había llegado. La misión estaba a punto de consumarse. Pronto dejaría atrás el sufrimiento de su limitado cuerpo humano y regresaría al lugar que le correspondía: a la diestra de su amado Padre. Volvería a revestirse de la gloria y la honra debidas.

Sin embargo, fue un momento agridulce, porque Jesús amaba de verdad a su pueblo. Aunque Judas ya lo había traicionado, su perjurio no disuadió a Cristo de servirles. Jesús sabía que «el Padre había puesto todas las cosas en Sus manos» (Juan 13:3); la victoria era suya, así que quiso darles a los discípulos una imagen inolvidable de lo íntimamente que Dios mismo nos ministra. Como el siervo más humilde de la casa, el Señor de señores se arrodilló, «luego echó agua en una vasija, y comenzó a lavar los pies de los discípulos» (Juan 13:5).

No menosprecies este hermoso cuadro, porque representa la forma en que Dios te ama: hasta los más pequeños e incómodos granos de polvo y arena de tus pies le importan. No hay nada demasiado humilde para que Él lo toque; Él te quiere completamente limpio. Así que no escondas nada, ni siquiera las cosas más vergonzosas. Deja que el Señor te ministre.

....

Jesús, gracias por limpiar hasta las partes más vergonzosas de mí. Eres en verdad mi Salvador. Amén.

La actitud de Efraín

«Dios me ha hecho fecundo en la tierra de mi aflicción».
GÉNESIS 41:52

José pasó trece largos años en la servidumbre y la prisión egipcias antes de convertirse en el segundo líder más poderoso. Sin embargo, llamó a su segundo hijo Efraín, que significa «dos veces fructífero». ¿Por qué? Ese nombre le recordaba que el Señor había entretejido sus sufrimientos en un plan bellamente diseñado. José se convirtió en el hombre justo que debía ser *a causa de* sus sufrimientos, no a pesar de ellos.

José decidió confiar en el plan soberano del Señor para su vida. Dirigiéndose a sus hermanos, que lo habían traicionado y vendido como esclavo, afirmó con rotundidad: «Ustedes pensaron hacerme mal, *pero* Dios lo cambió en bien» (Génesis 50:20). No solo los perdonó, sino que glorificó al Señor por sus propósitos transformadores.

Todos tenemos cicatrices que nos recuerdan las heridas sufridas a causa de nuestro propio comportamiento dañino o de las palabras y acciones destructivas de otros. Muchas veces, intentamos olvidarlas, ignorarlas o suprimirlas. Estrategias que rara vez son eficaces. En vez de eso, reconoce que el Padre trabajará a través de tu dolor para fortalecerte y desarrollar tu carácter, si se lo permites. Así que no niegues tu sufrimiento ni te amargues por él. Al igual que José, acéptalo como una herramienta del Señor para fortalecerte.

....

Jesús, dame un corazón como el de José, para ver tus buenos propósitos incluso en la adversidad. Amén.

Confía en su bondad

En Ti confiaron, y no fueron decepcionados.

SALMOS 22:5

A menudo, nuestra falta de confianza en Jesús se basa en lo poco que confiamos en la bondad de Dios. Queremos algo y no podemos imaginar por qué no nos lo da. Oramos una y otra vez, pero por alguna razón la situación sigue igual. Así que cuando nos pide que demos un paso de fe, dudamos.

Sin embargo, recuerda, el Padre promete suplir todas tus necesidades de la manera que sea más beneficiosa para ti. Y te asegura que si haces de su reino una prioridad, no tendrás que preocuparte por las necesidades de la vida (Mateo 6:24-34). No obstante, cuando dudas de la bondad de Dios para satisfacer las exigencias fundamentales de tu existencia —físicas, espirituales, económicas y emocionales— tiendes a buscar satisfacción a través de cosas que nunca te llenarán realmente y en última instancia te destruirán.

Así que hoy, no dudes. Recuerda que Dios *siempre* es bueno con su pueblo; nunca hay un momento en el que deje de obrar a tu favor, aunque eso implique disciplina. Así que obedece a Jesús, no solo porque es tu deber, sino porque la bondad, la misericordia, el amor y la sabiduría sustentan todos sus mandamientos. Haz lo que dice y confía en Él para todas las cosas, porque los que dependen del Señor nunca serán decepcionados.

Jesús, ayúdame a confiar en que tienes buenos propósitos en cada situación. Amén.

Adquiere sabiduría

*Lo principal es la sabiduría; adquiere sabiduría, y
con todo lo que obtengas adquiere inteligencia.*

PROVERBIOS 4:7

A lo largo de las Escrituras, el proceso de adquirir sabiduría se ve a menudo como un viaje, cuyo propósito es guiarte por el camino correcto. A medida que la buscas, te guía hacia una mayor comprensión del carácter y los caminos de Dios. Esto se debe a que el temor, o la reverencia, al Señor es el principio de la sabiduría. Solo puedes comenzar la expedición para encontrarla reconociendo que Dios es el Creador y la fuente de la misma, y que Él conoce más sobre ella de lo que jamás comprenderás.

Afortunadamente, si le preguntas al Señor qué piensa acerca de las situaciones que te preocupan, te contestará. Su meta es que te mantengas con Él; por lo tanto, siempre que le pidas su guía, puedes confiar en que te responderá. Sin embargo, necesitas estar escuchándolo para distinguir el camino correcto a seguir.

Cuando Dios observa tus circunstancias, siempre sabe exactamente lo que debes hacer. Él no quiere que tengas una vida meramente «buena», sino que experimentes la mejor existencia posible. Así que escúchalo, porque la sabiduría que te enseñará es mejor «que las joyas, y todas las cosas deseables no pueden compararse con ella» (Proverbios 8:11).

....

*Jesús, por favor, guíame en este viaje y enséñame a ser sabio.
Amén.*

Prosigue a la meta

Olvidando lo que queda atrás y extendiéndome
a lo que está delante, prosigo hacia la meta.
FILIPENSES 3:13-14

¿Piensas en tu pasado, en los errores que cometiste, en los agravios que te hicieron o en las cosas buenas que pudiste lograr? Puede parecer inofensivo, pero centrarse en los días pasados puede perturbar tu fe.

El apóstol Pablo entendía bien eso. Podría haberse quedado atrapado en el hecho de que había perseguido a la iglesia y enviado a muchos creyentes a la muerte. La culpa podría haberle consumido vivo. Sin embargo, optó por abrazar el perdón de Cristo. Luego estaban las personas que lo habían maldecido, golpeado y traicionado. Pablo podría haberles manifestado rencor. En vez de eso, eligió extender la gracia que Jesús le había mostrado. Pablo también podría haberse quedado atascado en los días de gloria, cuando era un líder prometedor entre los fariseos, en el camino hacia la riqueza y la notoriedad. No obstante, lo consideraba basura comparado con conocer a Jesús.

Pablo comprendió que cuando nuestra mirada está demasiado enfocada en los errores, las injusticias e incluso las victorias, no progresamos como Dios quiere. Así que siguió adelante y fijó sus ojos en Cristo, porque ese es el camino hacia una vida más excelente. Por lo tanto, hoy deja el pasado atrás, donde pertenece, y mira a Cristo transformar tu futuro en maneras que no puedes imaginar.

....

Jesús, prosigo a la meta, miro hacia delante y busco tu rostro.
Amén.

Anímense

Anímense unos a otros cada día [...] para que ninguno de
ustedes sea engañado por el pecado y su corazón se vuelva rebelde.
HEBREOS 3:13 (DHH)

E l desánimo es una de las armas más destructivas en el arsenal
del enemigo, así que como creyentes necesitamos ser conscientes de lo importante que es animarnos unos a otros. Los cristianos
desanimados que están a punto de perder la esperanza y el enfoque
debido a sus luchas pueden fortalecerse a través de las palabras y
acciones de sus hermanos y hermanas en Cristo.

Uno de los ejemplos maravillosos sobre esto en las Escrituras es
la forma en que el Señor utilizó a Bernabé en la vida de Juan Marcos.
Este había abandonado a Pablo y a Bernabé en su primer viaje misionero, por lo que Pablo se negó a volver a viajar con él. Pero Bernabé,
viendo el potencial de su primo Marcos, le dio otra oportunidad y
lo alentó. Y eso marcó la diferencia. Con el tiempo, Marcos no solo
se convirtió en un importante líder de la iglesia primitiva, sino que
también escribió el Evangelio de Marcos. Incluso Pablo lo quería a
su lado cuando se enfrentaba a una muerte inminente.

Es propio de la naturaleza humana rechazar a quienes nos
fallan. Sin embargo, el propósito de Dios siempre es redentor. Así
que cuando un compañero creyente caiga, no le des una patada.
En vez de eso, sé como Bernabé y ayúdalo a levantarse. Anímalo,
confiando en que el Señor todavía tiene planes buenos e importantes para su vida.

....

Jesús, muéstrame a quién puedo animar hoy con tu amor y
tu verdad. Amén.

En todo

*Y sabemos que para los que aman a Dios, todas
las cosas cooperan para bien, esto es, para los
que son llamados conforme a Su propósito.*

ROMANOS 8:28

¿Crees que Dios está en todo lo que te sucede? Es probable que esta sea una pregunta difícil, considerando el sufrimiento que puedes estar experimentando. Sin embargo, es algo en lo que todo creyente genuino debería pensar a fondo. Al fin y al cabo, no podremos entender ni explicar todo lo que nos ocurre. Sabemos que Dios nos ama y que nunca inicia el mal. Pero aunque el Señor no sea el *causante* de lo que nos ocurre, sigue estando en medio de ello con nosotros. Sin embargo, como Dios omnipotente y omnisciente que es, también toma la decisión final sobre lo que puede afectar nuestras vidas y nos ayuda a vencer.

Como creyente, sin embargo, tienes la seguridad de que el Señor está obrando en cada detalle de tu vida. Debido a que no puedes ver el panorama completo, es posible que malinterpretes algunas de las circunstancias que experimentas. Pero todo el tiempo Él está orquestando y guiando tu vida como le corresponde a un Padre amoroso.

Así que no temas ni desesperes. Por el contrario, sigue escuchando a Dios y creyendo en su Palabra. Él ciertamente tomará los desafíos más desastrosos y las situaciones más desesperadas y, a su manera sabia y sobrenatural, hará que todo sea para tu bien.

....

Jesús, gracias porque siempre puedo confiar en ti, pase lo que pase. Amén.

En su nombre

¡Oh Señor, Señor nuestro, cuán glorioso
es Tu nombre en toda la tierra!

SALMOS 8:1

Harriet Tubman. Sir Winston Churchill. Mohandas Gandhi. Albert Einstein. Billy Graham. Con solo mencionarlos, tu mente puede pensar en quiénes eran y lo que fueron capaces de lograr. Eso se debe a que el nombre de una persona refleja mucho más que su mera identidad: sugiere su carácter, su personalidad y la suma de su ser.

Por eso es una excelente idea conocer los nombres con los que se llama a Dios en las Escrituras, ya que puede mejorar tu tiempo de adoración y oración con Él. Por ejemplo, Dios es *Yahvé Yireh*, tu gran y poderoso proveedor. Él es el que conoce tus necesidades y las satisface. Es *Elohim*, aquel que es infinito en poder y absolutamente fiel para mantener sus promesas. Es *El Shaddai*, el Altísimo sobre todo, Dios todopoderoso y victorioso. Es también *El Roi*, el Dios que te ve; *Yahvé Rohi*, tu pastor que te guía; *Yahvé Rapha*, el que te sana; y *Yahvé Shalom*, tu paz.

Aprende a conocer los títulos y el carácter del Señor; al hacerlo, llegarás a conocerlo. Él es verdaderamente majestuoso y maravilloso en todos los sentidos.

....

Jesús, tu nombre es sobre todo nombre. Enséñame quién eres.
Amén.

Sacrificios de alabanza

*Y todo el pueblo aclamaba a gran voz
alabando al Señor porque se habían echado
los cimientos de la casa del Señor.*

ESDRAS 3:11

A lo largo de la historia, Dios ha instruido pacientemente a su pueblo en la alabanza. Muchas veces, esta fue resultado de la liberación de alguna prueba. Por ejemplo, Esdras relata la restauración del pueblo judío a su patria después del cautiverio babilónico. Una vez que regresaron a Jerusalén, encontraron que quedaba muy poco del templo. Ese era su único y verdadero lugar de culto, pero yacía en ruinas. Sin embargo, levantaron un altar y empezaron a sacrificar de nuevo entre los escombros. Y cuando quitaron las piedras caídas y pusieron los cimientos del templo, volvieron a alabar a Dios.

Judá lo había perdido todo y había pasado casi setenta años en Babilonia. Sin embargo, en vez de amargura, Esdras dejó constancia de su profundo deseo de restablecer un lugar de culto y alabanza al Señor. El tiempo que pasaron en la esclavitud les hizo reconocer de nuevo su gran necesidad de Dios. Despojados de cualquier otra seguridad, vieron que su verdadera esperanza estaba en Él. Del mismo modo, el Padre puede utilizar a veces tus pruebas más duras para enseñarte a confiar en Él y a adorarlo. Él es todo lo que realmente necesitas. Y es en esos momentos, cuando presentas tus sacrificios de alabanza, que encuentras fuerza en la presencia de Dios, una que nada ni nadie puede perturbar.

....

*Jesús, como eres todo lo que tengo, entiendo que realmente
eres todo lo que necesito. Amén.*

Cuenta tus bendiciones

Daré gracias al Señor con todo mi corazón;
todas Tus maravillas contaré.

SALMOS 9:1

¿Te resulta difícil a veces enumerar tus bendiciones? ¿Te cuesta ver algo bueno en tu vida? Tal vez estés atravesando una temporada particularmente difícil, con problemas financieros, relacionales o físicos que te han robado la alegría. Si es así, considera esto: cuando tienes a Jesús, tienes la mayor bendición posible que nunca te quitarán.

Esto puede parecer una afirmación ingenua o espiritualmente simplista, pero es profunda y resulta crucial que lo comprendas. De hecho, reconocer quién es Jesús puede transformar tu existencia. En Cristo, tienes la garantía de la vida eterna, que comienza incluso ahora que lo conoces (Juan 17:3). Él forma tu carácter, alimenta tu alma y da energía a tu espíritu, dándote una nueva identidad, sabiduría, amor, fortaleza, alegría, paz, consuelo, esperanza y paciencia. En Cristo tienes un amigo verdadero e inquebrantable, siempre. Él comprende tus desilusiones, se regocija en tus triunfos y está contigo en tus pruebas. Puedes confiar en Él, llorar delante de Él y celebrar con Él.

Por lo tanto, siempre que consideres tus bendiciones, comienza con todo lo que tienes en Jesús; porque seguro que tendrás mucho que contar.

....

Jesús, tú eres en verdad mi mayor bendición. Gracias por
todo lo que eres para mí. Amén.

Decide alabar

Pero aunque yo sea derramado como
libación sobre el sacrificio [...] me regocijo
y comparto mi gozo con todos ustedes.

FILIPENSES 2:17

El viaje no resultó como Pablo y Silas lo previeron. Dios los había llamado a la ciudad de Filipos y la gente respondió al evangelio. Pero la situación, de pronto empezó a empeorar: los acusaron falsamente, los desnudaron, los golpearon con dureza, los metieron en la cárcel y los ataron al cepo.

Puedes imaginar que ese dúo, ensangrentado y muy magullado, podría haber cedido a la desesperación. Pero en vez de eso, se pusieron a cantar himnos y a adorar a Dios. Y el Señor respondió a su acto de fe enviando un terremoto que rompió las cadenas que aprisionaban a Pablo y a Silas. El carcelero, seguro de que habían escapado y temeroso de perder la vida, los encontró tranquilos en sus celdas. Tan convincente fue su testimonio que el incrédulo carcelero los invitó a su casa, donde él y su familia aceptaron a Cristo.

Es muy probable que Pablo y Silas no tuvieran ganas de cantar. Sus circunstancias eran terribles y sus perspectivas sombrías. Sin embargo, hicieron algo que todo creyente puede hacer y que marcará una diferencia asombrosa: decidieron alabar a Dios. Tú también puedes hacerlo. Además, puedes estar seguro de que el Señor escucha y hace cosas milagrosas a tu favor.

Jesús, al igual que Pablo y Silas, te alabo en todas las situaciones. Amén.

Sí, por todo

Y den gracias por todo a Dios el Padre en el
nombre de nuestro Señor Jesucristo.
EFESIOS 5:20 (NTV)

Leer la palabra *todo* en el versículo de hoy puede que nos inquiete. ¿Realmente quiere Dios decir que debemos dar gracias por todas las cosas o es posible hacer algunas excepciones? Entendamos que el hombre que escribió este pasaje sabía lo que significaba pasar hambre, ser traicionado, encarcelado, golpeado, naufragar, ser perseguido y dado por muerto. Él sufrió todo tipo de dificultades y sinsabores. Sin embargo, el apóstol Pablo declaró que debemos dar gracias por *todo*. Eso incluye las cosas buenas de las que disfrutamos: salud, amigos, ascensos y bendiciones. Pero también incluye las dolorosas, como la enfermedad, la decepción, la crítica, el maltrato, las pruebas, las tentaciones y la pérdida de los seres queridos.

Entonces, ¿por qué debemos dar gracias? Porque cuando expresamos nuestro agradecimiento, reconocemos la soberanía y la sabiduría de Dios. Él tiene el control de todo lo que enfrentamos y puede tomar cualquier cosa que experimentemos con el fin de transformarla para nuestro bien y para su gloria. Tal vez no entiendas cómo ni por qué; simplemente debes confiar en que Él puede hacerlo. Porque en cada dificultad hay oportunidad para aprender lecciones espirituales y esenciales que fortalecerán tu relación con Jesús, transformarán tu carácter y te prepararán para el servicio. Así que mantente cerca de Dios, ten fe y alábalo por todo.

....

Jesús, te daré gracias aun cuando no entienda. Amén.

Enfocado en Dios

*Pero yo cantaré de Tu poder; sí, gozoso cantaré por
la mañana Tu misericordia; porque Tú has sido
mi baluarte y refugio en el día de mi angustia.*

SALMOS 59:16

Expulsado de su hogar y de todo lo que conocía, David —que había sido ungido por Dios para ser el futuro rey de Israel— corrió para salvar su vida. Desde el punto de vista humano, aquello no tenía sentido. Lo perseguía el rey Saúl, que debía haber sido su mentor, pero que se había vuelto loco de envidia y rabia. Así que durante años, en lugar de aprender los entresijos del trono, David vivió como fugitivo. Todos los que él amaba o lo ayudaban corrían peligro, algunos incluso fueron asesinados. Los únicos que lo seguían eran «hombres que tenían problemas o que estaban endeudados o que simplemente estaban descontentos» (1 Samuel 22:2, NTV).

Entonces, ¿cómo podía David levantarse por la mañana con alabanzas en su corazón? De niño, en los campos pastoriles, escribía y entonaba canciones de adoración y alabanza a Dios. Y mientras huía, esos himnos —que hoy componen gran parte del libro de los Salmos— surgían en su interior como un recordatorio constante de la cercanía, la protección y la liberación del Señor. Si David se hubiera fijado en sus circunstancias, se habría desanimado sin remedio. Pero, en cambio, se centró en el amor y en las promesas de Dios, por lo que recibió el aliento que necesitaba para perseverar y honrar al Señor en todo lo que hacía.

....

*Jesús, ayúdame a enfocarme en ti y a alabarte en cada
situación. Amén.*

Vida abundante

«Yo he venido para que tengan vida, y para
que la tengan en abundancia».

JUAN 10:10

¿Qué es la vida abundante? Muchos cristianos creen que la experimentas cuando tus días están libres de problemas y fluyen abundantes bendiciones. Pero Jesús lo ve de otra manera. Su meta es vivir dentro de ti, para que cambies tu vida por la suya. No se trata simplemente de ir a la iglesia, leer la Biblia, ofrendar dinero y testificar. Más bien, cambias tu viejo yo, tu espíritu muerto, tu voluntad y tus derechos por su Espíritu, su resurrección, su misión y su victoria. En otras palabras, Cristo en ti es vida abundante.

Esto puede parecer contrario a la intuición, porque cuando la mayoría de nosotros fuimos salvos, teníamos sed de la presencia de Dios. Así que nos unimos a las iglesias y nos dieron listas de reglas para seguirlas. Pero cuanto más nos esforzábamos por ganarnos el camino hacia el Señor, más resecos quedábamos.

Sin embargo, Jesús dice: «El que cree en Mí [...] "De lo más profundo de su ser brotarán ríos de agua viva"» (Juan 7:38). Piensa en ello. Cuando un río se abre camino, marca una diferencia significativa en todo lo que toca. Esto nos enseña que tú eres el canal por el que Jesús fluye. Así que, en última instancia, la clave de la vida abundante es la entrega. Si se lo permites, Cristo canalizará su vida a través de ti y suplirá de manera abundante y desbordante tu sed de su presencia.

....

Jesús, sé mi vida abundante. Fluye a través de mí, Señor.
Amén.

El reposo sagrado

Queda, por tanto, un reposo sagrado para el pueblo de Dios. Pues el que ha entrado a Su reposo, él mismo ha reposado de sus obras, como Dios reposó de las Suyas.

HEBREOS 4:9-10

El séptimo día, el sábado, fue cuando Dios descansó de su trabajo al crear los cielos y la tierra, y disfrutó de su obra maestra. Pero cuando lees el relato de la creación, no se menciona el anochecer en ese séptimo día. Todos los demás días de la creación registraron una mañana y una tarde, un principio y un fin, pero no el día de reposo. ¿Por qué? Los rabinos enseñaban que eso se debe a que el descanso del Señor no tiene fin: dura eternamente.

Ese reposo sagrado es lo que Dios desea para cada uno de nosotros. Sí, en el cielo descansaremos de nuestras labores. Pero incluso en la tierra el Padre no quiere que estemos en constante preocupación y esfuerzo, incapaces de reconocer su presencia pacífica, gozosa y suficiente en medio de nosotros. Sí, debemos orar, planificar, trabajar y obedecer a Dios. Después de todo, Efesios 2:10 nos dice: «Porque somos hechura Suya, creados en Cristo Jesús para *hacer* buenas obras, las cuales Dios preparó de antemano para que anduviéramos en ellas». Sin embargo, detrás de todos nuestros esfuerzos está la maravillosa conciencia de la idoneidad del Señor. Y Él quiere que descansemos en el conocimiento de que lo tiene todo resuelto, aunque nosotros no.

Jesús, gracias porque siempre puedo descansar en ti. Amén.

Él lo cumplirá

«En verdad he hablado, y ciertamente haré
que suceda; lo he planeado, así lo haré».
ISAÍAS 46:11

Dios se compromete a terminar el trabajo. Debes entender esto hoy, especialmente si estás esperando que se cumpla alguna promesa preciosa o hay alguna tarea que te ha llamado a realizar. Jesús dijo que glorificó al Padre celestial «habiendo terminado la obra que me diste que hiciera» (Juan 17:4). Cumplir es importante para Él. Y cuando el Señor decide hacer algo, puedes estar seguro de que lo hará.

Sin embargo, no debes suponer que actuará de la manera que esperas o que su obra terminada se verá como la imaginas. Él trabaja de manera estratégica para llevar a cabo sus propósitos. Hubo muchos pueblos que Jesús no visitó, mucha gente a la que no enseñó ni sanó. Sin embargo, llevó a cabo el plan específico del Padre. ¿Significa eso que dejó cosas sin hacer? En absoluto. Como Él mismo dijo: «Era *necesario* que se *cumpliera todo* lo que sobre Mí está escrito en la ley de Moisés, en los profetas y en los Salmos» (Lucas 24:44, énfasis añadido). Sin embargo, a veces sus prioridades y sus tiempos son diferentes de los nuestros. Él sabe lo que es más importante y lo que tendrá mayor impacto. Así que confía en que hará perfectamente lo que ha prometido.

Jesús, gracias por cumplir todas tus promesas. Amén.

Persevera

*No nos cansemos de hacer el bien, pues a su
tiempo, si no nos cansamos, segaremos.*
GÁLATAS 6:9

Habrá momentos en los que servir a Dios e incluso la vida en general se sentirán como una ardua labor: agobiante, mundana y en apariencia improductiva. Oiremos hablar del poder milagroso del Señor, de sus recompensas, de la vida abundante que tiene para nosotros y de cómo hace brillar su gloria a través de nuestra obediencia a Él. Pero no lo sentiremos. Buscaremos alguna evidencia de un milagro en el horizonte, pero simplemente no la veremos.

En esos momentos, estarás tentado a rendirte, pero no lo hagas. Mantente comprometido y sigue adelante, porque así es como alcanzarás todo lo que Dios tiene para ti. El Señor puede estar trabajando a través de tu servicio dedicado en formas que por ahora no se ven, pero muy pronto Él traerá una cosecha. Por tanto, no te canses. Lucha contra el impulso de volverte apático y letárgico o de posponer las cosas. Cada día, ora así: «Señor, hoy estoy a tu disposición para hacer tu voluntad a tu manera. Obra a través de mí». Y si no ves una razón para seguir adelante, fija tus ojos en Jesús, porque siempre es digno de tu devoción y no dejará de recompensar tu fiel servicio a Él.

....

*Jesús, estoy cansado, pero confío en ti. Gracias porque nada
de lo que se hace en obediencia a ti es en vano. Amén.*

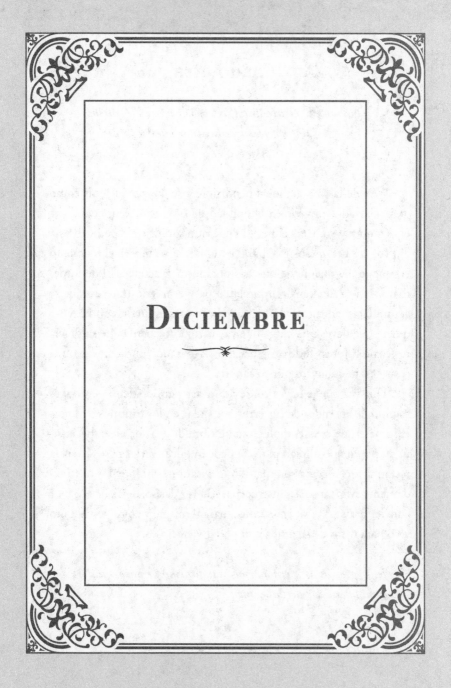

DICIEMBRE

Perdonado otra vez

¿Quién me libertará de este cuerpo de muerte? Gracias
a Dios, por Jesucristo Señor nuestro.
ROMANOS 7:24-25

U na de las maravillosas bendiciones de conocer a Jesús como Salvador es vivir en la bondad de su gracia. Aun cuando te equivoques y cometas el pecado que nunca quisiste repetir, Él está ahí con los brazos abiertos para perdonarte. Así que en el momento en que te des cuenta de que has obrado mal, acude a Él de inmediato. No te demores porque la culpa y el miedo innecesarios se acumularán en tu corazón e impedirán tu comunión con Él, y no quiere que lleves una carga que ya acarreó. Recuerda que su gracia no tiene límites; todos tus pecados —pasados, presentes y futuros— están cubiertos por su sangre.

Una vez que te hayas confesado y arrepentido de tu pecado, es tiempo de aprender de tus errores y andar en los caminos de Dios. Él quiere que seas completamente libre de esa fortaleza pecaminosa, por lo que su plan para ti puede implicar varios pasos hacia la restauración. Acepta su guía. No te desanimes ni intentes obstinadamente avanzar sin su instrucción. En vez de eso, deja que el Señor convierta tus fracasos en triunfos, para ti mismo y como testimonio vivo para otros de su amor y su poder victoriosos.

....

Jesús, gracias por perdonarme, restaurarme y enseñarme a
caminar en tu libertad. Amén.

Buenas noticias

«Vayan por todo el mundo y prediquen el evangelio a toda criatura».
MARCOS 16:15

La palabra griega para evangelio, *euangelion*, significa «buenas noticias». Su tema central — la muerte, sepultura y resurrección de Cristo— es un mensaje claramente optimista de esperanza y triunfo. Dios nos redime, restaura nuestra relación con Él, nos da una nueva naturaleza y nos proporciona un hogar eterno en el cielo. ¡Qué bendición! Puede que te preguntes por qué tanta gente se resiste al evangelio.

La mayoría de las veces es por miedo. Antes de que podamos apreciar los asombrosos beneficios de las buenas nuevas de la salvación a través de Cristo, debemos enfrentarnos a las malas noticias sobre nosotros mismos. La mayoría de las personas se miden moralmente con el comportamiento de los demás, por lo general con aquellos cuya conducta es peor. Muy a menudo oímos a la gente decir: «Soy una persona bastante buena». Y ciertamente, los incrédulos pueden hacer algunas cosas nobles, como ayudar a vecinos enfermos y contribuir financieramente a causas dignas. En general, llevan lo que nuestra cultura consideraría una «buena vida».

El problema desde la perspectiva de Dios es que están espiritualmente muertos y alejados de Él. No se dan cuenta de que esto implica separación de Él y un sufrimiento estremecedor en la eternidad. Así que debemos ayudar con amor a otros a enfrentar su condición espiritual y dar a conocer las verdaderas buenas nuevas de la redención de Cristo. Si los amamos, se las diremos.

....

Jesús, ayúdame a contar fielmente a los demás las verdaderas buenas noticias. Amén.

La Palabra es personal

*Porque la palabra de Dios es viva y eficaz, y más cortante
que cualquier espada de dos filos. Penetra hasta la
división del alma y del espíritu [...] y es poderosa para
discernir los pensamientos y las intenciones del corazón.*

HEBREOS 4:12

Dios hará su mayor obra en ti cuando medites en su Palabra. Te transformará en esos momentos en que abras las Escrituras y le permitas hablarte individualmente acerca de quién eres y qué desea para ti. Te perderás sus beneficios si dependes únicamente de otra persona para alimentarte de la Palabra de Dios. Sin duda, el Señor usa predicadores y maestros de la Biblia para ayudarte, pero no hay nada como la bendición del descubrimiento personal cuando el Espíritu Santo te enseña en tus momentos privados de comunión a solas con Él.

Por supuesto, una de las razones por las que evitamos leer la Biblia es que puede ser muy convincente. El Señor ve quiénes somos y trabaja a través de su Palabra para tamizar nuestras racionalizaciones y desnudar nuestros corazones. Aunque eso pueda parecer desagradable, en realidad no hay nada tan edificante y liberador. Eso se debe a que el Padre nos ayuda a ver nuestras vidas desde su punto de vista, incluso la increíble esperanza y el potencial que Él ha edificado en cada uno de nosotros. Y una vez que vemos nuestras vidas a través de sus ojos, nunca querremos nada menos.

*Jesús, enséñame a encontrarme contigo a través de tu
Palabra. Amén.*

Conforme al corazón de Dios

*«He hallado a David, hijo de Isaí, un hombre conforme
a mi corazón, que hará toda Mi voluntad».*
HECHOS 13:22

¿Se te ocurre alguna meta más alta en la vida que ser una persona conforme al corazón de Dios? Aunque David estaba lejos de ser perfecto, fue elogiado por eso. Creo que se debió a cuatro características que mostró y que nosotros haríamos bien en emular.

La primera cualidad que distinguía a David era que daba prioridad a su comunión personal con Dios. Si necesitas pruebas de ello, busca en los Salmos. David tenía el hábito de estar en comunión con el Señor y meditar en su Palabra. *La segunda era que mostró un fuerte deseo de obedecer a Dios.* Pese a lo que el Señor lo llamara a hacer, lo hizo con reverencia y devoción. Dos veces pudo haber matado a Saúl, pero se abstuvo por respeto al Todopoderoso. *Tercera, David tuvo el valor de poner su fe en Dios.* No hay ejemplo más sorprendente de esto que cuando se enfrentó a Goliat. *Cuarta, David mostró un espíritu de siervo.* Incluso cuando Saúl trató de matarlo, David continuó sirviendo fielmente.

Siguiendo el ejemplo piadoso de David, tú también puedes ser una persona conforme al corazón de Dios. Ciertamente, no hay llamado más alto que ese.

....

*Jesús, ayúdame a ser una persona conforme a tu corazón.
Amén.*

Déjalo elegir

Porque el SEÑOR ama la justicia, y
no abandona a Sus santos.

SALMOS 37:28

Abram y Lot tenían un problema. La tierra a la que habían emigrado era incapaz de alimentar la gran cantidad de ganado que habían adquirido, por lo que estallaron acaloradas disputas entre sus jornaleros. Así que Abram intervino con una solución: «Te ruego que no haya problema entre nosotros [...] Te ruego que te separes de mí. Si *vas a* la izquierda, yo iré a la derecha; y si *a* la derecha, yo iré a la izquierda» (Génesis 13:8-9).

La situación podría haber sido un lío terrible. Abram podría haber dicho: «Yo soy el anciano y el que tiene la promesa de Dios. Te diré lo que tienes que hacer». Pero en lugar de eso, se acercó a su sobrino Lot con humildad, como un pacificador. Y como honró al Señor, Dios lo recompensó con lo mejor de la tierra.

Podemos aprender mucho de Abram. Con demasiada frecuencia, luchamos por nuestros derechos, sin darnos cuenta de la forma en que nuestros métodos dañan nuestras relaciones. Pero como escribió el misionero Jim Elliot: «Dios siempre da lo mejor a aquellos que dejan la elección a él». Por lo tanto, independientemente de la situación, pregúntale siempre al Señor qué es lo que quiere. No tienes que luchar por lo que mereces; solo deja que Él decida qué hacer y te honrará.

Jesús, ayúdame a ser un pacificador humilde y a honrarte en cada situación. Amén.

El plan de batalla

«Porque no tenemos fuerza alguna delante de esta gran multitud [...] y no sabemos qué hacer; pero nuestros ojos están vueltos hacia Ti».

2 CRÓNICAS 20:12

Era un momento de emergencia nacional. Los enormes ejércitos de los moabitas, amonitas y meunitas estaban a punto de marchar contra el rey Josafat y la nación de Judá, y no tenían forma de defenderse. La mayoría de los líderes habrían llamado a sus consejeros o reunido al ejército, pero Josafat empleó una estrategia diferente. Volvió sus ojos hacia Dios. No vaciló, ni se quejó, ni perdió el tiempo en pensamientos pesimistas. Por el contrario, convocó inmediatamente al pueblo para un tiempo de oración y ayuno.

Observa los atributos de Dios que Josafat nombró en su oración: «Oh Señor [...] ¿no eres Tú Dios en los cielos? [...] En Tu mano hay poder y fortaleza y no hay quien pueda resistirte» (2 Crónicas 20:6). El rey reconocía el poder y la autoridad suprema de Dios, por eso, no temía lo que pudieran hacer los hombres. Y debido a su fe sincera, el Señor le dio la victoria a Judá.

Habrá momentos en los que los problemas en tu contra serán mucho mayores de lo que puedes manejar y simplemente no sabrás qué hacer. No te inquietes. En lugar de eso, sigue el ejemplo de Josafat y busca al Señor con fe. Porque ese es el plan de batalla que siempre conduce a la victoria.

Jesús, pase lo que pase, mantendré mis ojos en ti. Amén.

Dios te ama

«Como el Padre me ha amado, así también Yo
los he amado; permanezcan en Mi amor».

JUAN 15:9

¿Te das cuenta de cuán profundamente te ama Dios? Si no es así, es posible que te sientas desanimado e insatisfecho en tu caminar con Él. Puedo decir esto por experiencia. Cuando tenía unos cuarenta años, me sentía un cristiano muy frustrado. Había sido creyente por más de treinta años, pero algo faltaba en mi comunión con el Señor. Sin embargo, no sabía lo que era. Conocía a Dios. Oraba a diario, leía las Escrituras con regularidad y le servía. Pero no tenía el gozo divino que se promete en las Escrituras.

Sin embargo, una transformación comenzó cuando comprendí el amor que el Señor tiene por mí. Dios me ama. Por simple que parezca, nunca había entendido su profundo significado. Él me cuida *personalmente*. Dios reveló su amor poderoso, generoso, íntimo e incondicional a un Charles Stanley muy agradecido, y desde entonces, se ha hecho más real, gozoso, satisfactorio y glorioso para mí cada día.

Eso es lo que pido para ti. Así que, por favor, toma un bolígrafo o un lápiz y termina la oración escribiendo tu nombre. Dios ama a_____. Piensa en esa frase. Cierra los ojos y repítela varias veces al día. Y acéptala como verdadera. Dios te ama. Personalmente. Completamente. Y nunca dejará de hacerlo. Alabado sea su maravilloso nombre.

....

Jesús, gracias por amarme de verdad. Amén.

Hazlo personal

¡Nada podrá separarnos del amor que Dios nos
ha mostrado en Cristo Jesús nuestro Señor!
ROMANOS 8:39 (DHH)

Considera la naturaleza profunda y personal de cómo el Señor cuida de ti. *Dios* te ama. La persona más magnífica del universo se deleita en ti. La divinidad —Padre, Hijo y Espíritu Santo— te valora. De manera inmensurable y eterna, el Soberano del universo ha puesto su afecto en ti. Eres la niña de sus ojos, la corona de su creación.

Dios *te* ama. Él te cuida de forma única como individuo. Nadie te conoce como Él. Dios conoce tus sueños, deseos y potencial y quiere verte triunfar. Él te llama por tu nombre y te habla a través de su Palabra de la manera más íntima.

Dios te *ama*. No se trata de un mero sentimiento. Su infinita bondad se revela a ti de innumerables maneras: a través de la forma en que te creó, te salvó, mora en ti, te guía y te protege. Él escucha tus peticiones, te da nuevas misericordias cada mañana, te sostiene cada día y vela por ti cada noche. Y nada en toda la creación puede detenerlo.

«Dios *me* ama». Comienza y termina cada día con esta afirmación. Ensáyala en tu alma. Y que puedas llegar a conocer de la manera más personal cuán cierta es.

....

Jesús, haz que recuerde siempre tu amor. Amén.

Permanece libre

Para libertad fue que Cristo nos hizo libres.
Por tanto, permanezcan firmes, y no se
sometan otra vez al yugo de esclavitud.

GÁLATAS 5:1

Hay fuerzas a tu alrededor que trabajan para socavar la libertad por la que Jesús murió. Susurros de condenación, sentimientos de temor e inseguridad, mensajes sin gracia de creyentes bien intencionados, críticas constantes de aquellos a quienes amas. Día tras día, tu libertad espiritual y la identidad que Dios te ha dado son asaltadas por todos lados.

Fue precisamente esa amenaza la que impulsó al apóstol Pablo a escribir el versículo de hoy. Él sabía, por haber observado a los cristianos de Galacia, que la libertad del creyente debe protegerse y defenderse constantemente. Porque así como la verdad puede liberarnos, las mentiras del enemigo pueden devolvernos a la esclavitud y la derrota que una vez conocimos.

Por tanto, reflexiona: ¿te mantienes firme en la libertad que Cristo proveyó en la cruz? ¿Te aferras a su Palabra todos los días? ¿Estás declarando quién eres en Él? Si no es así, tómate unos minutos para revisar las fortalezas y áreas de debilidad que el Señor ha identificado y desea vencer en ti. Él quiere liberarte. Pídele versículos específicos de las Escrituras que puedas memorizar y meditar. Luego mantente firme en tu fe, aferrándote a la verdad que te hace libre.

....

Jesús, ayúdame a experimentar la plenitud de tu verdad y tu
libertad. Amén.

Sé generoso

El generoso será bendito.

PROVERBIOS 22:9

¿Estás completamente enfocado en satisfacer tus propias necesidades o has experimentado el gozo de dar y ministrar a otros? Puesto que la naturaleza de Dios es ser generoso, Él quiere que los que le seguimos también lo seamos. Después de todo, el mundo nos dice: «Consigue todo lo que puedas. Cuida de ti mismo porque nadie más lo hará». Así que cuando compartimos desinteresadamente tiempo, amor, talentos, recursos y sabiduría con los demás, hacemos una declaración sobre nuestra fe en Él y lo que valoramos. Nos alineamos con el propósito y el carácter de Dios, que cuida con amor a los que sufren carencias.

Por supuesto, puedes pensar: *No me sobra mucho dinero.* Pero la generosidad no tiene que ver con la cantidad de riqueza que posees, sino con el Espíritu que mora en ti. Es un rasgo de tu carácter: un corazón dispuesto a servir al Señor de cualquier forma que Él elija.

Así que hoy, busca maneras de extender la generosidad de Dios a los demás. Pídele oportunidades para dar de ti mismo, de tu tiempo y de tus recursos para su gloria. Él ciertamente responderá a esa oración y te mostrará la maravillosa satisfacción y bendición de verlo obrar a través de ti en la vida de los demás.

....

Jesús, ayúdame a ser siempre generoso y a representarte bien. Amén.

No temas

«No temas, porque Yo estoy contigo [...] Te
fortaleceré, ciertamente te ayudaré».

ISAÍAS 41:10

¿Estás ansioso? ¿Luchas contra el miedo? Cuando estás lleno de aprensión, puede ser difícil ver a Dios como alguien amoroso y misericordioso. De hecho, es posible que lo veas enojado y que las pruebas que permite te parezcan interminables y más grandes de lo que realmente son. Pero entiende que esta es una visión distorsionada del Señor, que «no castiga por gusto ni aflige a los hijos de los hombres» (Lamentaciones 3:33). Y enfocarte en tus temores siempre sofocará tu relación con Él y perturbará tu potencial.

Por lo tanto, si todo el tiempo te preguntas cuándo sucederá algo negativo, date cuenta de que necesitas lidiar con la ansiedad en tu vida. Dios te ordena específicamente que no tengas temor, así que tienes una opción en este asunto: tus emociones no necesitan gobernarte.

¿Qué puedes hacer? Admite que estás ansioso y pídele al Espíritu Santo que te ayude a identificar la fuente de tu inseguridad. El Señor te mostrará lo que realmente está pasando y te revelará la verdad que necesitas para superarlo. Depende de Él. Comprende que cuando Él te está ayudando, no hay razón para temer.

....

Jesús, por favor revela la fuente de mis miedos y enséñame la
verdad para que pueda ser libre de ellos. Amén.

Libre del temor

El Señor está a mi favor; no temeré.

SALMOS 118:6

Ayer nuestro tema fue la ansiedad y tal vez, lograste identificar algunos temores que se han apoderado de tu vida. El poder sobrenatural del Señor te liberará de la aprensión cuando te afirmes en dos principios esenciales: *enfocarse y tener fe.*

En primer lugar, enfócate. Debes concentrarte en lo que dice la Palabra de Dios. Cuando toda tu atención está en tu situación, siempre se ve peor. Pero cuando meditas en las Escrituras, tu mente se fija en todo lo que el Señor puede hacer a tu favor y tu perspectiva cambia. Ves cuán todopoderoso, sabio y amoroso es Él y cómo liberó a otros en situaciones similares a la tuya.

En segundo lugar, ten fe. Una vez que tu enfoque es el correcto, estás posicionado para que tu confianza en el Señor se fortalezca. Recuerda, la fe es cuando crees «que Él existe, y que recompensa a los que lo buscan» (Hebreos 11:6). Esos son los dos requisitos: 1) aceptar que Dios es real y 2) tener confianza en que Él te responderá de manera positiva.

Con un enfoque claro en la Palabra de Dios y con fe en su presencia y su poder infalibles en tu vida, todos tus temores pueden ser y serán derrotados. Cuenta con ello. Vuélvete a Él y sé libre.

....

Jesús, me enfocaré y tendré fe en ti. Libérame de mis temores. Amén.

Resiste la tentación

Él [...] es poderoso para socorrer a los que son tentados.

HEBREOS 2:18

Tal vez hayas notado que las mayores tentaciones parecen surgir cuando estás bajo mucha presión. Este es el modo habitual de operar del enemigo, porque sabe que es cuando eres más débil. Por ejemplo, después de su bautismo, Jesús ayunó cuarenta días y cuarenta noches antes de comenzar su ministerio. Fue en ese momento, cuando Cristo estaba especialmente agotado, que el diablo empezó a tentarlo para que tomara atajos en lugar de confiar en el plan y la fidelidad del Padre.

Esa es la misma forma en que el enemigo te atraerá para que abandones a Dios. Tal vez estés particularmente cansado, hambriento, abrumado, solo o sensible por las cargas que llevas y las cosas que debes hacer. Necesitas descanso, alivio y ayuda. Entonces el enemigo te ofrecerá alternativas que no te satisfarán, sino que solo empeorarán las cosas. No caigas en su trampa.

Dios no se ha olvidado de ti en este tiempo estresante. Al contrario, Él quiere ser tu energía, tu fuerza, tu recurso y tu escudo. Y porque Jesús experimentó y entiende tus necesidades humanas, sabe exactamente lo que necesitas para perseverar en victoria. Así que permanece firme encomendándote a Él. Concéntrate en hacer la voluntad del Padre y alábalo por ayudarte. Porque entonces, ninguna tentación te alcanzará.

Jesús, gracias por protegerme de la tentación. Amén.

La fuente

«El que cree en Mí, como ha dicho la Escritura: "De lo
más profundo de su ser brotarán ríos de agua viva"».

JUAN 7:38

Hay un pozo artesiano en un pastizal a lo largo de una pintoresca carretera rural. El agua, que mana de una pequeña tubería, ha refrescado a hombres y animales durante décadas. Su caudal, que brota de las profundidades de la tierra, nunca ha disminuido ni variado, ni siquiera en épocas de gran sequía.

¿No sería maravilloso ser tan constantes y coherentes en nuestra vida como creyentes? Por desgracia, nuestro estado de ánimo depende a menudo de las circunstancias. Un buen día en la iglesia, en casa o en el trabajo puede ser estimulante. Una llanta pinchada bajo la lluvia o un comentario particularmente desagradable pueden debilitarnos y desanimarnos. Ese tipo de variabilidad emocional nos pasa factura a nivel espiritual y deja a los no creyentes preguntándose por la fiabilidad de nuestra fe.

Al igual que el pozo artesiano, si queremos mantenernos firmes cualquiera sea la estación o las circunstancias, la clave está en el suministro. Y no hay fuente que sea tan abundante, inmutablemente fiable, inquebrantablemente digna de confianza e inconmoviblemente firme como Jesús, que es el mismo ayer, hoy y siempre. Por eso es tan importante que permanezcamos conectados a Cristo. Cuando Él nos guía y nos da poder a través de su Espíritu que mora en nosotros, podemos mostrar amor, gozo, paz, paciencia, amabilidad, bondad, fidelidad, mansedumbre y autocontrol sin importar la situación.

Jesús, tú eres mi fuente. Fluye a través de mí, mi Salvador. Amén.

El regalo que Jesús quiere

*«El que tiene Mis mandamientos y los
guarda, ese es el que me ama».*

JUAN 14:21

Mientras te preparas para la Navidad y compras regalos para tu familia y los amigos, es posible que dediques algún tiempo a pensar qué les gustaría tener a tus seres queridos. Al fin y al cabo, quieres que disfruten de los regalos que les compras. Pero ¿te has preguntado alguna vez qué podrías regalarle a Dios que le complaciera? ¿Cómo puedes demostrarle tu amor? ¿Qué desea Él?

Algunas personas creen que lo que Dios desea es que vayamos a la iglesia, leamos su Palabra, difundamos nuestra fe, sirvamos en diversas áreas y demos generosamente. Y es verdad, el Señor a menudo nos llama a esas cosas. No obstante, lo que Jesús realmente desea es nuestra simple obediencia a sus mandamientos. Así que la mejor manera de mostrar nuestra devoción por Cristo es caminar en la voluntad de Dios revelada en su Palabra. Con eso nos convertimos en sus siervos y lo representamos bien ante los demás. Todo en nuestras vidas está sujeto a su autoridad y es sensible a su instrucción y transformación, porque nuestra meta es glorificarlo.

No hay mayor regalo que puedas darle a Jesús que obedecerlo con todo tu corazón, mente, espíritu, alma y fuerza. Así que sométete a su verdad clara y sencilla y expresa tu amor de la manera más significativa para Él.

....

Jesús, te amo, así que te obedeceré de todo corazón. Amén.

Él es suficiente

«El Señor está contigo, valiente guerrero».
JUECES 6:12

Gedeón estaba escondido, tratando desesperadamente de ocultar su exigua porción de grano de los madianitas que habían invadido y estaban oprimiendo a los israelitas. Así que cuando el ángel del Señor se le acercó y le anunció que Dios lo había elegido para liberar a Israel de sus garras, se mostró escéptico, asustado y plenamente consciente de su incapacidad. Sin duda, Dios debía elegir a otro. «Ah Señor […] ¿cómo libraré a Israel? Mi familia es la más pobre en Manasés, y yo el menor de la casa de mi padre» (Jueces 6:15). En otras palabras, era el miembro menos importante de una familia insignificante.

¿Alguna vez te has sentido así, como si no estuvieras a la altura? ¿Como si no hubiera nada en ti digno de ser usado por el Señor? Entonces debes saber que Dios logró obrar a través del incapaz Gedeón para hacer justo lo que prometió: liberar a Israel. Y el Padre te dice lo mismo que a él: «Ciertamente Yo estaré contigo» (Jueces 6:16). El Señor no te elige por lo que puedas hacer, sino por lo que Él puede lograr a través de ti. No le interesan tus autoevaluaciones, sino tu sumisión y tu obediencia. Así que hoy, no pongas excusas. Obedécelo como lo hizo Gedeón y espera que Él triunfe a través de ti.

Jesús, tú eres suficiente para mí. Obedeceré todo lo que digas. Amén.

El gozo en servir a los demás

Doy gracias a mi Dios siempre que me acuerdo de ustedes.
Pido siempre con gozo en cada una de mis oraciones por todos ustedes.

FILIPENSES 1:3-4

¿Te has dado cuenta de que la carta que Pablo escribió a la iglesia de Filipos desde los confines de su celda es extraordinariamente optimista? Aunque Pablo mencionó su encarcelamiento, no permitió que sus cadenas arruinaran su actitud. ¿Cuál era la razón de la alegría inquebrantable de Pablo a pesar de sus terribles circunstancias? Por supuesto, su comunión personal con el Salvador. Pero también se debía a las maravillosas relaciones que había desarrollado con los creyentes de Filipos, por las que daba gracias a Dios con gozo.

A lo largo de su ministerio, Pablo encontró abundante gozo en servir a otros y verlos avanzar espiritualmente. Nosotros también podemos hacer eso. Especialmente a medida que maduramos en la fe, podemos experimentar una gran satisfacción cuando permitimos que Dios ministre a otros a través de nosotros. Verlos crecer fuertes en el Señor puede tener un significado especial para nosotros y darnos un gozo significativo, porque sabemos que estamos construyendo el reino eterno de Dios.

¿Quieres crecer en tu propia fe y aumentar tu gozo? Pon los intereses de los demás por encima de los tuyos y busca la manera de ayudarlos a madurar en Cristo. Después de todo, Jesús «no vino para ser servido, sino para servir» (Mateo 20:28). Nunca te pareces más a Él que cuando sirves a los demás.

....

Jesús, gracias por obrar a través de mí para atraer a otros
hacia ti. Amén.

Cambia tu mentalidad

*«Pero lo que sale de la boca proviene del corazón,
y eso es lo que contamina al hombre».*

MATEO 15:18

La mayoría de las personas no se dan cuenta de lo esencial que es que controlen sus pensamientos. Dirán: «No pienso en las cosas pecaminosas que comprometerían mi relación con Dios». Sin embargo, obvian completamente el impacto que causan en sus vidas —y en las de los demás— sus pensamientos y sentimientos desagradables, críticos y amargos. Todos nos vemos a nosotros mismos a la luz de lo que creemos que es verdad. Así que si subconscientemente vivimos de acuerdo con un sistema de creencias negativas con respecto a lo que somos, no experimentaremos todo el gozo y las bendiciones que Jesús tiene para nosotros.

Por lo tanto, mi desafío para ti es que rechaces cualquier pensamiento negativo o despectivo que surja sobre ti mismo o los demás. Si tu voz interior te dice que eres indigno o incapaz, mírate al espejo y di: «Soy un hijo de Dios, Él me ama tal como soy. ¡Fin de la discusión!». Si te viene a la mente alguna ofensa, responde: «¡Los perdono con el poder y el amor de Jesús!». Cambia tu manera de pensar reemplazando tus patrones de pensamiento indeseables y poco constructivos con la Palabra de Dios. Porque esa es la forma en que Él transformará tu vida y te hará más semejante a Jesús. Y ese es ciertamente un tema en el que vale la pena pensar.

....

*Jesús, identifica mis pensamientos negativos y reemplázalos
con tu Palabra. Amén.*

Da tu vida

«Doy Mi vida por las ovejas».
JUAN 10:15

Tal vez hayas oído hablar de personas que arriesgaron su vida por salvar la de otros. En momentos cruciales, dejaron de lado su propia seguridad y su futuro para dar a otra persona una oportunidad de vivir. Sus sacrificios parecen extraordinarios.

Sin embargo, este es el amor que Jesús mostró cuando vino a la tierra a morir por tus pecados. Por un tiempo, renunció a la honra y la gloria que le corresponden como miembro de la divinidad para convertirse en un ser humano (Filipenses 2:6-8). Lo hizo por tu bien, tanto para comprar el perdón por tus transgresiones como para comprender lo que significa estar en tu lugar. Su objetivo era destruir el poder de lo único que te separa del amor de Dios: el pecado.

Como ves, el pecado impide que el amor de Dios fluya en tu vida. Antes de que recibas a Jesús como tu Salvador, tus ofensas impiden completamente una relación con Él. Pero después de que Cristo te redime, el pecado impide la intimidad con el Padre. Esto no es porque Él te rechace sino porque tú te rehúsas a permitirle ser Dios en esas áreas rotas de tu vida. Pero es hora de dejar de alejar a aquel que sacrificó su vida por ti. Entrega tu vida y encuentra la libertad.

....

Jesús, ayúdame a amarte y a confiar más en ti en cada área de mi vida. Amén.

Gozo y gratitud

Porque Tú has sido mi ayuda, y a la
sombra de Tus alas canto gozoso.
SALMOS 63:7

Hay personas cuyas circunstancias les dan buenas razones para quejarse y, sin embargo, su actitud es sorprendentemente alegre. ¿Cuál es la clave de su maravillosa actitud? El agradecimiento.

Recuerdo haber visto este principio en acción una mañana hace muchos años. Me desperté desanimado, así que pasé algún tiempo en la Palabra de Dios. Sin embargo, mi ánimo seguía pesado, por lo que decidí ir a trabajar aunque todavía era muy temprano. Por el camino, fui a un pequeño autoservicio y pedí un panecillo. El anciano que me atendió en la ventanilla estaba muy alegre. Su sonrisa y su brillante semblante eran contagiosos. Mientras me daba el alimento, le pregunté por qué estaba tan contento siendo tan temprano. «A mi edad, cada día es valioso para mí. Así que me he acostumbrado a dar gracias a Dios siempre por otro día que me regala». Me marché animado, nunca he olvidado sus positivas palabras.

La persona que mantiene un corazón agradecido a pesar de sus circunstancias ha aprendido el secreto de la alegría. Así que cuando estés triste, piensa en todas las bendiciones que el Señor te ha dado y alábalo. Porque cuando eres agradecido, el gozo ciertamente te seguirá.

....

Jesús, ayúdame a ser la clase de persona que siempre
agradece. Amén.

Deja que Dios elija

*Porque sol y escudo es el Señor Dios [...] Nada
bueno niega a los que andan en integridad.*
SALMOS 84:11

¿Qué es lo que anhelas con todo tu ser? ¿Te desvelas por la noche preguntándote cómo puedes conseguirlo? ¿Estás tan enfocado en conseguir eso que te has olvidado de preguntarle al Señor qué piensa al respecto?

Lo más sabio que puedes hacer es dejar que Dios elija por ti. Eso significa poner el asunto ante Él en oración y ser sincero con Él acerca de tus sentimientos, pero dejando la decisión en sus manos. Después de todo, ¿te daría el Señor algo menos que lo mejor? Por supuesto que no. Entonces, ¿no es mejor dejar que Él decida lo que es correcto para ti, especialmente porque sabe lo que sucederá en el futuro?

Puede que estés estresado porque no sabes cómo hacer realidad tus sueños. Pero Dios sabe para qué fuiste creado y qué es lo que realmente traerá alegría a tu corazón. Así que pon tu vida en las manos de tu omnisciente, omnipotente y omnipresente Padre, que te dará nada menos que lo mejor de lo mejor. Porque cuando le permitas suplir tus necesidades y tus deseos, encontrarás la paz que sobrepasa todo entendimiento y el contentamiento que satisface tu alma.

Jesús, gracias por elegir siempre lo mejor para mí. Amén.

Anúncialo

«Él irá delante [...] a fin de preparar para
el Señor un pueblo bien dispuesto».
LUCAS 1:17

E l cielo había estado en silencio casi cuatrocientos años. La palabra del Señor no se había oído desde los días de Malaquías y pasaron muchas generaciones sin una palabra. Hasta que el ángel Gabriel le habló a Zacarías del nacimiento de su hijo, Juan. Dios estaba a punto de enviar la salvación a través de su Hijo, Jesús. Para prepararse, se aseguró de que hubiera una persona, Juan, que anunciara la llegada de Cristo y ayudara a la gente a entender el regalo que Él vendría a dar.

¿Cómo preparó Juan al pueblo para recibir al Señor? Proclamó un mensaje único y radical: «Arrepiéntanse, porque el reino de los cielos se ha acercado» (Mateo 3:2). Juan ayudó a la gente a comprender que eran pecadores, pero también les dio la buena noticia de que el perdón de sus pecados había llegado a través de Jesús.

Nosotros podemos aprender de Juan, porque ahora Dios nos llama a dar testimonio de que Cristo ha venido. Podemos ayudar a las personas a entender que sus mayores pecados, sus heridas más profundas y sus esperanzas más grandes tienen respuesta en Jesús. Así que no pierdas la oportunidad de ser como Juan. Cuando encuentres a alguien que busca respuestas, señálale al «Cordero de Dios que quita el pecado del mundo» (Juan 1:29).

....

Jesús, ayúdame a dar testimonio fiel a quienes te buscan.
Amén.

La alegría que Dios da

Dios da sabiduría, conocimiento y alegría
a quienes son de su agrado.
ECLESIASTÉS 2:26 (NTV)

¿Anhelas tener un gozo genuino? Entonces pasa tiempo en comunión dedicada e ininterrumpida con Jesús. Guarda silencio. Quédate quieto. Escúchalo. Y deja que el Señor te hable a través de su Palabra. La alegría es un fruto del Espíritu, y para que se produzca en ti debes pasar por un proceso vivo y dinámico en el que estés activamente conectado a Él. La alegría se planta, se nutre, se cultiva y florece a medida que caminas con Él. Por eso los viejos recuerdos y los placeres mundanos pueden traernos una felicidad temporal y fugaz, pero no un gozo duradero.

Por supuesto, es posible que haya habido momentos en los que has tenido comunión con el Señor pero no notaste ningún cambio: las ansiedades y las cargas seguían pesando sobre ti. Si le preguntas con sinceridad a Dios por qué sucede eso, Él te lo mostrará. El Señor está en el negocio de la transformación de tu vida, y su tiempo con Él hoy sienta las bases para su futura obra en ti. Puede que te indique que quites algunas «malas hierbas» espirituales que están minando tu alegría o que añadas algo que la alimente. Él sabe lo que tu alma necesita para ser reabastecida y te dará todo lo que te haga falta para tener un gozo cada vez mayor. Así que pasa tiempo con Él, presta atención a lo que dice y espera que produzca una cosecha de alegría en ti.

....

Jesús, dame la alegría que solo proviene de ti. Amén.

Sin margen de error

Pero cuando vino la plenitud del
tiempo, Dios envió a Su Hijo.

GÁLATAS 4:4

No fue casualidad aquella noche en Belén cuando María y José llamaron a la puerta del posadero y escucharon la respuesta: «No hay lugar». Nacer en un establo y ser acostado en un pesebre... esa no es manera de entrar en el mundo. A menos que seas un cordero. Y, por supuesto, Jesucristo es el Cordero de Dios por excelencia, que vino a quitar el pecado del mundo.

Esto es una enseñanza para ti en medio de tus propios desafíos. El Señor no comete errores. Hay detalles en tu vida que pueden no ser lógicos para ti en este momento. Pero si buscas la sabiduría del Señor en ello, verás que Él está haciendo algo extraordinario en tu vida.

Recuerda, el papel de Jesús como nuestro Salvador fue prefigurado por cientos de años a través de las ofrendas de corderos hechas en el templo. Luego, en la cruz, hizo el sacrificio final para el perdón de nuestros pecados, a fin de que podamos tener una relación con el Padre. Cada detalle de su vida encaja para revelar la hermosa orquestación divina de nuestra redención. Así que no te desesperes por los aspectos de tu vida que no entiendes. Dios sabe lo que hace. Y cuando llegue el momento, te regocijarás al ver de qué manera tan específica y perfecta ha provisto para ti todo el tiempo.

....

Jesús, confío en ti y en todo lo que estás haciendo. Amén.

Contigo

«Y LE PONDRÁN POR NOMBRE EMMANUEL», que
traducido significa: «DIOS CON NOSOTROS».
MATEO 1:23

Desde la creación, Dios ha mostrado un apasionado deseo de estar con su pueblo. Ordenó a Moisés que construyera un tabernáculo en el desierto donde habitaría su santa presencia. Más tarde, le ordenó a Salomón que construyera un templo en Jerusalén donde, de nuevo, su presencia moraría en medio de su pueblo. El deseo del Padre de estar con nosotros —en nuestras vidas, mentes, corazones y emociones— se cumplió con el nacimiento, la vida, la muerte y la resurrección de Cristo. Por medio de Jesús, Dios estuvo con nosotros como nunca antes: comiendo, hablando, sanando y enseñando.

Hoy, Dios está con nosotros de una manera aún más íntima, en los corazones de cada creyente a través de la presencia permanente del Espíritu Santo. El Espíritu imparte la vida misma de Cristo a nuestras almas, infundiendo en nuestro ser ordinario la presencia incesante de Dios. El Padre, al enviar a su Hijo y a su Espíritu, ha cumplido su plan más querido: habitar con nosotros para que podamos disfrutar de una relación con Él por toda la eternidad.

Dios está contigo hoy. Estará contigo mañana. Estará *contigo* para siempre, porque es allí donde Él anhela estar. No te encuentras solo. Acepta el regalo inconmensurable de su presencia eterna esta Navidad.

Jesús, gracias por estar conmigo. Mi alma reboza de gratitud a ti. Amén.

Tiempo para descansar

Restáuranos, oh Dios, y haz resplandecer Tu
rostro sobre nosotros, y seremos salvos.

SALMOS 80:3

Elías estaba cansado en cuerpo, mente y alma. Después de haber enfrentado a los ochocientos cincuenta falsos profetas en el monte Carmelo, el profeta se encontró huyendo de la malvada reina Jezabel, que estaba decidida a matarlo. Huyó ciento cuarenta y cinco kilómetros a pie hasta Beerseba. Finalmente, estaba tan agotado que perdió las ganas de vivir, se sentó bajo un enebro y dijo: «Basta ya» (1 Reyes 19:4).

Quizás te identifiques con Elías. Tal vez ahora que la Navidad ha llegado y se ha ido con todas sus actividades, visitas, regalos, limpieza y complicaciones, te encuentras completamente agotado y listo para declarar: «¡Basta!», tal como él lo hizo. Pocas condiciones agotan completamente y más rápido nuestra fe y nuestra alegría que el cansancio. La buena noticia es que el Señor comprende nuestros límites y restaura nuestras almas.

A veces, necesitamos seguir el ejemplo de Elías, dar un paso atrás de la situación y dejar que el Señor nos refresque. Puede que necesitemos un descanso físico, como un día fuera del trabajo o sin cargas. Pero detener todas nuestras actividades y tomar tiempo simplemente para estar con el Señor puede ayudarnos a aclarar nuestras mentes, obtener perspectiva de nuestras circunstancias y proporcionarnos la energía para seguir adelante en los días venideros. Así que siéntate, descansa y fortalécete en el Señor.

....

Jesús, gracias por ser mi descanso y mi restauración. Amén.

Zarandeado para servir

*«Satanás los ha reclamado a ustedes para
zarandearlos como a trigo; pero Yo he rogado
por ti para que tu fe no falle; y tú, una vez que
hayas regresado, fortalece a tus hermanos».*

LUCAS 22:31-32

Si quieres servir a Dios, espera ser zarandeado. Es un proceso muy parecido al de aventar el trigo, que se lanza al aire para que el viento se lleve la paja y la separe del grano valioso. Pedro experimentó este tipo de trilla la noche del arresto de Cristo, cuando negó a Jesús tres veces. Aunque antes había prometido permanecer con Jesús hasta la muerte, en aquellos terribles momentos posteriores al arresto de Cristo se dio cuenta de lo débil que era realmente su fe.

La culpa y el dolor debieron ser terribles. Sabía lo que significaba fracasar en el peor momento posible y tener tanto miedo como para incluso negar a Dios. Pero como Jesús lo restauró, también conoció la alegría y el humilde agradecimiento que proviene de que el Señor nos acepta a pesar de nuestros fallos. Y eso lo preparó para servir a los demás.

Esta es la esperanza que tenemos en Cristo: aun cuando lo defraudamos, Él nunca nos abandona. Así que cuando el viento derribe tu mundo, deja que Él te restaure. Porque a través de ese proceso hará de tu vida una bendición para otros.

*Jesús, conviérteme en tu siervo sabio, fiel, obediente y
compasivo. Amén.*

Examina tu espíritu

Avancemos hacia la madurez.

HEBREOS 6:1

Al igual que el crecimiento físico, puedes detectar el crecimiento espiritual al reflexionar en el pasado y ver dónde te encuentras ahora. Así que si alguna vez quieres comprobar tu progreso, he aquí algunas cosas que debes buscar.

Una mayor conciencia del pecado. A medida que madures en tu fe, desarrollarás un sentido más agudo del pecado en tu vida, una conciencia más precisa de cuando tus acciones no se alinean con la voluntad de Dios. Cuanto más cerca estés del Señor, más consciente serás de cómo te alejas de su santidad.

Una intensificación de las batallas espirituales. Cuando comiences a luchar con asuntos de obediencia en la vida diaria, los ataques espirituales pueden venir de lugares sorprendentes, incluso de personas que pensabas que te apoyaban. Aprenderás lo importante que es ponerse la armadura espiritual de Efesios 6.

Un mayor deseo de servir. Cuanto más te aferres al amor incondicional de Dios, más querrás compartirlo con los demás.

Una disminución de la propensión a la crítica. Cuanto más consciente seas de tus luchas y de la sorprendente gracia de Dios para contigo, menos inclinado estarás a ser duro con los demás.

No des por supuesta tu madurez espiritual. Asegúrate de seguir acercándote a Cristo cada día y año tras año.

....

Jesús, ayúdame a madurar cada día más en ti. Amén.

Sigue soñando

*Pero yo esperaré continuamente, y
aún te alabaré más y más.*

SALMOS 71:14

Sigue soñando. Confíale a Dios tu futuro y busca sus metas para tu vida. Una persona que no está motivada ni inspirada —que no sigue aspirando a más— no va a disfrutar de la vida por mucho tiempo. Por supuesto, tal vez pienses: *En este momento, no veo nada con lo cual soñar.* ¿Por qué? Entiendo que a veces los reveses y las limitaciones pueden ser desalentadores. Pero aún hay vida y potencial en ti. Y todo se reduce a una cuestión de actitud: tienes que tener esperanza y algo por lo que trabajar.

Así que deja de preguntarte por qué a los demás les va mejor que a ti. Deja de estancarte en el pasado y en lo que no puedes conseguir. Piensa en las cosas que *puedes* hacer. Empieza a pensar en lo que es posible. Eres hijo de Dios. El Espíritu Santo mora dentro de ti. La sabiduría y el poder del Señor están a tu disposición. No vivas en el pasado, pensando en lo que no puedes hacer. No te des por vencido.

Dale a Dios el privilegio de trazar tu futuro. Confía en que el Señor obrará en tu vida de la manera que Él desea. Y no lo subestimes a Él ni a ti mismo. Puedes hacer todo lo que Dios te pida. Así que sigue soñando y espera que Él haga grandes cosas.

Jesús, planta tus maravillosos sueños en mi corazón y hazlos crecer. Amén.

La recompensa de tus obras

*Porque todos nosotros debemos comparecer ante el
tribunal de Cristo, para que cada uno sea recompensado
[…] de acuerdo con lo que hizo, sea bueno o sea malo.*
2 CORINTIOS 5:10

Todos los creyentes serán recompensados por su servicio a Dios en la tierra cuando comparezcan ante Cristo. Incluido tú. La clave no está en el alcance de tu trabajo; dónde o a qué tarea te llama el Señor no es la cuestión. Lo que importa es tu motivación. ¿Estás sirviendo por amor a Dios —para obedecerlo y agradarlo— o por algún otro propósito?

Colosenses 3:23-24 amonesta: «Todo lo que hagan, háganlo de corazón, como para el Señor y no para los hombres, sabiendo que del Señor recibirán la recompensa de la herencia. Es a Cristo el Señor a quien sirven». Si estás tratando de ganar riqueza, prominencia o incluso la salvación para ti mismo, o si estás tratando de complacer a los demás, entonces tus esfuerzos están fuera de lugar. Pero si tu corazón está inclinado hacia Dios, y más que nada deseas oírlo decir: «Bien hecho, mi buen siervo fiel» (Mateo 25:21), entonces vas por buen camino.

Recuerda, las recompensas que obtienes aquí en la tierra son temporales, pero las que recibes en el cielo son eternas. Así que invierte tu vida sabiamente dedicándola al servicio del Señor.

*Jesús, enséñame a invertir mi vida para que pueda honrarte
siempre. Amén.*

Para siempre

Me darás a conocer la senda de la vida; en
Tu presencia hay plenitud de gozo.

SALMOS 16:11

Hoy, alégrate de que Dios afronta los días venideros contigo para siempre. Él moverá cielo y tierra para mostrarte su voluntad. Cuando otros te acusen de manera injusta o te traten vergonzosamente, Él te vindicará. Cuando te hundas en el fango de los problemas, Él pondrá tus pies sobre una roca. Cuando la gente te rechace, Él te sostendrá con su amor eterno. Cuando falles, puedes pedir su perdón. Cuando te canses, puedes buscar su fuerza. Y cuando todas las demás fuentes de seguridad y provisión fallen, Él «proveerá a todas [tus] necesidades, conforme a sus riquezas en gloria en Cristo Jesús» (Filipenses 4:19).

Por tanto, mantente cerca de Dios y ponlo en primer lugar en cada área. No hay vida más valiosa ni mejor —con mayor plenitud, contentamiento y significado— que la que recibirás cuando llegues a tu hogar eterno en la gloria. Cuando arribes a tu destino en el cielo, verás su amoroso rostro y escucharás las maravillosas palabras que tanto has anhelado: «Bien hecho, mi buen siervo fiel». Sin duda, ese solo pensamiento hace que este viaje de fe con Él valga absolutamente la pena. Así que confía en Él para el próximo año y alaba su santo nombre.

....

Jesús, ¡te exalto! Gracias por estar siempre conmigo en cada
paso del camino. Amén.